Für David,
meinen Partner, besten Freund und größten
Unterstützer – ich liebe dich

Agota Lavoyer

JEDE_ FRAU

Über eine Gesellschaft,
die sexualisierte Gewalt
verharmlost und normalisiert

YES

Originalausgabe
4. Auflage 2026

Türkenstraße 89, 80799 München
info@yes-publishing.de

Redaktion: Katharina Tolle
Umschlaggestaltung: Marija Džafo
Layout und Satz: Müjde Puzziferri, MP Medien, München
Druck: GGP Media GmbH, Pößneck
Printed in Germany

ISBN Print 978-3-96905-285-3
ISBN E-Book (EPUB, Mobi) 978-3-96905-286-0
ISBN E-Book (PDF) 978-3-96905-287-7

Inhalt

JEDE_ FRAU erfährt irgendwann in ihrem Leben eine Form von sexualisierter Gewalt. Die Schreibweise mit dem Unterstrich hinter jede_ steht für alle Personen, die sich als weiblich identifizieren oder so gelesen werden, für alle, die weiblich sozialisiert wurden oder die als non-binäre Personen außerhalb der zweigeschlechtlichen Norm leben. Damit sind sowohl alle cis Mädchen und Frauen gemeint, also jene, die sich mit dem Geschlecht identifizieren, das ihnen bei ihrer Geburt zugewiesen wurde, als auch alle trans Personen, die sich nicht (ausschließlich) mit dem ihnen zugewiesenen Geschlecht identifizieren. Ich verstehe »Frau« und »Mann« als soziale und historische Konstrukte, denen Menschen aufgrund gewisser Merkmale zugeordnet werden und die ihre Sozialisation bestimmen. Dies geschieht innerhalb eines patriarchalen Systems, das sich auf dieses System der Zweigeschlechtlichkeit und damit verbundene Geschlechterhierarchien beruft.

Die allermeisten Statistiken, Studien und Medienbeiträge, die ich in diesem Buch zitiere, beruhen auf dieser Zweigeschlechtlichkeit. Das trägt leider zwangsläufig dazu bei, dass ich die soziale Realität von non-binären und trans Personen in diesem Buch ungenügend abbilden kann.

Sexualisierte Gewalt kann alle Menschen treffen, unabhängig von ihrer Geschlechtsidentität, ihrer Herkunft, ihrer Bildung oder ihrem sozioökonomischen Status. Gleichzeitig zeigt sich, dass für manche Menschen ein erhöhtes Risiko besteht, in ihrem Leben sexualisierte Gewalt zu erfahren. Besonders stark betroffen sind Frauen im Allgemeinen und im Spezifischen trans Frauen, obdachlose Frauen, Sexarbeiterinnen, Frauen mit Behinderungen, dicke Frauen, Frauen mit Psychiatrieerfahrung sowie Schwarze Frauen und Frauen of Color,* migrierte Frauen und geflüchtete Frauen. Für cis Männer ist das Risiko, sexualisierte Gewalt zu erfahren, am größten, wenn sie Kinder sind, in Haft sitzen oder als Sexarbeiter arbeiten. Dies alles ist nicht etwa zufällig und liegt auch nicht in der »Natur der Sache«, sondern begründet sich in der sozialen Positionierung und den sich daraus ergebenden Machtverhältnissen in unserer nach wie vor patriarchal strukturierten Gesellschaft. Deshalb ist sexualisierte Gewalt eng verknüpft mit anderen Diskriminierungsformen: mit Sexismus, Misogynie (der Abwertung von Frauen und allem weiblich Konnotierten), Rassismus, Klassismus (der Diskriminierung von Menschen aufgrund ihrer sozialen Herkunft und Position), Ableismus (der Diskriminierung von behinderten Menschen), Queerfeindlichkeit (der Diskriminierung von queeren, also lesbischen, schwulen, bisexuellen, inter- und transgeschlechtlichen Personen) und Dickenfeindlichkeit.

SEXUALISIERTE GEWALT verwende ich als Überbegriff, der jedes Verhalten von taxierenden Blicken über Nachpfeifen, verbale und körperliche Belästigung, aber auch Gewalt im digitalen Raum bis hin zu sexueller Nötigung und Vergewaltigung miteinschließt. Damit will ich nicht alle sexualisierten Übergriffe gleichsetzen, sondern aufzeigen, dass sie alle auf den gleichen Ursachen basieren und deshalb nicht unabhängig voneinander gedacht werden können. Ich hierarchisiere sexualisierte Gewalt in diesem Buch nicht und werde sie nur dort kategorisieren, wo ich es für ein besseres Verständnis für nötig halte. Damit negiere ich die unterschiedlichsten Erfahrungen nicht, sondern hebe ihre Gemeinsamkeit hervor: ihre Alltäglichkeit, ihre Omnipräsenz und dass sie an einem gegenderten Körper verübt werden. Sexualisierte Gewalt ist kein juristischer, sondern ein gesellschaftlicher, sozialer Begriff für jede Form von unerwünschter oder erzwungener Handlung und grenzverletzendem Verhalten mit sexualisiertem Bezug. Im Gesetz werden verschiedene

* Beide Begriffe sind Selbstbezeichnungen, Schwarz schreibe ich mit großem »S«, um zu zeigen, dass es sich nicht um eine (Haut-)Farbe handelt, sondern um eine soziale und politische Konstruktion.

Formen sexualisierter Gewalt nach unterschiedlichen länderspezifischen Logiken ausdifferenziert.

Sexualisierte Gewalt ist vor allem auch: eine Menschenrechtsverletzung. Sie verletzt das Recht auf Freiheit und Sicherheit, das Recht auf Gesundheit, das Recht auf Freiheit vor Folter und anderer erniedrigender Behandlung – und manchmal auch das Recht auf Leben.

Ich verwende die Begriffe Gewalt und Übergriff als Synonyme. Ich bevorzuge den Begriff *sexualisierte* statt *sexuelle* Gewalt, um aus der Perspektive der Betroffenen zu betonen, dass es sich hier um Gewalt und nicht um Sex handelt.

BETROFFENE SEXUALISIERTER GEWALT sind Menschen, die sexualisierte Gewalt erfahren haben. In diesem Buch verwende ich auch den Begriff *Opfer* (von sexualisierter Gewalt). Damit übernehme ich die zwei Begriffe, die ich einerseits am häufigsten von den betroffenen Personen als Selbstbezeichnung gehört habe und die andererseits im juristischen oder wissenschaftlichen Kontext benutzt werden. Ich benutze diese Begriffe als Synonyme und werte sie nicht. Manche Menschen, die sexualisierte Gewalt erfahren haben, können sich mit der Bezeichnung *Überlebende* am besten identifizieren. Wenn ich über diese Begrifflichkeiten nachdenke, erinnere ich mich an ein Gespräch mit einer Gruppe von Betroffenen sexualisierter Gewalt im Rahmen meiner früheren Tätigkeit als Beraterin bei einer Beratungsstelle für Betroffene sexualisierter Gewalt. Ich fragte in die Runde, welche Begriffe die Personen für sich selbst verwenden, wenn sie ausdrücken wollen, dass sie sexualisierte Gewalt erfahren haben. Genannt wurden ungefähr so viele unterschiedliche Bezeichnungen, wie Menschen im Raum saßen. Eine Aussage einer jungen Frau blieb mir besonders in Erinnerung. Sie sagte, sie nenne andere Betroffene liebevoll »auch so eine« – weil sie weder »Opfer«, »Betroffene« noch »Überlebende« verwenden, gleichzeitig aber ihre Verbundenheit mit der ebenfalls gewaltbetroffenen Person ausdrücken wolle.

TÄTER verwende ich für all diejenigen Männer, die in irgendeiner Form sexualisierte Gewalt ausüben. Ich benutze in diesem Buch fast ausschließlich das generische Maskulinum. Nicht nur, weil die große Mehrheit der Tatpersonen cis Männer sind, sondern auch, um die patriarchalen Geschlechternormen, die zu diesem großen Ausmaß sexualisierter Gewalt führen, zu betonen.

Hinweis zu den Endnoten

In den Endnoten am Schluss des Buches findest du alle Quellennachweise. Ich verzichte auf Endnoten mit zusätzlichen inhaltlichen Informationen, also kannst du das Buch ruhig lesen, ohne die Endnoten jeweils nachzuschlagen.

Die im Text erwähnten Bücher findest du in der Literaturliste, ebenfalls am Ende des Buches.

Vorwort

Sexualisierte Gewalt ist alltäglich und sie betrifft uns alle. Trotzdem will das Reden darüber noch nicht so recht gelingen. Wobei, das Reden vielleicht schon, aber das Zuhören nicht. Wenn wir laut sind, werden wir abgestraft. Wenn wir schweigen, schützen wir die Täter. Aber gleichzeitig auch uns selbst.

Auch ich habe lange Jahre geschwiegen. Weil ich all das, was ich erfahren habe, nicht schlimm genug, nicht relevant genug fand. Aber auch weil mir lange Zeit die Sprache dafür fehlte. Bis ich in meinen Zwanzigern allmählich verstand, dass das, was mir widerfahren ist, die Geschichte jeder_ Frau ist. Machte dieses Wissen die Erfahrungen erträglicher? Nein. Und irgendwie doch. Zu realisieren, dass die alltäglichen sexistischen, zweideutigen, frauenabwertenden Bemerkungen, die taxierenden Blicke, die verbalen und körperlichen Übergriffe Teil eines Systems waren, half mir zu verstehen, dass es nicht um mich ging. Ich war nicht falsch, auch nicht mein Aussehen, mein Verhalten oder mein Empfinden. Falsch waren diejenigen, die mir gegenüber übergriffig waren – und falsch ist das System, das dieses immense Ausmaß sexualisierter Gewalt produziert, zulässt und stützt.

Gemäß den neuesten Zahlen aus dem deutschsprachigen Raum erfährt mindestens jede dritte Frau in ihrem Leben einen körperlichen sexualisierten Übergriff, zwei von drei Frauen werden regelmäßig verbal sexuell belästigt.[1] Zwei Drittel aller Frauen. Regelmäßig! Das ist eine immense Zahl. Das sind Millionen von Frauen, allein in den deutschsprachigen Ländern. Aber ganz ehrlich: Ich glaube, dass diese Zahlen nicht die ganze Wahrheit erfassen. Ich bin überzeugt, dass die absoluten, aufs ganze Leben gerechneten Zahlen tatsächlich viel höher liegen, als all diese Studien ausweisen, und es keine Frauen gibt, die nie in irgendeiner Form sexuell belästigt oder bedrängt werden. Meine Vermutung wird auch bestätigt, wenn ich aktuelle Studien zu Catcalling anschaue – der wohl am meisten verbreiteten Form sexualisierter Gewalt. Catcalling ist sexuelle Belästigung in Form von Nachrufen, -pfeifen oder obszönen Geräuschen und Gesten. Eine Studie aus Niedersachsen aus dem Jahr 2022 ergab, dass 97 Prozent der weiblichen und diversen Befragten im Alter zwischen 16 und 72 Jahren in den letzten drei Monaten mindestens eine Form von nonverbalem und 80 Prozent verbales Catcalling erfahren hatten.[2] Eine Onlineumfrage der Universität Trier aus dem Jahr 2021 ergab sogar, dass 95 Prozent der Frauen bereits Catcalling erfahren haben.[3]

Die Frage ist also nicht, *ob* eine Frau irgendwann sexuell belästigt wird, sondern bloß *wann* und *wo* und *von wem*. Schon zehnjährig? Erst mit 16? Oder erst im Alter? Zu Hause, beim Familienfest, in der Schule, auf der Straße, im Club, beim Daten, am Arbeitsplatz, bei der Wohnungssuche, auf einem Festival, im Fitnessstudio, im Jugendtreff, in der Bar, auf Datingplattformen, in den sozialen Medien, an der Universität, in einer Institution, in der Klinik, in der Beziehung, im Freundeskreis, im Kino, im Park oder am Bahnhof? Vom Vater, vom Onkel, vom Partner, vom Lehrer, vom Priester, vom Therapeuten, vom Pizzalieferanten, von einem Bekannten, von einem Freund, von einem Fremden, vom Arbeitskollegen, vom Nachbarn, von der Polizei, vom Kellner, vom Pfleger, vom Kunden, vom Arzt, vom Chef oder vom Trainer? Selbstverständlich ist diese Aufzählung bei Weitem nicht vollständig. Sexualisierte Gewalt ist im Leben von Frauen omnipräsent. Jede_ ist betroffen.

Beruflich begegnete mir das Thema zum ersten Mal als Schulsozialarbeiterin, sei es in den Beratungsgesprächen oder in der präventiven Arbeit mit Klassen. Wenn ich Kinder fragte, ob sie wüssten, was sexualisierte Gewalt sei, schaute ich meist in ratlose Gesichter. Wenn ich Jugendliche fragte, kam peinliches oder betroffenes Schweigen. Das Thema ließ mich nicht mehr los und so wechselte ich nach acht Jahren in den Bereich der Opferhilfe bei sexualisierter Gewalt, wo ich in den nächsten Jahren Hunderte von Betroffenen beraten und begleitet, Angehörige und Bezugspersonen von Betroffenen unterstützt und mich mit Fachpersonen ausgetauscht und mit Anwält:innen zusammengearbeitet habe. Und ich fing an, abends regelmäßig Elternabende zur Prävention sexualisierter Gewalt abzuhalten. Ich wollte die Sprachlosigkeit aufbrechen, ich wollte den Eltern aufzeigen, wieso es wichtig ist, dass sie sich Wissen zu sexualisierter Gewalt gegen Kinder aneignen und ihre Kinder darüber aufklären. Am Schluss der Veranstaltungen schaute ich zwar in aufgeklärtere, aber immer noch ratlose Gesichter. Wie spricht man mit einem Kind über ein Thema, über das nie mit einem selbst gesprochen wurde und über das man womöglich noch nie gesprochen hat? Ich entschied, ein Buch darüber zu schreiben. 2022 erschien mein erstes Buch *Ist das okay?*, illustriert von Anna-Lina Balke, und wurde prompt ein Bestseller. Offenbar war die Zeit reif, dass Eltern und pädagogische Fachpersonen die Notwendigkeit erkannten, Kinder über sexualisierte Gewalt aufzuklären.

Neben meiner Arbeit bei der Opferhilfe fing ich an, mich in den sozialen Medien, erst auf Facebook, später auf Twitter und Instagram, zu sexualisierter Gewalt zu äußern. Es war die Zeit, als #SchweizerAufschrei trendete und kurze Zeit darauf #MeToo zu einer weltweiten Bewegung wurde. Deutschland und Österreich reformierten ihr Sexualstrafrecht und etwas später nahmen die Debatten dazu endlich auch in meiner heutigen Heimat, der Schweiz, Fahrt auf. In diesem Zusammenhang wurde mein bis dahin eher reichweitenarmes öffentliches Engagement zu einem immer breiteren. Ich wollte mich äußern. Und es tat mir gut. Es war und ist meine Art, die Wut über die Täter, die Mittäter und alle, die zu- und wegschauen, zu kanalisieren. Es gab und gibt mir noch heute das Gefühl, etwas bewirken zu können. Nicht nur auszuhalten und zu unterstützen, sondern auch zu einem Wandel beizutragen. Ich sprach mit Journalist:innen und Politiker:innen, postete wütende Beiträge in den sozialen Medien, hielt Reden und unterstützte Kampagnen gegen sexualisierte Gewalt. Es war viel. Ich merkte: Es war, neben der Arbeit bei der Opferhilfe, zu viel. Vor zwei Jahren entschied ich, mich selbstständig zu machen, tue aber weiterhin das, was ich zuvor getan habe, außer dass ich nicht mehr in einer professionellen Rolle Betroffene berate. Und mit dem Unterschied, dass mir keine Arbeitgeberin mehr sagen kann, dass ich zu laut, zu radikal oder zu feministisch sei. Neben meiner Arbeit in den Bereichen der Bildung und Politik begann ich, für die Finanzplattform *ellexx* Kolumnen[4] und ab und zu für Zeitungen und Zeitschriften Gastbeiträge über sexualisierte Gewalt zu schreiben. Ich tobte mich eine Weile aus und merkte, dass ich mehr schreiben möchte, als in eine Kolumne passt. Und so entstand die Idee und schließlich die Umsetzung dieses Buches, das du jetzt in den Händen hältst.

Ich schreibe dieses Buch aus der Perspektive einer *weißen*[*] heterosexuellen nicht behinderten cis Frau, als Kind ungarischer Akademikereltern aufgewachsen in der Schweiz. Ich schreibe dieses Buch auch aus der Perspektive einer Sozialarbeiterin, die jahrelang Betroffenen sexualisierter Gewalt zugehört hat, sie unterstützte und sie immer wieder zu den Einvernahmen, wie Vernehmungen in der Schweiz heißen, begleitete. Ich schreibe dieses Buch aus der Perspektive einer Aktivistin, die längst nicht alle komplexen Zusammenhänge im Detail versteht. Aber die weiß: Sexualisierte Gewalt ist eine globale Krise mit einschneidenden Folgen für das Leben jeder_ Frau. Sie ist tief in unserer Gesellschaft verwurzelt, wäre aber verhinderbar. Nicht zuletzt schreibe ich das Buch aus der Sicht einer Frau, die sexistische und sexualisierte Übergriffe erfahren hat. Erfahrungen, die mich geprägt haben und die es mir ermöglichen, die Erfahrungen von anderen Betroffenen und das System dahinter besser zu verstehen.

Ich kann in diesem Buch das strukturelle Problem, das dazu führt, dass jede_ Frau im Laufe ihres Lebens sexualisierte Gewalt erfährt, niemals vollständig abbilden. Aber ich kann aufzeigen, wie verbreitete Diskurse und Narrative über sexualisierte Gewalt die bestehenden Verhältnisse aufrechterhalten und dazu führen, dass Betroffene lieber schweigen

* Ich schreibe *weiß* kursiv, um zu verdeutlichen, dass es sich dabei um eine soziale und politische Kategorie und um eine durch Rassismus geschaffene privilegierte Position handelt – und nicht um eine (Haut-)Farbe.

und Täter unbehelligt weitermachen. Und ich kann aufzeigen, dass es bei sexualisierter Gewalt keine neutrale Position gibt. Wer schweigt, schützt die Täter. Ich fokussiere mich dabei auf den deutschsprachigen Raum, auf Deutschland, Österreich und die Schweiz. Denn das ist der Raum, in dem ich lebe und den ich am besten kenne. Innerhalb des deutschsprachigen Raumes gibt es nur marginale (juristische) Unterschiede im Umgang mit sexualisierter Gewalt. Die darunterliegenden Strukturen wie auch das Ausmaß unterscheiden sich hingegen nicht. Wenn ich Statistiken und Studien aus einem der Länder erwähne, dann kann immer davon ausgegangen werden, dass die Situation in den anderen beiden Ländern vergleichbar ist. Zudem erwähne ich auch Beispiele aus dem angelsächsischen Raum, da dieser unsere Kultur am meisten beeinflusst.

Unser gesellschaftlicher Umgang mit sexualisierter Gewalt ist voller Widersprüche. Wenn ich frage, ob sexualisierte Gewalt ein Unrecht ist, dann wird das niemand verneinen. Aber wenn ich frage, was denn sexualisierte Gewalt überhaupt ist, herrscht Uneinigkeit. Sexualisierte Gewalt ist normalisiert, aber sexualisierte Gewalt ist alles andere als normal. Sexualisierte Gewalt ist omnipräsent, gilt aber gleichzeitig als *das* Vier-Augen-Delikt schlechthin. Sexualisierte Gewalt hat nichts mit Sex zu tun. Und doch hat sexualisierte Gewalt irgendwie auch mit Sex zu tun. Sexualisierte Gewalt ist laut, sie ist aber auch stumm. Sexualisierte Gewalt ist beschämend, aber niemand beschämt Täter. Wir hören »Nur Ja heißt Ja«. Und wissen trotzdem, dass ein Ja manchmal auch ein Nein ist. Weil ein Ja, das aus Angst, Überforderung oder aufgrund einer Abhängigkeit gesagt wird, kein Ja ist.

Ich werde mir wahrscheinlich im Laufe des Buches widersprechen. Ich versuche zu verstehen, aber ich verstehe nicht alles. Die Kultur der sexualisierten Gewalt umgibt uns. Wo endet die kulturelle Prägung und wo fängt das »individuelle Ich« jedes Einzelnen an? Gibt es so etwas wie ein »individuelles Ich« überhaupt, das sich unbeeinflusst von kulturellen Normen und Botschaften entwickelt? Ich glaube nicht. Unsere Kultur prägt uns, produziert uns und wir reproduzieren sie. Und dabei können wir sie verändern. Ich glaube, das ist die positivste Nachricht, die ich in diesem Buch vermitteln kann. Ich will nicht nur aufzeigen, wie unsere Kultur dieses Ausmaß sexualisierter Gewalt ermöglicht und stützt, sondern auch, wie wir uns dieser Kultur widersetzen und sie verändern können.

Mein Buch baut auf der Arbeit unzähliger Feminist:innen vor mir auf. Es ist nicht vollständig. Die Lücken, die es aufweist, sind nichts anderes als der Beweis dafür, dass es noch sehr viel zu tun gibt. Ich bin allen unendlich dankbar, die sich mit mir und nach mir engagieren, um diese Lücken zu füllen.

Jede_ Frau erfährt in ihrem Leben in irgendeiner Form sexualisierte Gewalt von einem Mann. Nicht alle Männer bedrängen, belästigen, nötigen und vergewaltigen. Aber diejenigen, die es tun, sind fast alle cis Männer.

Sexualisierte Gewalttaten sind keine Einzelfälle und keine Zufallsdelikte. Das riesige Ausmaß sexualisierter Gewalt ist kein bedauernswertes, aber nicht verhinderbares Übel, sondern hat System.

Davon handelt dieses Buch.

Keine Einzelfälle

2023 ist viel passiert.

In Italien wird ein 66-jähriger Schulhausmeister vor Gericht freigesprochen, obwohl er einer 17-jährigen Schülerin in die Hose gefasst hat. Das Gericht befindet, der Übergriff habe bloß zehn Sekunden gedauert, das sei zwar »ungeschickt, aber frei von lüsternen Absichten«[5]. In der letzten *Wetten, dass …?*-Sendung sagt Moderator und Entertainer Thomas Gottschalk zu Sängerin Cher, man müsse heutzutage richtig Angst haben, ein Mädchen zu berühren (worauf Cher erwidert: »It just depends on what you're touching«)[6]. Der österreichische Schauspieler Florian Teichtmeister wurde wegen des Besitzes von 58 000 Kindesmissbrauchsdarstellungen verurteilt.[7] Die Vorwürfe waren bekannt, weil seine Ex-Partnerin ihn angezeigt hatte. Nur glaubte man lange lieber seiner Version der Geschichte als der angeblich rachsüchtigen, verrückten Ex. 2023, zwei Jahre nach Bekanntwerden der Vorwürfe, wird er immer noch zu Filmpremieren eingeladen und gibt Interviews. Musiker Till Lindemann von Rammstein wird von zahlreichen Frauen beschuldigt, sie sexuell genötigt zu haben.[8] Einige Monate später startet er seine ausverkaufte Solotour, und die Tickets für die Rammstein-Tour 2024 sind schneller verkauft, als die Fans »Unschuldsvermutung!« rufen konnten. Comedian Luke Mockridge, der von seiner Ex-Freundin wegen Vergewaltigung angezeigt wurde und dem andere Frauen sexuelle Belästigung vorwerfen (Vorwürfe, die er selbst stets bestritt, das Verfahren gegen ihn wurde eingestellt), sagt bei seinem Auftritt in Köln über Lindemann: »Du kannst jeden Künstler der Welt an den Pranger stellen, wenn du die Kunst zu wörtlich nimmst.«[9] Und der Strafverteidiger und True-Crime-Podcaster Alexander Stevens erteilt in einem Interview mit der

Welt ~~Vergewaltigern~~ Männern Ratschläge, wie sie sich vor ~~Anzeigen~~ Falschanschuldigungen schützen können: Es empfehle sich, »nach dem Sex eine kurze SMS an die Angebetete zu schreiben, etwa ›War eine tolle Nacht mit dir‹. Das würde ein Vergewaltiger garantiert nicht tun.«[10] Der Präsident des spanischen Fußballverbandes, Luis Rubiales, verkündet auf einer außerordentlichen Vollversammlung, fünf Tage nachdem er vor den Augen der Weltöffentlichkeit die Fußballerin Jennifer Hermoso sexuell belästigt hat, dass er nicht zurücktreten werde – und erntet dafür großen Applaus.[11] Rund um das Oktoberfest in München werden 73 Fälle sexualisierter Gewalt registriert, darunter sechs Vergewaltigungen und elf Fälle, in denen Frauen und Mädchen wahrscheinlich K.-o.-Tropfen verabreicht bekommen haben.[12] Die *Süddeutsche Zeitung* schreibt: »Wiesn-Besucherinnen wissen, sie können im Bierzelt bedrängt und belästigt werden. Warum gehen sie trotzdem hin?«[13] Es wird bekannt, dass seit 26 Jahren zahlreiche Frauen sexualisierte Übergriffe durch einen Dozenten der Humboldt-Universität Berlin gemeldet haben und er trotzdem noch angestellt ist – und weiterhin Frauen sexuell belästigt.[14] Wir erfahren auch, dass ein Schweizer Professor junge Studentinnen kostenlos bei sich wohnen ließ und sie dann heimlich filmte, während sie unter der Dusche waren.[15] Er ist ebenfalls noch als Forschungsleiter tätig. 13 Frauen machen öffentlich, dass der französische Schauspieler Gérard Depardieu sie sexuell belästigt hat, zwei Frauen zeigen ihn wegen Vergewaltigung und sexualisierter Übergriffe an.[16] Aber erst die Veröffentlichung einer Videoaufnahme, in der Depardieu über eine etwa zehnjährige Reiterin sagt: »Beim Galoppieren kommt es ihr sicher. Gut so, meine Kleine, mach weiter«, vermag ihn vom Thron zu stürzen – zumindest vorübergehend.[17] Um dem entgegenzuwirken, unterzeichnen namhafte französische Künstler:innen einen offenen Brief, in dem sie Depardieu als einen »äußerst bescheidenen, feinfühligen und sogar prüden« Menschen bezeichnen.[18] Schließlich wird das Buch *Oh Boy. Männlichkeit*en heute* mit einem Text veröffentlicht, indem der Autor Valentin Moritz einen sexualisierten Übergriff aus seiner Tätersicht beschreibt: »Denn ich bin Täter geworden. Ich habe ungefragt eine Grenze überschritten.«[19] Nach der Veröffentlichung stellt sich heraus: Die betroffene Frau hatte Moritz ausdrücklich gebeten, von einer literarischen Verwertung des Übergriffs abzusehen – Moritz wie auch der über den Sachverhalt informierte Verlag entschieden sich nichtsdestotrotz, die Grenzen der Frau erneut zu ignorieren und zu verletzen.[20]

Es ist aber noch viel mehr passiert im Jahr 2023. Das deutsche Justizministerium unter FDP-Politiker Marco Buschmann setzt sich durch und verhindert die Bestrebungen der EU, die Strafbarkeit von Vergewaltigungen mit einem EU-weiten »Nur Ja heißt Ja«-Prinzip zu vereinheitlichen. Die Schweiz hat sich zwar endlich zu einem besseren Sexualstrafrecht durchgerungen, gleichzeitig streicht die Schweizer Regierung die Gelder für die nationalen Präventionskampagnen gegen Gewalt zunächst (was das Parlament erst nach Protesten wieder korrigiert).

Medien titeln »Gruppensex«, »Rosenkrieg«, »Kussskandal«, »Sexskandal«, »Orgie«, »Sextäter«, »Sextreffen«, »Flirtversuch« und »Sex« – und meinen damit eigentlich sexuelle Belästigung oder Vergewaltigung. Das Teenie-Magazin *Mädchen* wünscht einer Leserin, die vergewaltigt wurde, dass sie »aus diesem Erlebnis mitnehmen« könne, wie wichtig es sei, »auf seine Gefühle zu hören und sich zu schützen«.[21] An Schulen verbreitet sich ein neuer TikTok-Trend: Kinder piksen einander überraschend mit dem Finger oder einem Gegenstand durch die Kleidung in den Po. Die Reaktion des überraschten Kindes wird gefilmt und im Anschluss auf den sozialen Medien hochgeladen. Eine besorgte Schulleiterin einer Salzburger Mittelschule wendet sich mit einem Elternbrief an die Eltern von Schülerinnen und bittet sie, auf die Kleidung der Mädchen im Sommer zu achten, »zum Schutz der Burschen und unserer Lehrer«[22]. Der deutsche Komiker Dieter Nuhr fragt ins Publikum, wie junge Menschen denn noch Sex haben sollen, wenn jeder Blick als übergriffig gelte. Dann verkündet er, er selbst rede nur noch in Gegenwart von Juristen über Sexualität und steige auch nicht mehr allein mit einer fremden Frau in einen Aufzug.[23] Währenddessen erreichen Maskulinisten in den sozialen Netzwerken Zehntausende Menschen. Maskulinisten bezeichnen sich oft selbst als »Männerrechtler« und vertreten sexistische, antifeministische oder rechtspopulistische Haltungen. Sie sind der Überzeugung, dass Männer naturgegeben Frauen überlegen seien und dass Gleichstellungspolitik Männer diskriminiere. Der deutsche »Coach« Burak Olgun gibt auf TikTok seinen knapp 60 000 Follower:innen Beziehungstipps wie zum Beispiel »Ein Mann hat Anrecht auf Sex in der Ehe«, »Männer haben unkontrollierbar starke sexuelle Triebe« oder »Frauen sagen was anderes, als sie denken«.[24] Der deutsche »Flirtcoach« Marko Mitrovic warnt seine Follower:innen: Hände weg von einer Frau, die die Bedürfnisse ihres Partners nicht erfüllt.[25] Und der größte deutschsprachige Gaming-Livestreamer, MontanaBlack, erzählt seinen fünf Millionen Twitch-Follower:innen in einem Livestream, dass er einen Dokumentarfilm habe abbrechen müssen, weil darin größtenteils nur Frauen geredet hätten und er einer Frau nicht länger als zehn Minuten zuhören könne. Er rede lieber »von Mann zu Mann«.[26]

Ebenfalls 2023 lässt ein Gericht im schweizerischen Winterthur einem Vergewaltiger strafmildernd zugutekommen, dass sich das 14-jährige Opfer »geradezu offeriert« habe.[27]

2023 ist auch das Jahr, in dem ich mich entscheide, dieses Buch zu schreiben.

Was ist sexualisierte Gewalt?

Wenn ich eine Frau frage, ob sie schon einmal sexualisierte Gewalt erfahren hat, wird sie auch Catcalling und die schlüpfrigen Bemerkungen des Onkels mitdenken? In unserer Gesellschaft, die seit Jahrhunderten sexualisierte Gewalt verharmlost und normalisiert, haben wir keine gemeinsame Sprache dafür. Eindrücklich aufgezeigt hat das eine Studie aus den USA,[28] die 2015 hauptsächlich mit *weißen* amerikanischen Studenten durchgeführt wurde. Auf die Frage, ob sie sich vorstellen könnten, eine Frau zum Geschlechtsverkehr zu zwingen, wenn niemand je davon erfahren würde und es keine Konsequenzen hätte, antworteten

32 Prozent der befragten Studenten mit Ja. Als die Frage so umformuliert wurde, dass sie lautete: »Können Sie sich vorstellen, eine Frau zu vergewaltigen?«, sank die Zahl auf 13,6 Prozent.

Beide Zahlen sind schockierend. Aber das ist hier erst mal nicht mein Punkt. Mein Punkt ist: Männer können offenbar zugeben, jemanden zum Sex gezwungen zu haben, weil dies in unserer gewaltverharmlosenden Gesellschaft nicht als »Vergewaltigung« gilt.

Die Begriffe »Vergewaltigung« und auch »Vergewaltiger« sind moralisch und emotional schwer beladen. Was passiert, wenn ein Begriff derart überfrachtet ist? Die australische Sozialphilosophin Kate Manne schreibt in ihrem Buch *Down Girl. Die Logik der Misogynie* dazu: »Wenn Worte eine schwerwiegende moralische oder rechtliche Bedeutung besitzen, kann dies zu einem Motiv oder Vorwand für Menschen werden, die deren Verwendung verweigern. *Das* kann es nicht sein. *So* ist er nicht.«[29]

In diesem Zusammenhang sei eine US-amerikanische Studie erwähnt. 2015 hat eine Forscher:innengruppe die Studienergebnisse aus 28 unterschiedlichen Studien zusammengefasst.[30] Untersucht wurden knapp 6000 Fälle sexualisierter Gewalt an Frauen ab dem Alter von 14 Jahren. Sie alle hatten nicht einvernehmliche sexuelle Handlungen erfahren, die durch Gewalt, Gewaltandrohung oder während ihrer Widerstandsunfähigkeit an ihnen verübt wurden. Die Fragestellung war, als was die Betroffenen die Vergewaltigung, die sie erfahren hatten, bezeichneten. Nach der Auswertung der Aussagen kam die Gruppe zu dem Schluss, dass 60 Prozent der Frauen die erfahrene Gewalttat nicht als »Vergewaltigung« einordneten, obwohl es gemäß juristischer Definition eine war.

Was heißt das konkret? Das heißt, dass die erfahrene sexualisierte Gewalt womöglich nicht als Gewalt erkannt wird. Wo keine Tat, dort kein Opfer. Wo kein Opfer, dort kein Täter. Wo kein Täter, dort keine Straftat und kein Unrecht.

Wir müssen uns bewusst sein, dass es noch ein weiter Weg ist, bis wir außerhalb der feministischen Bewegung anerkannt haben, dass alle Formen sexualisierter Gewalt von taxierenden Blicken, verbalen und körperlichen Belästigungen bis hin zu sexueller Nötigung und Vergewaltigung ebendas sind: sexualisierte Gewalt. Sexualisierte Gewalt, aber auch Konsens präzise zu benennen, ist Teil der Arbeit, die jetzt zu tun ist. Es ist schmerzhaft, aber unumgänglich, sexualisierte Gewalt als Gewalt zu benennen, nachdem wir sie jahrhundertelang als eine Form von »Sex« verharmlost oder als »Spaß« oder »Missverständnis« normalisiert haben. Sprache formt unser Denken. Sprache schafft unsere Wirklichkeiten und hat die Macht, Emotionen und Wertvorstellungen zu vermitteln. Wir müssen die entsprechenden Begriffe verwenden, um unser Denken zu verändern. Sexualisierte Gewalt ist nicht Sex, sondern Gewalt.

Von Catcalling bis Vergewaltigung: Das Kontinuum sexualisierter Gewalt

Ich zähle im Folgenden einige Formen sexualisierter Gewalt auf und du versuchst, eine Reihenfolge zu erstellen, von *sehr schlimm* bis *weniger gravierend*. Bist du bereit?

Jemandem »Hey Süße« hinterherrufen; mit einer Person Sex haben, während sie schläft; das einvernehmlich gedrehte Sexvideo ohne Wissen der anderen Person auf eine Pornoplattform hochladen; eine fremde Person in der Bar an den Hüften berühren; in der Umkleide heimlich filmen; eine Person festhalten und gegen ihren Willen penetrieren; das Gesicht einer Person mittels künstlicher Intelligenz in ein pornografisches Video montieren; ungefragt und unerwünscht vor einer Person onanieren; als Gruppe eine Person überfallen und vergewaltigen; einer Person K.-o.-Tropfen ins Getränk mischen und sie danach nackt fotografieren; ein unerwünschtes Foto des Genitals verschicken; als Masseur die Brustwarzen der Patientin kneifen; der Reinigungsfachkraft schreiben, dass sie einen sexy Hintern habe; nach reichlichem Alkoholkonsum eine Person dazu überreden, Sex zu haben; die virtuelle Vergewaltigung des Avatars einer 16-Jährigen.

Womöglich überlegst du dir nun, wer im jeweiligen Fall die betroffene Person ist: Ist es ein Kind, eine Jugendliche oder eine Erwachsene? Eine cis Person oder eine trans Person? Besteht eine Beziehung oder Freundschaft zwischen den Personen? Gibt es ein Abhängigkeitsverhältnis oder eine Machtasymmetrie? Geschieht der Vorfall in den eigenen vier Wänden, am Arbeitsplatz oder nachts im Parkhaus? Und macht das alles überhaupt einen Unterschied? Was heißt schwerwiegend? Ist schwerwiegend eine juristische Kategorie? Oder ist die Schwere vom Kontext abhängig? Wenn zwei Personen die gleiche Tat erfahren haben, die eine danach eine posttraumatische Belastungsstörung entwickelt und nicht mehr in der Lage ist zu arbeiten – und die andere ihr Leben weiterlebt, als wäre nichts gewesen … ist dann ein und dieselbe Tat unterschiedlich in ihrer Schwere?

Ich denke, wir sind uns einig, dass sexualisierte Kriegsgewalt, wie sie an israelischen Menschen am 7. Oktober 2023 durch Angehörige der Terrororganisation Hamas,[31] aber auch in den letzten Jahren in der Ukraine, in den palästinensischen Gebieten, in Syrien, Jemen, Kongo oder Nigeria ausgeübt wurde, schwerwiegende, abscheuliche Gräueltaten sind.[32] Und dass diese Taten schlimmer sind als Catcalling auf dem Weg zur Arbeit. Manch eine mag sich allerdings fragen, ob es denn angesichts dieser großen Unterschiede okay ist, den aufgezwungenen Kuss des spanischen Fußballverbandspräsidenten Luis Rubiales auch als sexualisierte Gewalt zu bezeichnen. Die kurze Antwort: Ja. Es ist nicht nur okay, es ist für unser Verständnis von sexualisierter Gewalt unumgänglich.

Die Schwierigkeit bei der Hierarchisierung der verschiedenen Formen von sexualisierter Gewalt ist, dass damit viele Formen der Gewalt heruntergespielt werden: »So schlimm war es doch nicht«, »Wenigstens wurdest du nicht vergewaltigt«, »Du kannst dich glücklich schätzen, dass er dich nicht verletzt hat«. Wenn wir die Taten hierarchisieren, dann hierarchisieren wir zwangsläufig auch die Betroffenen, dann entscheiden wir darüber, wer das Recht hat, sich verletzt zu fühlen, traumatisiert zu sein, Anzeige zu erstatten – und vor allem: wer nicht. Der Vergleich unterschiedlicher Formen sexualisierter Gewalt miteinander führt mitunter auch dazu, dass die Betroffenen selbst noch verunsicherter sind: War der »Sex«, der gegen meinen Willen geschah, aber ohne Anwendung körperlicher Gewalt, schlimm genug? Habe ich das Anrecht, mich ebenso als Betroffene von sexualisierter Gewalt zu fühlen oder gar zu bezeichnen wie eine Person, die von einem fremden Mann im Park mit einer Waffe bedroht und vergewaltigt wurde? Die betroffene Person muss sich fragen, ob sie sich auf ihre Wahrnehmung verlassen kann, ob das, was sie erfahren hat, eine »echte« Vergewaltigung war beziehungsweise »echt genug« und deshalb »schlimm genug«, um sich als Opfer zu sehen und den Täter als solchen zu identifizieren. Wird sie sich selbst zugestehen, dass sie Opfer sexualisierter Gewalt wurde? Wenn sie es offenlegt: Wird man ihr glauben und ihr Leid anerkennen? Denn all das ist notwendig, damit sie sich Unterstützung sucht und auch die Unterstützung erhält, die sie benötigt. Viel wichtiger als eine Hierarchisierung ist die Anerkennung der Tatsache, dass sexualisierte Gewalt in jedem Fall ein Unrecht ist. Wie schwerwiegend die Folgen im Einzelfall sind, hängt von unterschiedlichen Faktoren ab, nicht nur von der Grausamkeit der Tat selbst, sondern auch von den Lebensumständen einer Person, von der Beziehung der betroffenen Person zum Täter und in starkem Maße auch davon, wie das Umfeld mit der Tat umgeht. Das Leid und das Trauma, das sexualisierte Gewalt auslöst, kann man nur in Bezug auf gesellschaftliche Machtverhältnisse verstehen. Gewalterfahrungen sind unterschiedlich, nicht jedes Leid ist gleich. Aber jedes Leid ist valide und jede Form von sexualisierter Gewalt gilt es zu verurteilen.

Gleichzeitig ist eine Kategorisierung der unterschiedlichen sexualisierten Gewalttaten in der Rechtsprechung wiederum sehr wichtig. Denn, so schreiben die Juristin Nora Scheidegger und ich in einer gemeinsamen Publikation, es spielt für Betroffene ebenso wie für die Täter und die gesamte Rechtsgemeinschaft nicht nur eine Rolle, ob oder dass ein Täter überhaupt verurteilt wird, sondern auch, *gestützt auf welchen Tatbestand* er verurteilt wird. Denn bereits die Bezeichnung der Tat und ihre systematische Einordnung im Gefüge des Strafgesetzbuches gibt Aufschluss darüber, wie das begangene Unrecht gesellschaftlich bewertet wird.[33] Es geht nicht darum, dass die unterschiedlichen Straftaten per se nicht miteinander verglichen werden sollen, sondern darum, dass man dies im Wissen darum tut, dass die unterschiedlichen Formen alle zusammenhängen und dass schlussendlich nur die betroffene Person sagen kann, wie schwerwiegend sie selbst die Tat empfindet.

Die britische Wissenschaftlerin Liz Kelly war die Erste, die 1988 sexualisierte Gewalt sehr breit definierte und darlegte, dass taxierende Blicke oder verbale sexuelle Belästigung auf dem gleichen Kontinuum sexualisierter Gewalt liegen wie schwerwiegendere körperliche Übergriffe.[34] Das heißt, dass es zwischen den unterschiedlichen Formen sexualisierter Gewalt fließende Übergänge gibt. Stell dir folgende Situation vor: Du bist spätabends allein in einem Parkhaus und läufst zu deinem Auto. Ein Mann taucht auf und ruft dir »Hey Süße(r)« zu. Bei so gut wie jeder_ Frau wird diese Grenzüberschreitung in einem ungeschützten Raum großes Unwohlsein, wenn nicht sogar Angst oder Panik auslösen (nicht umsonst gibt es in vielen Tiefgaragen mittlerweile Frauenparkplätze nah am Ausgang). Wenn ich mich in diese Situation hineinversetze, dann weiß ich: Noch bevor dieser Mann näher kommt, gehen mir tausend Gedanken durch den Kopf und eine diffuse Angst erfasst mich, dass dieser Mann mich gleich körperlich angreifen, gar vergewaltigen könnte. Komisch? Nein. Denn Catcalling liegt auf demselben Kontinuum sexualisierter Gewalt wie Vergewaltigung. Die Angst, dass eine Situation wie diese eskalieren könnte, ist nicht abwegig. Wie die Schweizer Geschlechterforscherin und Soziologin Franziska Schutzbach in ihrem Buch *Die Erschöpfung der Frauen* schreibt, machen Frauen, die sich wehren, nicht selten die Erfahrung, dann erst recht beschimpft oder angegangen zu werden. Es ist unter anderem die Angst vor einer möglichen Eskalation, die dazu führt, dass die meisten Menschen in so einem Fall so tun, als hätten sie nichts gehört, oder die Belästigung weglächeln, um dann so schnell wie möglich der Situation zu entkommen. »Bei jeder sexuellen Belästigung schwingt psychologisch eine Vergewaltigungsandrohung mit, auch wenn mancher diese These noch so absurd findet«,[35] schreibt die US-amerikanische Autorin Soraya Chemaly in ihrem Buch *Speak Out! Die Kraft weiblicher Wut.* Sie schreibt auch darüber, wie unverständlich es sei, dass sexuelle Belästigung im öffentlichen Raum immer noch als unwichtig betrachtet werde, obwohl sie nachweislich Schäden anrichte, nicht zuletzt verursache sie übersteigerte Ängstlichkeit und Hypervigilanz: Frauen müssen permanent Situationen richtig einschätzen, was, wie auch Schutzbach schreibt, ein »ungeahntes Erschöpfungspotenzial im Leben von Frauen«[36] birgt.

Ich werde häufig von Journalist:innen gefragt (meist, wenn wieder ein Großanlass vor der Türe steht, zum Beispiel Karneval oder die Festivalsaison), was ich denn Frauen raten würde, wie sie auf sexuelle Belästigung reagieren sollen. Viel lieber würde ich gefragt werden, was denn alle Umstehenden tun können, wenn sie sexuelle Belästigung beobachten. Für die Betroffenen habe ich jeweils nur einen Ratschlag: Egal, wie du reagierst, es ist okay. Wenn du die Belästigung ignorierst, ist es okay. Wenn du sie weglächelst, ist es okay. Wenn du der belästigenden Person eine Ohrfeige verpasst, ist es okay. Wenn du um Hilfe rufst, ist das ebenfalls okay. Das einzig nicht Angemessene in so einer Situation ist das Verhalten der belästigenden Person. Und die Ohrfeige? Kann Gegengewalt je die Lösung für Gewalt sein? Gerne lasse ich an dieser Stelle die französiche Autorin Virginie Despentes zu Wort kommen. Despentes, die als 17-Jährige beim Trampen vergewaltigt wurde, schreibt in ihrem feministischen Essay *King Kong Theorie*: »Trotzdem halten es Frauen immer noch für nötig zu versichern: Gewalt ist keine Lösung. Doch an dem Tag, wo die Männer Angst haben müssen, dass ihr Schwanz mit einem Cutter zerfetzt wird, wenn sie versuchen, einer Frau Gewalt anzutun, werden sie plötzlich ihre ›männlichen Triebe‹ besser beherrschen können und verstehen, was ›Nein‹ bedeutet. In jener Nacht wäre es mir lieber gewesen, ich hätte überwinden können, was meinem Geschlecht eingetrichtert worden ist, und sie einen nach dem anderen umgebracht. Statt als die Person weiterzuleben, die sich nicht zu wehren wagt, weil sie eine Frau ist, weil Gewalt ihr nicht zusteht und die Unversehrtheit eines Männerkörpers wichtiger ist als die eines Frauenkörpers.«[37]

Die US-amerikanische Psychologin Laurel Watson führte 2015 eine Studie durch.[38] Sie fand heraus, dass die Angst von Frauen, Opfer eines Verbrechens zu werden, durch die Erfahrung, zu einem sexuellen Objekt degradiert zu werden, verstärkt wird. Frauen fürchten, dass zu jedem Verbrechen, egal welcher Art, eine Vergewaltigung noch *hinzukommen* könnte. Während sich ein Mann zum Beispiel »nur« vor dem Raubüberfall fürchtet, fürchtet eine Frau, dass der Täter sie nicht »nur« beraubt, sondern auch noch vergewaltigt. Diese Haltung spiegelt sich auch in der gesellschaftlichen Bewertung sexualisierter Gewalt wider: Sexualisierte Gewalt wurde lange auch strafrechtlich erst dann als gravierend, beispielsweise als Vergewaltigung, eingeordnet, wenn zu der Verletzung der sexuellen Integrität noch eine weitere Verletzung hinzukam: körperliche Gewalt oder Freiheitsberaubung beispielsweise. So schreibt Watson, dass mit der gesellschaftlichen Akzeptanz der Sexualisierung und Objektifizierung von Frauen auch akzeptiert werde, dass Frauen sich unsicherer fühlen. Als Folge schränken Frauen sich in ihrer Freiheit selbst ein. Sie gehen nicht mehr überall hin oder verändern ihr Verhalten.

Catcalling und Vergewaltigung sind Ausprägungen auf dem gleichen Kontinuum sexualisierter Gewalt, weil sie die gleiche Ursache haben, nämlich patriarchale Machtstrukturen, die heterosexuelle cis Männer dahingehend sozialisieren, dass sie sich dazu berechtigt fühlen, Frauen, non-binäre Personen, aber auch trans und schwule Männer abzuwerten, zu demütigen und zu kontrollieren. Cis Männer wachsen im Selbstverständnis auf, dass Frauen ihnen ihre Aufmerksamkeit, ihre Liebe und ihren Körper schulden. Und um dieses Machtgefüge aufrechtzuerhalten, erweist sich sexualisierte Gewalt als sehr nützliches Instrument.

Männer demonstrieren mit Catcalling ebenso ihren Anspruch auf Frauen wie mit einer Vergewaltigung. »Extreme Auswüchse der Gewalt gegen Frauen oder Gewaltbereitschaft haben ihre Wurzeln im ›Normalen‹, im Selbstverständlichen, und genau deshalb ist auch die anhaltende Bagatellisierung von Gewalt oder das weitverbreitete Wegsehen so gut möglich«,[39] schreibt Schutzbach. Es ist von enormer Wichtigkeit, alle Formen von sexualisierter Gewalt als Teil des gleichen Kontinuums zu verstehen, wenn wir als Gesellschaft dem Ausmaß sexualisierter Gewalt entgegenwirken wollen. Anders gesagt: Um Vergewaltigungen zu verhindern, müssen wir schon bei sexualisierten Abwertungen und Belästigungen ansetzen, mehr noch: bei Sexismus und Misogynie, denn sie sind der Nährboden für alle Formen sexualisierter Gewalt. Dazu im nächsten Kapitel mehr.

Rape Culture

Feministinnen machen seit den 1970er-Jahren darauf aufmerksam, dass all diese sexualisierten Gewalttaten in einem Zusammenhang stehen und dass es gesellschaftliche Strukturen sind, die das Ausmaß an sexualisierter Gewalt ermöglichen und aufrechterhalten. Bereits 1974 schrieben die US-Amerikanerinnen Noreen Connell und Cassandra Wilson in ihrem Buch *Rape: The First Sourcebook for Women*, dass die hohe Präsenz sexualisierter Gewalt durch die *rape culture* ermöglicht werde, also durch eine Gesellschaft, die ebendiese Gewalt hervorbringt und verharmlost. Sie beschreiben, wie Geschlechterstereotype den Männern Vorherrschaft zusichern, juristische Regelungen die Frauen daran hindern, Gerechtigkeit zu erfahren, und Narrative in Film und Literatur diese Verhältnisse täglich reproduzieren. Damit waren Connell und Wilson die Ersten, die den Begriff Rape Culture prägten. Rape Culture bezeichnet eine Kultur, in der die Wertvorstellungen und erlernten Haltungen und Verhaltensweisen dazu führen, dass sexualisierte Gewalt akzeptiert wird und normal ist. Diese Kultur zeigt sich in der Art, wie wir sprechen, interagieren, reagieren und denken.

Am besten lässt sich der Begriff Rape Culture als »Kultur der sexualisierten Gewalt« übersetzen. »Rape« wird im englischsprachigen Raum breiter gefasst als »Vergewaltigung« im deutschsprachigen Raum, weshalb ich den Begriff Rape Culture dem Begriff Vergewaltigungskultur vorziehe. Vielleicht spürst du gerade große Widerstände in dir gegen den Gedanken, dass wir hier in Deutschland, Österreich und der Schweiz in einer Kultur der sexualisierten Gewalt leben. Dann kann ich dir Folgendes erzählen: Ich halte immer wieder Vorträge über die Rape Culture. Früher habe ich den Einstieg so gestaltet, dass ich mit empirischen Fakten aufgezeigt habe, woran sich die Rape Culture festmachen lässt. Heute mache ich es anders. Ich bitte alle im Publikum aufzustehen, wenn sie jemanden kennen (sich inklusive), der oder die schon mal sexualisierte Gewalt erfahren hat. Der ganze Saal erhebt sich. Immer. Danach bitte ich darum, dass sich all diejenigen erheben, die einen Täter sexualisierter Gewalt persönlich kennen. Einzelne erheben sich. Manchmal bitte ich noch diejenigen, sich zu erheben, die einen Täter persönlich kennen, der verurteilt wurde – meist bleibt der ganze Saal sitzen. Das, liebe Leser:innen, ist ein Abbild der Rape Culture.

Rape Culture ist ein Begriff, der oft auf Ablehnung stößt. Meines Erachtens ist das so, weil er falsch verstanden wird. Rape Culture heißt nicht, dass wir in einer Gesellschaft leben, in der Menschen sexualisierte Gewalt aktiv befürworten. Im Gegenteil: Ich würde sagen, es besteht ein gesellschaftlicher Konsens darüber, dass sexualisierte Gewalt unrecht ist. Rape Culture bedeutet auch nicht, dass alle Männer Vergewaltiger sind. Von Rape Culture zu reden, heißt, sich mit dem *Wieso* auseinanderzusetzen: Wieso ist das Ausmaß sexualisierter Gewalt so immens? Wieso sind die überwiegende Mehrheit der Betroffenen Frauen, trans und non-binäre Personen? Was haben diese Betroffenen gemeinsam mit cis-männlichen Betroffenen sexualisierter Gewalt? Und wieso sind die überwiegende Mehrheit der Tatpersonen cis Männer?

Rape Culture bezeichnet eine Gesellschaft, in der sexualisierte Gewalt – zumindest teilweise – ignoriert, toleriert oder verharmlost wird. Dabei geht es nicht nur um Vergewaltigungen, sondern um jede Form von sexualisierter Gewalt.

Rape Culture ist eine Gesellschaft, die sexualisierte Gewalt normalisiert und als Teil des »natürlichen« menschlichen Verhaltens versteht, statt sexualisierte Gewalt als etwas zu verstehen, das strukturell und kulturell erzeugt und aufrechterhalten wird.

Rape Culture ist eine Gesellschaft, die lieber fragt, wieso eine Frau sich so sexy angezogen hat, wieso sie getrunken hat, wieso sie allein unterwegs war, wieso sie mit zu ihm nach Hause gegangen ist oder wieso sie ihn nicht schon früher verlassen hat, als zu fragen, wieso er es getan hat.

Rape Culture ist eine Gesellschaft, in der alle ein Opfer kennen, aber kaum jemand einen Täter.

Rape Culture ist eine Gesellschaft, die übergriffige Männer ganz oder teilweise aus der Verantwortung lässt, die zuschaut oder wegschaut, wenn Männer übergriffig sind.

Rape Culture ist eine Gesellschaft, die es einfacher findet, Betroffenen die Glaubwürdigkeit abzusprechen, als damit umzugehen, dass viele Täter ungestraft davonkommen.

Rape Culture ist eine Gesellschaft, in der es üblicher ist, die Opfer der Lüge zu bezichtigen, als die Täter zur Verantwortung zu ziehen.

Rape Culture ist eine Gesellschaft, in der unglaublich schnell »Unschuldsvermutung!« gerufen wird, aber ein »Wir glauben dir!« kaum zu hören ist.

Rape Culture ist eine Gesellschaft, in der es wenige »echte Opfer« gibt und viele Opfer, die »es eigentlich wollten«, die »falsche Signale ausgesendet haben« oder die »bloß Aufmerksamkeit wollen« .

Rape Culture ist eine Gesellschaft, die deine Geschichte frisst, sodass du sie nicht mehr wiedererkennst, wenn sie sie wieder ausspuckt.

Rape Culture ist eine Gesellschaft, die einen Vergewaltiger verabscheut, außer er ist ein mächtiger oder beliebter Mann, ein Verwandter, ein Freund oder unser Partner.

Rape Culture ist eine Kultur von komplizenhaften Männerbünden. Männer, die einander nicht zur Rechenschaft ziehen und einander decken.

Rape Culture ist eine Gesellschaft, in der es einfacher ist, sich mit dem Täter zu identifizieren und zu solidarisieren (»Es wäre doch nicht fair, wenn nun sein Leben zerstört würde wegen dieser Tat«) als mit dem Opfer (»Er hat womöglich ihr Leben zerstört«).

Rape Culture ist eine Gesellschaft, in der Vergewaltigungen von Schwarzen, trans, behinderten und dicken Personen nicht zählen und Vergewaltiger immer die »anderen« sind.

Die Rape Culture ist natürlich nicht in einem luftleeren Raum entstanden. Sie ist fest verwurzelt im Patriarchat, einem komplexen System von kulturellen Überzeugungen, Kontrolle und Macht. Das Patriarchat beschreibt eine Gesellschaft, die maßgeblich von Männern geprägt ist und in der Männer die Vorherrschaft haben. Der deutsche Soziologe und Männlichkeitsforscher Rolf Pohl erklärt, dass diese Vorherrschaft heute nicht im Sinne des klassischen Patriarchats, also einer offenen Herrschaft aller Männer über alle Frauen, zu verstehen sei, sondern eher als eine Kultur der männlichen Überlegenheit.[40]

Aufrechterhalten, genährt und reproduziert wird sie durch die verbreiteten Haltungen zu Geschlecht und Sexualität, durch die häufige Straffreiheit der Täter, die Stigmatisierung der Opfer, das Herunterspielen der Gewalt durch Witze und verharmlosende Darstellungen in Filmen, Literatur, Kunst oder Musik und nicht zuletzt durch Misogynie, Rassismus, Klassismus, Ableismus, Dickenfeindlichkeit und Queerfeindlichkeit. So entsteht ein kultureller Rahmen, in dem man Verstöße gegen die sexuelle Selbstbestimmung als normal und konsequenzlos wahrnimmt. Die Rape Culture lehrt uns, dass wir das Ausmaß sexualisierter Gewalt reduzieren können, indem wir Frauen dazu befähigen, sich selbst vor sexualisierten Übergriffen zu schützen. Statt Männer daran zu hindern, sexualisierte Gewalt auszuüben.

Neue, breite Verwendung erlangte der Begriff Rape Culture erst in den frühen 2010er-Jahren im Kontext von Protesten gegen die enorme Häufung von Fällen sexualisierter Gewalt an US-amerikanischen Universitäten. Auslöser war 2012 das Strafverfahren zu der Vergewaltigung einer bewusstlosen 16-jährigen Jugendlichen durch zwei gleichaltrige Jugendliche in Steubenville, Ohio.[41] Der Fall erhielt internationale Aufmerksamkeit. Dabei ging es nicht darum, ob die beiden Täter die Vergewaltigung begangen hatten oder nicht. Die Beweislage war erdrückend, denn die beiden hatten die Tat mit dem Handy dokumentiert. Für Aufmerksamkeit sorgte, dass sehr viele Menschen, nicht zuletzt auch große Medienhäuser, Solidarität mit den Tätern bekundeten: Das Mädchen sei selbst schuld, sie hätte nicht trinken dürfen und hätte damit rechnen müssen, dass so etwas passiert, wenn sie so viel trinkt. Die Jungs hingegen wurden zu tragischen Helden hochstilisiert, die bloß Spaß gehabt und getan hätten, was andere Jungs auch getan hätten *(boys will be boys* – darauf komme ich noch*)*. Sogar CNN konzentrierte sich auf die gefährdeten Sportlerkarrieren der Täter (sie waren talentierte American-Football-Spieler) und nicht auf das Opfer.

Mit diesen Debatten über die Rape Culture an Colleges in den USA wurde der Weg bereitet für die #MeToo-Bewegung, die einige Jahre später auf beeindruckende Art und Weise die ganze Welt erfasste. Ursprünglich 2006 unter dem Namen *me too* von der Bürgerrechtsaktivistin Tarana Burke als Kampagne ins Leben gerufen, war das Ziel von *me too,* Solidarität zwischen den Betroffenen sexualisierter Gewalt in der Schwarzen Community zu schaffen.[42] Zu einer weltweiten Bewegung wurde #MeToo, als am 5. Oktober 2017 die US-amerikanische Schauspielerin Ashley Judd zusammen mit weiteren Schauspielerinnen in *The New York Times* offenlegte, sexualisierte Übergriffe durch den US-amerikanischen Filmproduzenten Harvey Weinstein erfahren zu haben.[43] In den folgenden Tagen und Wochen meldeten sich weitere Betroffene öffentlich und deckten den jahrzehntelangen systematischen Missbrauch Weinsteins auf. Am 16. Oktober 2017 schrieb die US-amerikanische Schauspielerin Alyssa Milano auf Twitter, das mittlerweile X heißt: »If you've been sexually harassed or assaulted write ›me too‹ as a reply to this tweet.« (»Falls du sexualisierte Belästigung oder Gewalt erfahren hast, schreibe ›me too‹ als Antwort auf diesen Tweet.«)[44] 24 Stunden nach Milanos Tweet waren bereits zwölf Millionen Tweets mit dem Hashtag #MeToo abgesetzt worden, in denen Betroffene sexualisierter Gewalt ihre Erfahrungen teilten. Millionen weitere Tweets folgten in den Tagen, Wochen und Monaten danach, #MeToo wurde von den Medien aufgegriffen und wurde schließlich eine weltweite Protestbewegung gegen die Rape Culture.

Indem wir von Rape Culture reden, machen wir unmissverständlich klar, dass Fälle sexualisierter Gewalt keine Einzelfälle sind, sondern durch kulturelle Narrative ermöglicht und gefördert werden. Wie wirkmächtig die Rape Culture heute noch ist, merkt man mitunter daran, dass eben immer noch oft so getan wird, als gäbe es zwischen all diesen Fällen keinen strukturellen Zusammenhang. »Das zeigt sich auch und gerade an dem Phänomen, dass MeToo in jeder kleinen Sparte immer wieder von vorn anfangen und Anlauf nehmen muss. Deutschrap-MeToo, Theater-MeToo, Fahrschul-MeToo, Politik-MeToo, Kunst-MeToo, Uni-MeToo, Springer-MeToo und jetzt eben Rockmusik-MeToo. Jedes Mal wird so getan, als gäbe es keinen größeren Zusammenhang. Als wäre da nur dieses eine kleine Feld in einer [ansonsten] gleichberechtigten, machtsensiblen und gewaltfreien Gesellschaft, in dem es leider, leider noch Missstände gibt, die nur kurz mal eben behoben werden müssen und dann ist alles wieder gut«,[45] schrieb der Journalist und Autor Nils Pickert in einer Kolumne für das feministische Magazin *Pinkstinks*.

Der Mythos vom Einzelfall zeigt sich auch in der Medienberichterstattung. Eine 2021 publizierte Studie kam zum eindeutigen Schluss, dass die Medien bei der Berichterstattung über geschlechtsspezifische Gewalt häufig den Eindruck erwecken, dass es plötzliche, unvorhersehbare Ereignisse seien, tragische Einzelfälle eben.[46] Dabei berichten Medien vor allem über schwerwiegende Gewalttaten, was dazu führt, dass verbreitete Gewaltformen wie zum Beispiel Catcalling oder Belästigung am Arbeitsplatz unterproportional beleuchtet werden. Catcalling ist für die Medien oft nicht spannend genug. Dabei ist es als Teil des Kontinuums sexualisierter Gewalt sehr wohl interessant und öffentlich relevant, wenn denn der strukturelle Zusammenhang hergestellt wird zu Vergewaltigungen oder anderen Formen geschlechtsspezifischer Gewalt – die eben genau deshalb keine tragischen Einzelfälle sind. Wie die Medienberichterstattung die Rape Culture reproduziert, liest du im Kapitel »Die Macht der Sprache«.

Diese Weigerung großer Teile der Gesellschaft, sexualisierte Gewalt als strukturelles Problem zu sehen, zeigt, wie sehr die Rape Culture Teil des patriarchalen Gesellschaftssystems ist. Denn wer die Taten als strukturell einordnet, muss dem Patriarchat sehr kritisch gegenüberstehen – einem gesellschaftlichen Machtverhältnis, in dem Männer bevorzugt werden und Frauen beziehungsweise alle, die dem traditionellen Männlichkeitsbild nicht entsprechen, der männlichen Dominanz untergeordnet sind. Und wer will schon an einem System rütteln, das ihm selbst den Machterhalt sichert? Diese cis-männliche Dominanz basiert unter anderem auf stereotypen Geschlechterbildern von »Mann« und »Frau« und positioniert Männer und Frauen in gesellschaftlichen, ökonomischen oder sexuellen Verhältnissen unterschiedlich. Wir haben heute eine rechtliche Gleichstellung und gleichzeitig noch immer eine strukturelle Diskriminierung von Frauen. Diese strukturelle Diskriminierung zeigt sich in allen Bereichen des Lebens: So sind ein Großteil der Mütter finanziell von ihrem Partner abhängig, Frauen sind in der Politik und in der Wirtschaft immer noch untervertreten (und für non-binäre und trans Personen gilt das noch viel stärker), sie verdienen weniger und sind viel stärker von Altersarmut betroffen, sie übernehmen immer noch den Großteil der Sorgearbeit und jede_ von ihnen hat schon in irgendeiner Form sexualisierte Abwertung oder Gewalt erfahren. Rape Culture ist ein Teil dieser strukturellen Diskriminierung. Sie ist damit ein Grundpfeiler des Patriarchats.

Männer als Opfer sexualisierter Gewalt

»Entweder man ist Opfer, oder man ist Mann«, sagte der Schweizer Psychologe, Männerforscher und Autor Markus Theunert in einem Interview mit dem *Tages-Anzeiger.*[47] Als ich dieses Buch auf LinkedIn ankündigte, kommentierte ein Mann, er sei überzeugt, dass ich tolle Arbeit mache, aber was sei mit der sexualisierten Gewalt, welche Männer erfahren? Die Dunkelziffer sei horrend und niemand spreche darüber. Solche Kommentare erhalte ich sehr häufig und sie lösen zwiespältige Gefühle aus. Denn meine Erfahrung ist: Diejenigen, die am lautesten »Und was ist mit den Männern?!« rufen, sind oft auch diejenigen, die sich keinen Deut um männliche Opfer sexualisierter Gewalt kümmern (was ich dem oben erwähnten Kommentierer in keiner Art und Weise unterstellen möchte). Vielmehr steckt hinter dieser Aussage häufig die Absicht, Frauen abzuwerten und ihre Erfahrungen mit sexualisierter Gewalt zu bagatellisieren.

Ist sexualisierte Gewalt weiblich, weil sie vor allem weiblich gelesene Personen betrifft? Oder ist sexualisierte Gewalt männlich, weil sie vor allem von cis Männern verübt wird? Frauen sind die Opfer, weil sie vermeintlich von Natur aus schwächer und unterwürfig sind und sich deshalb nicht gegen eine Vergewaltigung wehren könnten. Männer hingegen sind vermeintlich stark und dominant und könnten (sexualisierte) Gewalt abwehren. Auch die Rechtsprechung ist von dieser Konstellation des männlichen Täters und des weiblichen Opfers geprägt. In Deutschland wurde der Vergewaltigungsstraftatbestand erst 1997 so ausformuliert, dass auch ein Mann strafrechtlich Opfer einer Vergewaltigung werden kann. In der Schweiz wurde die geschlechterneutrale Definition des Vergewaltigungstatbestandes erst im Jahr 2023 beschlossen. Das revidierte Gesetz wird Juli 2024 in Kraft treten. Analog zur Rechtsprechung hat auch die Wissenschaft sexualisierte Gewalt jahrzehntelang bloß unter dieser gegenderten Opfer-Täter-Konstellation untersucht. Das führt mitunter dazu, dass sexualisierte Gewalt an erwachsenen Männern bis heute ein tabuisiertes und wenig erforschtes Thema ist. Das heißt aber nicht, dass Männer nicht auch von sexualisierter Gewalt betroffen sind.

Im Gegenteil: Männer erfahren ebenfalls sexualisierte Gewalt – und das nicht nur in Gefängnissen. Die Studie *Gewalt gegen Männer*[48] aus dem Jahr 2004 geht davon aus, dass es aufgrund der besonders hohen Tabuisierung von sexualisierten Gewalterfahrungen erwachsener Männer eine unbekannte Dunkelziffer in der Kriminalstatistik gibt und dass es erheblich an Forschung fehlt. Besonders im Zusammenhang mit vulnerablen Gruppen wie zum Beispiel behinderten, pflegebedürftigen Männern oder schwulen und trans Männern wird davon ausgegangen, dass sexualisierte Gewalt häufiger vorkommt, als dokumentiert wird. Nicht zuletzt wird sexualisierte Kriegsgewalt gegen Männer nach wie vor zu wenig beachtet, obwohl empirische Daten darauf hindeuten, dass beispielsweise in Konfliktgebieten wie Syrien und Ostkongo ein Drittel der Betroffenen sexualisierter Kriegsggewalt Männer sind.[49] Wieso trotzdem weniger über sexualisierte Kriegsgewalt gegen Männer berichtet wird, begründen Forscher:innen unter anderem damit, dass in den Berichten von Untersuchungskommissionen sexualisierte Kriegsgewalt gegen Männer häufig als Folter und nicht als sexualisierte Gewalt erfasst wird. Hinzu kommt, dass es immer noch Länder gibt, in denen Vergewaltigung im Gesetz nicht geschlechtsneutral definiert ist. Während also Kriegsgewalt gegen Frauen oft sexualisiert und dadurch entpolitisiert wird, wird sexualisierte Kriegsgewalt gegen Männer entsexualisiert und dadurch oft nicht als sexualisierte Gewalt eingeordnet.[50]

Einer der Männer, die sich im Rahmen von #MeToo besonders prominent über eigene sexualisierte Gewalterfahrungen geäußert haben, war der amerikanische Schauspieler und ehemalige American-Football-Profi Terry Crews. Er sprach unter anderem vor dem Justizausschuss des US-Senats, als es um ein neues Gesetz zur besseren Unterstützung von Opfern sexualisierter Gewalt ging. Crews erzählte in einer bewegenden Rede, wie er von einem erfolgreichen Hollywoodagenten (der übrigens einige Jahre später von seiner Ex-Frau wegen häuslicher und sexualisierter Gewalt angezeigt wurde) sexuell genötigt wurde: »Es dauerte nur wenige Minuten, doch was er mir vermittelte, während er meine Genitalien in der Hand hatte, war: Er hat die Macht. Er hat die Kontrolle.«[51] Nun ist es nicht etwa so, dass Männer, die sexualisierte Gewalt offenlegen, Unterstützung erhalten. In der patriarchalen Logik wurden sie durch die sexualisierte Gewalt »entmännlicht«, womit ihnen die Solidarität anderer Männer entzogen wird. Crews wurde nach seiner Offenlegung von vielen heterosexuellen cis Männern verspottet. Es sei doch kein Übergriff gewesen, sondern bloß ein Witz, zudem könne ein starker Mann wie er gar nicht Opfer sexualisierter Gewalt werden. »Gott gab dir Muskeln, damit du Nein sagen kannst«,[52] war der toxische Kommentar des amerikanischen Schauspielers und Comedians Darryl Lynn Hughley an Terry Crews in einem YouTube-Video. Ein »echter« Mann wehrt sich – so interpretiere ich Hughleys Kommentar. Damit verkennt Hughley, dass sexualisierte Gewalt sich für Männer nicht per se anders anfühlt als für Frauen.

Zurück zum Kommentar des LinkedIn-Nutzers zu diesem Buchprojekt. Im besten Fall verbirgt sich hinter dem Kommentar tatsächlich Besorgnis über die männlichen Opfer sexualisierter Gewalt. Ich teile seine Haltung, dass wir dringend mehr über sexualisierte Gewalt gegen Männer reden müssen – allerdings nicht, indem wir sexualisierte Gewalt nicht mehr als Form geschlechtsspezifischer Gewalt sehen. Im Gegenteil: Die patriarchalen Beziehungsnarrative und Geschlechterstereotype sind auch für das Verständnis von sexualisierter Gewalt gegen erwachsene Männer zentral. Dazu später mehr.

Es ist seit Jahrzehnten Feminist:innen zu verdanken, dass sexualisierte Gewalt zum Thema gemacht wird. Es sind Feminist:innen, die uns dargelegt haben, dass das Private politisch ist, dass sexualisierte Gewalt ein strukturelles Problem ist, dass wir über Männlichkeit reden müssen. Erst dadurch wurde es überhaupt möglich, auch sexualisierte Gewalt gegen Männer als solche zu benennen. Ebenso sind sich Feminist:innen heute einig, dass die Normalisierung sexualisierter Gewalt männliche Opfer genauso zum Schweigen bringt wie weibliche. Im Übrigen sind die Täter bei sexualisierter Gewalt gegen Männer gemäß heutigem Wissensstand ebenfalls in überwiegender Mehrheit cis Männer. Rape Culture heißt also auch, dass wir in einer Gesellschaft leben, in der Männer, die Opfer sexualisierter Gewalt wurden, stärker stigmatisiert werden als Männer, die sexualisierte Gewalt ausüben.

Nicht alle Gruppen von Männern haben dasselbe Risiko, Opfer sexualisierter Gewalt zu werden. Besonders betroffen sind einerseits trans Männer und andererseits diejenigen cis Männer, die aus irgendeinem Grund nicht der patriarchalen männlichen Norm entsprechen: Schwule cis Männer (insbesondere feminin auftretende Schwule) oder Männer, die in der Hierarchie unter den herrschenden Männern stehen, seien das inhaftierte Männer, die in der Gefängnishierarchie unten stehen, seien es behinderte Männer oder Männer, die in einer anderen Weise zu einer Minderheit gehören.

Ich werde in diesem Buch sexualisierte Gewalt an Personen, die weiblich sozialisiert wurden und/oder die von der Gesellschaft weiblich gelesen werden, in den Fokus nehmen. Nicht etwa, weil die einen Opfer aufgrund ihres Geschlechts wichtiger wären als die anderen. Oder weil die einen Betroffenen mehr leiden als andere. Sondern weil Frauen vor allem diejenigen sind, von denen erwartet wird, dass sie ihr Verhalten verändern, ihre Freiheiten einschränken und volle Verantwortung für die Verhinderung sexualisierter Gewalt übernehmen. Heterosexuelle cis Männer werden nicht dahingehend sozialisiert und erleben nicht, dass die Angst vor einer potenziellen Vergewaltigung sie tagtäglich begleitet.

Die Realität von heterosexuellen Frauen sieht heute so aus: Vor einem ersten Date überlegen sie sich: Sollte ich einer Freundin vorher sagen, wo ich hingehe? Kann ich im Restaurant auf die Toilette oder muss ich mein Getränk im Auge behalten, damit niemand K.-o.-Tropfen hineinmischt? Kann ich wirklich zu ihm ins Auto steigen oder in seine Wohnung hochgehen? Habe ich genügend Akku, damit ich im Notfall eine Freundin anrufen kann? Und was überlegen sich heterosexuelle cis Männer vor dem ersten Date? Die überlegen sich höchstens, ob sie ein frisches Hemd anziehen sollen, bevor sie sich auf den Weg zum Date machen.

Männer werden auch nicht ständig gewarnt, dass ihre Kleider, ihre Entscheidungen, ihr Verhalten, ihr Alkoholkonsum oder die Art, wie sie ihre Sexualität ausleben, sie wahrscheinlich zu Opfern sexualisierter Gewalt machen werden. Sexualisierte Gewalt trifft Frauen und weiblich gelesene Personen anders, weil sie einerseits als potenzielle Opfer gesehen werden, ihnen aber andererseits ihre tatsächlichen Opfererfahrungen oft abgesprochen werden, ihnen nicht geglaubt wird oder sie gar als mitschuldig erklärt werden. Sexualisierte Gewalt trifft Frauen anders, weil sexualisierte Gewalt an Frauen in unserer Gesellschaft Normalität ist. Und dass Männer auch gegen andere Männer gewalttätig sind, zeigt im Übrigen eindrucksvoll, wie dysfunktional das patriarchale System ist.

Nicht alle Männer … aber

Nicht alle cis Männer tragen zur Rape Culture bei … aber viele. Inspiriert von einem Instagram-Post der britischen Künstlerinnen und Schwestern Tabitha und Phoebe Minson,[53] möchte ich klarstellen, welche Männer »das Problem« sind:

- diejenigen, die sexuell belästigen, nötigen und vergewaltigen. Und zwar nicht nur diejenigen in der dunklen Gasse, die fremde Frauen anfallen, sondern auch diejenigen, die wussten, dass die Freundin zu betrunken war, um Ja oder Nein sagen zu können,
- diejenigen, die in diesem Verhalten kein Problem sehen,
- diejenigen, denen es egal war, dass sie keine Lust auf Sex hatte, er hat schließlich das Abendessen bezahlt,
- die Maskulinisten,
- die Starrer,
- die Exhibitionisten,
- diejenigen, die ungefragt Dick Pics verschicken,
- diejenigen, die denken, sie hätten die Aufmerksamkeit von Frauen verdient,
- diejenigen, die glauben, einer Frau zu folgen, sei der Beginn einer epischen Romanze,
- diejenigen, die heimlich das Kondom entfernen,
- diejenigen, die Nacktbilder, die nur für sie bestimmt waren, weitersenden oder veröffentlichen,
- diejenigen, die finden, Konsens »kille die Erotik«,
- diejenigen, die Slutshaming (Abwertung von Frauen aufgrund sexueller Zuschreibungen) betreiben,
- diejenigen, die Victim Blaming (Täter-Opfer-Umkehr) betreiben,
- diejenigen, die Witze über Vergewaltigungen machen,
- diejenigen, die Witze über Vergewaltigungen unkommentiert lassen – »ist doch bloß Spaß«,
- diejenigen, die wegschauen, weil es sie »nichts angeht«,
- diejenigen, die sagen: »Du willst es doch auch«,

- diejenigen, die Mädchenkörper sexualisieren,
- diejenigen, die trans Frauen fetischisieren,
- diejenigen, die Schwarze Frauen hypersexualisieren,
- diejenigen, die eine Wette abschließen, wer »die Dicke« ins Bett kriegt,
- diejenigen, die den Frauen ihre Wahrnehmung absprechen, weil sie »zu empfindlich« seien,
- diejenigen, die diese Unterhaltung hier nicht führen wollen,
- diejenigen, die sagen: »Männer sind halt so« und »so was würde er nie tun«,
- und diejenigen, die gar nichts sagen,
- diejenigen, die sagen: »Was hat sie denn erwartet?«,
- diejenigen, die »schwul« für ein Schimpfwort halten,
- diejenigen, die frauenverachtende Kunst okay finden, weil: Kunstfreiheit!,
- diejenigen, die sich seit #MeToo mehr Sorgen darüber machen, wie sie in ihrem Leben eingeschränkt werden könnten, als darüber, wie das Leben von Frauen seit Jahrhunderten eingeschränkt wird,
- diejenigen, die die Glaubwürdigkeit von Frauen reflexartig infrage stellen und sofort »Unschuldsvermutung!« rufen, aber ein »Ich glaube ihr« nicht über die Lippen bringen,
- diejenigen, die Angst vor einer Falschanschuldigung haben,
  und diejenigen, die sagen, Feminismus gehe zu weit.

Nicht alle Männer tragen zur Rape Culture bei, aber all diejenigen, die ein Gespräch über sexualisierte Gewalt mit dem Satz »Nicht alle Männer …!« unterbrechen, und diejenigen, die sich von dieser Liste angegriffen fühlen, anstatt sich und ihre Kumpels zu hinterfragen und Verantwortung zu übernehmen.

Wider die Überforderung

Dein Haus ist abgebrannt? Das tut mir schrecklich leid! Wie kann ich dir helfen? Brauchst du ein offenes Ohr? Unterstützung bei administrativen Angelegenheiten? Möbel? Soll ich deine Kinder hüten? Brauchst du Geld? Wo kann ich anpacken?

Du wurdest vergewaltigt? Oh. Bist du sicher??

Sexualisierte Gewalt überfordert. Obwohl das Thema spätestens seit #MeToo im Mainstream angekommen ist und eigentlich kaum jemand mehr behaupten kann, noch nie irgendetwas darüber gehört zu haben, weisen es immer noch viele Menschen weit von sich. Die cis Männer weisen es von sich, weil sie damit jegliche Verantwortung negieren können, cis Frauen, non-binäre und trans Personen weisen es aus Selbstschutz ab oder weil es zu schmerzhaft ist.

Mein Haus brannte noch nie ab und auch das meiner Freund:innen und Bekannten noch nie. Ich habe keine Erfahrung damit, was man in so einer Situation braucht. Aber ich kann es mir ungefähr vorstellen, denn ich habe die Bereitschaft, mich in die Situation der Person, deren Haus abgebrannt ist, hineinzuversetzen. Dabei steht für mich außer Frage, dass die betroffene Person nach einem Hausbrand in Not ist und bedingungslose Unterstützung braucht.

Diese Bereitschaft und diese klare Haltung fehlen aber vielen Menschen weitestgehend, wenn es um sexualisierte Gewalt geht. Das hängt nicht zuletzt auch damit zusammen, dass wir uns als Gesellschaft viel mehr mit dem Täter und mit der Täterperspektive beschäftigen als mit dem Opfer. Die US-amerikanische Autorin Kate Harding schreibt in *Asking for It – The Alarming Rise of Rape Culture – and What We Can Do about It,* dass sich die Rape Culture auf vielfältige Weise zeige, aber ihr teuflischster Trick bestehe darin, dass sich die durchschnittliche nicht kriminelle Person eher mit der beschuldigten Person identifiziere als mit der Person, die das Verbrechen angezeigt habe.

Das führt schließlich dazu, dass wir, wenn publik wird, dass ein

Mann der sexualisierten Gewalt bezichtigt wird, uns viel eher mit ihm verbünden (»Stell dir vor, er ist unschuldig!«) als mit der Person, die ihn angezeigt hat. Denn »Stell dir vor, sie sagt die Wahrheit!« ist kein gesellschaftlicher Reflex, den es in einer Rape Culture gibt. »Was, wenn sie lügt?« ist immer noch eine der mächtigsten Waffen des Patriarchats.

Unser gesellschaftlicher Umgang mit sexualisierter Gewalt ist in höchstem Maße widersprüchlich. Einerseits scheint heute ein öffentlicher Konsens darüber zu bestehen, dass sexuelle Belästigung und nicht einvernehmliche sexuelle Handlungen nicht okay sind und bestraft werden sollten. Andererseits wird den Betroffenen sexualisierter Gewalt immer noch abgesprochen, die Deutungsmacht über sexualisierte Gewalt zu haben. Wenn sie sexualisierte Übergriffe offenlegen, wird ihnen oft nicht geglaubt, sie werden stigmatisiert und beschämt, ihr Verhalten vor, während oder nach der Tat wird kritisiert und abgewertet. Gleichzeitig wird es immer noch entschuldigt, wenn ein Mann ein Nein nicht respektiert, weil er es sicher nicht so gemeint und sie sich wohl zu wenig klar ausgedrückt habe.

Ja, es ist in der Tat mühsam und anstrengend, über sexualisierte Gewalt zu sprechen. Aber bekanntlich verschwindet ein Problem nicht, indem man nicht darüber spricht. Im Gegenteil: Wir müssen noch viel mehr über sexualisierte Gewalt reden, bis sie endlich als vordringliches gesellschaftliches Problem wahrgenommen wird, das uns alle betrifft, uns alle angeht, und ihr dann konsequent entgegenwirken.

Und deshalb ist dieses Buch hier auch nicht zu Ende, sondern fängt erst so richtig an. Danke für deine Bereitschaft, es zu lesen und dich mit diesem Thema auseinanderzusetzen.

Geschlecht: ein enges Korsett

»Ich gebe zu: Geschlecht ist ein verdammt kompliziertes Thema«, schreibt Linus Giese, Autor und trans Mann, im Buch *Unlearn Patriarchy.*[54] Ich versuche mich an dieser Stelle an einer vereinfachten Erklärung, im Wissen darum, dass das Thema sehr viel komplexer und im steten Wandel ist. Denn das Patriarchat und die Rape Culture kann man nicht verstehen, ohne die Geschlechterideologie zu verstehen, auf der sie fußen. Patriarchat und Rape Culture basieren auf einer Ideologie, nach der es nur zwei Geschlechter gibt und in der das eine Geschlecht dem anderen untergeordnet ist. Aber was bedeutet Geschlecht überhaupt?

Gemäß der patriarchalen Logik kann man alle Menschen aufgrund von äußerlichen Geschlechtsmerkmalen bei der Geburt einem von zwei »biologischen Geschlechtern« zuordnen: Mann oder Frau. Dabei stehen diese zwei Kategorien in einer klaren Hierarchie zueinander: Der Mann wird im Patriarchat als die Norm definiert, die Frau ist die Abweichung vom Mann und ihm untergeordnet. Dieses gesellschaftliche Machtverhältnis wurde unter anderem mit Zuschreibungen begründet, die wir heute Geschlechterstereotype nennen. Geschlechterstereotype sind Überzeugungen darüber, welche Eigenschaften, Fähigkeiten oder Verhaltensweisen Männer und Frauen vermeintlich »von Natur aus« haben. Das führt dazu, dass gleiche Eigenschaften oder gleiches Verhalten aufgrund der geschlechterstereotypen Zuschreibungen unterschiedlich interpretiert und bewertet werden. Ein klassisches Beispiel: Ein Mann mit sicherem Auftreten gilt als selbstbewusst. Eine Frau mit sicherem Auftreten wird als arrogant angesehen. Solche Zuschreibungen sind historisch gewachsen und allgegenwärtig, sie erstrecken sich vom Aussehen über Kleidung und Verhalten bis hin zu Fähigkeiten, Charaktereigenschaften und der sexuellen Orientierung und werden unter anderem von Eltern, Familien, Schulen, Unternehmen, Medien, Peers, Werbung und anderen Mitgliedern der Gesellschaft alltäglich reproduziert und verfestigt. Durch geschlechterstereotype Erwartungen der Gesellschaft werden Menschen unter Druck gesetzt, sich einem der zwei »biologischen Geschlechter« zuzuordnen und ihre Männlichkeit beziehungsweise Weiblichkeit auf eine bestimmte Weise auszuleben. Zuschreibungen können sich im Laufe der Zeit auch verändern. Dabei gilt aber immer eine Norm, der entsprochen werden sollte. Diese patriarchale Logik der Zweigeschlechtlichkeit entspricht nicht der geschlechtlichen Vielfalt der Menschheit. Da sie aber die gesellschaftliche Ordnung und Machtverhältnisse stützt, ist sie immer noch sehr stark verankert.

In der Wissenschaft herrscht heute Konsens, dass Geschlecht sich nicht aufgrund von äußeren Merkmalen zuordnen lässt und dass es mehr als nur zwei Geschlechter gibt. Ebenso herrscht heute in großen Teilen der Frauen- und Geschlechterforschung Konsens darüber, dass Geschlecht ein soziales Konstrukt ist. Linus Giese plädiert deshalb dafür, dass wir nicht mehr vom »biologischen Geschlecht« sprechen, sondern lediglich vom »zugewiesenen Geschlecht«. Biologistische Zuordnungen und die damit verknüpften Zuschreibungen und Erwartungen unterdrücken die Vielfalt der Menschen und engen alle Menschen ein. Für Frauen und non-binäre Menschen und insbesondere für trans Menschen führen sie zu Diskriminierung und Gewalt.

In der patriarchalen Logik sind die Erwartungen an den Mann, wie er seine »Männlichkeit« ausleben soll, an starre Eigenschaften und Rollen geknüpft. Diese geschlechterstereotypen Zuschreibungen, wie ein Mann zu sein hat, sind unter anderem: heterosexuell, dominant, selbstständig, unabhängig, rational, stark, durchsetzungsfähig, selbstbewusst, kompetent, wissend und sexuell aktiv. Der Mann ist in diesem Verständnis der Führer, der Beschützer, der Ernährer und der Kämpfer. Und vor allem ist der Mann *keine* Frau und besitzt *keine* weiblich konnotierten Eigenschaften. Diese Form der Männlichkeit nennt man *hegemoniale Männlichkeit*, ein Begriff, der vor dreißig Jahren von der australischen Soziologin Raewyn Connell geprägt wurde.[55] Nicht nur hat diese Form der Männlichkeit die Hegemonie, also Vorherrschaft, über andere Formen der Männlichkeit (zum Beispiel über den schwulen oder behinderten Mann), sie hat auch die Hegemonie über alle Formen von Weiblichkeit. Ein Mann, der weiblich konnotierte Eigenschaften aufweist oder Rollen innehat, die stereotyp Frauen zugeschrieben werden, ist in der patriarchalen Logik ein untergeordneter Mann (zum Beispiel der Hausmann). Diese hegemoniale Männlichkeit hat viele Nachteile für alle Menschen, trotzdem wird sie kaum hinterfragt und dient somit auch als Grundlage für eine Kultur, die sexualisierte Gewalt normalisiert hat.

Auch an »Weiblichkeit« sind Eigenschaften und Rollen geknüpft: Weiblich sein heißt unter anderem, heterosexuell, devot, schwach, schutzbedürftig, abhängig, fürsorglich, irrational, emotional, sensibel, einfühlsam, schön und in ihrem Liebesleben auf die Bedürfnisse des Partners ausgerichtet zu sein. Diese Geschlechterstereotype haben bis heute einschneidende Folgen und führen nicht nur zu fehlender Gleichberechtigung, sondern rechtfertigen auch (sexualisierte) Gewalt gegen Frauen, trans und non-binäre Personen.

Queerfeindlichkeit und Transmisogynie

Ich erinnere mich an eine Schulung, die ich gegeben habe. Eine Teilnehmerin sagte in vorwurfsvollem Ton, dass sie nicht verstehe, wieso trans Frauen sich »so *übertrieben weiblich*« kleiden und verhalten würden. Ich schaute an mir herunter: Ich war von Kopf bis Fuß »übertrieben weiblich«, alles an mir, was veränderbar ist, war an dem Tag »weiblich«: Ich hatte meine Fingernägel rot lackiert, ich hatte einen Overall und Sandalen an, die man in der Frauenabteilung eines Geschäfts finden würde, ich hatte große Creolen-Ohrringe, lange Haare, ich war geschminkt, und wenn ich saß, waren meine Beine meistens überkreuzt. Ich erfüllte mit meinem Aussehen alle Stereotype. Diese Teilnehmerin hätte also durchaus auch mir vorwerfen können, dass alles an mir »so übertrieben weiblich« sei. Aber das tat sie nicht. Denn: Bei einer cis Frau wie mir ist das ja nicht nur normal und akzeptiert, sondern vielfach sogar erwünscht – bei einer trans Frau fand sie das gleiche Aussehen dagegen störend. In unserer durch und durch gegenderten Welt ist es völlig nachvollziehbar, dass eine trans Frau, die womöglich Jahre dafür gekämpft hat, ihrer Geschlechtsidentität entsprechend gelesen zu werden, viel dafür tut, um Stereotype zu erfüllen. Und wenn das nun für jemanden aufgesetzt wirkt, dann sagt das nichts über trans Frauen, aber einiges über die Transfeindlichkeit unserer Gesellschaft aus. Hier treffen Transfeindlichkeit und Misogynie zusammen. Diese Schnittstelle wird mit dem Begriff Transmisogynie bezeichnet.

Trans Menschen stellen die Prämisse, dass das Geschlecht biologisch determiniert werden könne, auf den Kopf, was zu heftigen Anfeindungen und Gewalt gegen sie führt. Trans Menschen sind weltweit als Gruppe besonders vulnerabel und sehr häufig von Diskriminierung betroffen. Studien aus Deutschland und Europa legen dar, dass besonders trans Jugendliche unter diesen Diskriminierungserfahrungen leiden. Hinzu kommt, dass für trans Personen meist spezifische Beratungs- und Schutzangebote fehlen.[56]

Neben trans Personen werden in unserer Gesellschaft auch nicht-heterosexuelle Personen diskriminiert. Dazu gehören schwule, lesbische und bisexuelle Personen.

Die Antidiskriminierungsstelle des Bundes kam 2017 in der Studie *Einstellungen gegenüber lesbischen, schwulen und bisexuellen Menschen in Deutschland*[57] zu dem Schluss, dass die Neigung zu Sexismus deutlich mit Schwulen- und Lesbenfeindlichkeit zusammenhänge. Wer Frauen abwerte, werte mit hoher Wahrscheinlichkeit auch lesbische, schwule und bisexuelle Menschen ab. Wenn dir dies auf den ersten Blick unlogisch erscheint, dann überlege doch, aufgrund von welchen Eigenschaften und Verhaltensweisen schwule Männer abgewertet werden: Aufgrund von Eigenschaften und Verhaltensweisen, die als »weiblich« und damit als »zu weiblich für einen Mann« angesehen werden. Denn wir erinnern uns: Der Mann darf viel, nur nicht »weiblich« sein. Bisexuelle Menschen irritieren, weil sie das Entweder-oder-Denken infrage stellen. Nicht nur wird ihnen die Bisexualität oft abgesprochen: Bisexuelle Männer gelten als schwul, bisexuelle Frauen als heterosexuell. Vor allem die bisexuellen Frauen werden auch ständig mit dem Vorurteil konfrontiert, sie seien promiskuitiv, das heißt, sie hätten »viele« Geschlechtspartner:innen in kurzer Zeit (wobei es wiederum gesellschaftlich konstruiert ist und sexistischen Haltungen unterliegt, was bei Frauen als »viele« bezeichnet wird). Asexuelle (Menschen, die keine sexuelle Anziehung zu anderen empfinden) und aromantische Menschen (Menschen, die keine romantische Anziehung zu anderen verspüren) werden oft pathologisiert, das heißt, Asexualität und Aromantik werden als krankhafte Störungen angesehen, weil sie nicht dem patriarchalen Lebensmodell entsprechen, nach dem die Ehe mit Sexualität als einzig erstrebenswerte Form des Zusammenlebens gilt.

Gemäß der Studie erfahren maskulin auftretende Schwule seltener schwulenfeindliche Diskriminierung als feminin auftretende Schwule. Diese Verschränkung mit Misogynie zeigt sich dabei bereits bei den Beschimpfungen, die verwendet werden: Tunte, Memme, Schlappschwanz, Pussy, Warmduscher, Schwanzlutscher, Softie, Muttersöhnchen und so fort.

Lesbenfeindlichkeit ist meistens anders gelagert. Feminin auftretende Lesben (Femmes) wird ihre Homosexualität abgesprochen, während maskulin auftretende Lesben (Butches) als unweiblich und damit als bedrohlich wahrgenommen werden (weil sie männliche Attribute für sich in Anspruch nehmen, obwohl diese doch den Männern vorbehalten sein sollten). Auch die Sexualität von lesbischen Frauen wird nicht ernst genommen, abgewertet und unsichtbar gemacht, da in einer sexistischen Gesellschaft nur Penetrationssex im Sinne von Penis in der Vagina als »richtiger Sex« anerkannt wird. Lesbischer Sex hat bloß als erotische Fantasie für heterosexuelle cis Männer Legitimität. Dass Frauen ein eigenes sexuelles Begehren haben könnten, das nichts mit cis Männern zu tun hat, wird ihnen oft aberkannt und kann für lesbische Frauen denn auch in sexualisierte Gewalt münden in Form des sogenannten *corrective rape*. Correctiv Rape ist ein Hassverbrechen. Es ist die Vergewaltigung von lesbischen, bisexuellen oder trans Personen mit der behaupteten Absicht, die Person heterosexuell zu machen oder ihnen das »richtige« Geschlecht zuzuweisen. Der Begriff wurde in Südafrika geprägt, nachdem 2008 zahlreiche Fälle von Vergewaltigungen lesbischer Frauen bekannt geworden waren.[58]

Der cis Mann als Norm

Es gibt eine eindrückliche Szene im Film *Feminism WTF* (2023) der österreichischen Regisseurin Katharina Mückstein. Drei Menschen schauen in den Spiegel und werden gefragt, was sie im Spiegel sehen. Die *weiße* Frau sagt: Eine Frau. Die Schwarze Frau sagt: Eine Schwarze Frau. Der *weiße* Mann sagt: Einen Menschen. »Wer der Norm entspricht, kann dem Irrtum erliegen, dass es sie [die Norm] nicht gibt. [...] Wer der Norm entspricht, dem oder der fällt oft nicht auf, wie sie andere ausgrenzt oder degradiert«,[59] schreibt die deutsche Autorin und Publizistin Carolin Emcke in ihrem Buch *Gegen den Hass* und beschreibt damit die Ursache aller Formen der Diskriminierung: Menschengruppen, die sich als die Norm verstehen (zum Beispiel cis Männer, aber auch cis Menschen im Allgemeinen, *weiße* Menschen oder Menschen ohne Behinderung), laufen immer Gefahr zu vergessen, dass diejenigen, die dieser bestimmten Norm nicht entsprechen (zum Beispiel Frauen, trans Menschen oder Menschen of Color), ausgegrenzt werden.

Auch wenn in Bezug auf Geschlecht vieles in Bewegung ist, zeigt sich diese Selbstverständlichkeit, mit der der cis Mann immer noch als die Norm angesehen wird, auch heute noch alltäglich: Es gibt Literatur (= Norm) und es gibt sogenannte Frauenliteratur (= die Abweichung davon). Es gibt Medizin und es gibt Gendermedizin. Es gibt Magazine und es gibt Frauenmagazine. Es gibt Fußball und es gibt Frauenfußball. Es gibt Filme und es gibt Frauenfilme. Es gibt die Sprache und es gibt die geschlechtersensible Sprache.

Apropos Sprache: Die deutsche Autorin und Journalistin Alexandra Zykunov listet in ihrem Buch »*Was wollt ihr denn noch alles?!*« auf: Es gebe die Tratschtante, aber keinen Tratschonkel. Die Dramaqueen, aber keinen Dramaking. Die Stutenbissigkeit, aber keine Hengstbissigkeit. Eine Jungfrau, aber keinen Jungmann. Eine Bikinifigur, keine Badehosenfigur. Es gebe den Girlboss, bei Männern sei es einfach der Boss. Es gebe den Familienvater und die Mutter. Den Frauenhelden, aber keine Männerheldin. Die Küchen- und Putzfee, aber keinen Küchenfeenmann oder Putzfeenmann. Die Herrschaft, aber keine Frauschaft. Und, zum Schluss: das Resting Bitch Face, aber kein Resting Dick Face (haha). Die Worte, die wir nutzen, spiegeln die Realität wider, in der wir leben. In dieser Realität ist der Mann die Norm und alles andere die Abweichung davon.

Geschlecht befindet sich im steten Wandel und es gibt immer mehr Menschen, die nicht mehr bereit sind, sich in dieses enge Korsett der Geschlechterstereotype zu zwängen. Gleichzeitig erstarken rechtskonservative Kräfte und die Gewalt gegen queere und insbesondere trans Menschen hat massiv zugenommen.[60] Auf Personen, die nicht eindeutig einem der binären Geschlechter zugeordnet werden können, reagieren cis Menschen häufig mit Irritation oder Ablehnung bis hin zu Gewalt. Dem gilt es entschieden entgegenzuwirken.

Der Anspruch auf Raum

Der deutsche Autor Christian Dittloff beschreibt in seinem autobiografischen Roman *Prägung. Nachdenken über Männlichkeit,* welcher Moment in seinem Leben die Initialzündung dafür war, dass er anfing, sich mit Männlichkeit zu beschäftigen. Er nahm im Rahmen einer therapeutischen Übung an einer Gruppenmeditation teil. Während er in wunderschöne Gedankenreisen abschweifte, rissen ein paar Männer den Mund auf und stöhnten laut und genüsslich. Dieses Sich-Breitmachen hat Dittloff derart gestört, dass er wütend wurde und am liebsten zugeschlagen hätte. Während er mit geballten Fäusten versuchte, weiter zu meditieren, habe er gemerkt, dass nicht nur in diesem Sich-Breitmachen eine Form von toxischer männlicher Energie lag, sondern ebenso in seiner Reaktion darauf: in seiner Wut und Gewaltbereitschaft. So machte Dittloff sich auf die Suche, um zu verstehen, wie er zu dem Mann geworden war, der er war. Seine Erkenntnisse beschreibt er so: »Was sich wirklich festgesetzt hat und wovon ich zutiefst überzeugt bin, [ist,] dass strukturell alle Cis-Männer durch eine Art der patriarchalen Zurichtung gehen. Das heißt, dass sie durch Schule, durch Freunde, durch große Brüder, durch Eltern, durch Popkultur, durch Produkte, die sie kaufen können, durch Erzählungen, durch Literatur auf eine bestimmte Art und Weise gesehen werden.«[61]

Stell dir Rape Culture als eine Pyramide vor. Im oberen Drittel der Pyramide sind Vergewaltigungen, sexualisierte Übergriffe, sexuelle Belästigung. Das ist der Teil der Rape Culture, von dem im Normalfall gesprochen wird, die Spitze des Eisbergs sozusagen. Dabei wird im Mainstreamdiskurs oft vergessen oder ignoriert, dass dieser obere Teil der Pyramide auf einer Kultur und auf Ideologien aufbaut. Ohne diesen Unterbau, ohne diesen Nährboden, wäre das Ausmaß sexualisierter Gewalt nicht möglich.

Zu der Rape Culture gehört auch die Selbstverständlichkeit, mit der cis Männer Raum einnehmen. Es ist für sie eine Selbstverständlichkeit, sich einen Raum zu eigen zu machen und diesen Raum für ihre Bedürfnisse zu nutzen, ohne sich über die Bedürfnisse anderer, mit denen sie den Raum teilen, Gedanken zu machen. Während Männer dahingehend sozialisiert werden, dass sie sich Raum nehmen dürfen, werden Frauen dahingehend sozialisiert, dass sie Raum geben – für andere. Sexualisierte Übergriffe sind eine Art, sich den Raum der anderen Person zu eigen zu machen, die Grenze des Gegenübers zu ignorieren, zu verletzen und den Raum für sich zu beanspruchen. Das Einnehmen von Raum passiert aber alltäglich auch viel subtiler. Es zeigt sich zum Beispiel in Machtasymmetrien in der Kommunikation: Wenn Männer auf Podien oder gewöhnlichen Geschäftsmeetings mehr Redezeit erhalten, wenn Männer mansplainen (also davon ausgehen, dass sie per se besser Bescheid wissen als ihr weibliches Gegenüber). Diese Art, die Kommunikation für sich zu beanspruchen, ist ebenso eine Machtausübung und sexistische Hierarchisierung wie sexualisierte Übergriffe. Eine andere Form des Sich-den-Raum-zu-eigen-Machens ist, im öffentlichen Raum nicht auszuweichen, wenn eine andere Person im Weg steht. Das Phänomen wird seit einigen Jahren *manslamming* genannt und bezeichnet die Selbstverständlichkeit, mit der viele Männer unbeirrt weiterlaufen, wenn ihnen jemand entgegenkommt, weil sie es gewohnt sind, dass andere für sie Platz machen. Um darzulegen, wie selbstverständlich dieses Verhalten für viele Männer ist, hat die britische Historikerin Charlotte Riley ein »Spiel« namens »Patriarchy Chicken« erfunden. Die Regeln des Spiels: Du weichst Männern nicht aus und nimmst schlimmstenfalls in Kauf, mit ihnen zusammenzustoßen (was unweigerlich passieren wird). Riley sagt, für sie sei dies ein täglicher rebellischer Akt – gleichzeitig ist sie sich aber bewusst, dass sie als *weiße*, groß gewachsene Frau in einer privilegierten Position ist und nicht jede Person diese Art des Widerstands ohne Risiko ausüben kann.[62] Es gibt auch weitere Formen des Platz-Einnehmens: Männer, die ganz selbstverständlich breitbeinig in Transportmitteln des öffentlichen Verkehrs sitzen und damit Platz beanspruchen, der anderen zustehen würde (das nennt sich *manspreading*), oder auch Gesten wie die Arme hinter dem Kopf zu verschränken oder das nach vorne gebeugte Sitzen. Dies sind alles Formen der Kommunikation von Macht. Sie sind keine sexualisierte Gewalt, aber sie führen zu sexualisierter Gewalt. Oder anders gesagt: Diese subtilen Ausübungen von Macht bilden eine der Grundlagen, auf der die Rape-Culture-Pyramide aufgebaut ist.

Eine Szene, die diese Machtkommunikation eindrücklich aufzeigt, konnte man vor Jahren live am Fernsehen verfolgen, zumindest in den USA. Es war 2016, Hillary Clinton und Donald Trump kandidierten um das Präsidentschaftsamt der USA und duellierten sich vor einem Millionenpublikum um die Gunst der Wähler:innen. Die zweite Präsidentschaftsdebatte fand in St. Louis statt. Es war gerade Mal zwei Tage her, dass die Audioaufnahmen aus einem älteren Interview veröffentlicht worden waren, in dem Trump in vulgärer Weise damit prahlte, dass sein Status als Prominenter es ihm erlaube, Frauen gegenüber sexuell übergriffig zu sein, ohne Konsequenzen daraus fürchten zu müssen.[63] Es war augenfällig, wie Trump sich während dieser Debatte in St. Louis den Raum von Clinton zu eigen machte: Statt an seinem Rednerpult zu stehen, während Clinton sich ans Publikum wandte und sprach, schlich er wie ein Raubtier um sie herum (»He was literally breathing down my neck«, »er saß mir buchstäblich im Nacken«, würde Clinton später in einer Stellungnahme sagen).[64] Egal, wohin Clinton auf der relativ kleinen Bühne lief, Trump folgte ihr, starrte sie an und machte Grimassen. 2017 veröffentlichte Clinton ihr Buch *What Happened*[65] über die Präsidentschaftswahlen. Darin beschreibt sie, wie es ihr kalt den Rücken herunterlief, als sie realisierte, dass Trump ihr ständig folgte: »Es war einer dieser Momente, in denen man sich wünscht, man könne auf Pause drücken und alle Zuschauer:innen fragen: Was würdet ihr denn tun? Bleibe ich ruhig, lächle weiter und mache weiter, als ob er nicht wiederholt in meinen Raum eindringen würde? Oder drehe ich mich um, schaue ihm in die Augen und sage laut und deutlich: ›Verschwinde, du Widerling, geh weg von mir. Ich weiß, dass du es liebst, Frauen einzuschüchtern, aber mich kannst du nicht einschüchtern, also geh weg.‹«[66] Sie hat sich dann für Ersteres entschieden, denn sie war es seit Langem gewohnt, Männer zu ignorieren, die ihr den Raum streitig machen wollten. Allerdings fragt sie sich in ihrem Buch, ob sie sich für Zweiteres hätte entscheiden sollen. Denn vielleicht habe sie die Lektion, ruhig zu bleiben, sich auf die Zunge zu beißen, die Fingernägel in die geballte Faust zu bohren und dazu die ganze Zeit zu lächeln, so stark internalisiert, dass sie es gar nicht mehr abstellen konnte.

Nun scheint die Situation, in der Clinton damals in St. Louis war, weit weg zu sein von all unseren Lebensrealitäten. Hillary Clinton gehörte schon damals zu den privilegiertesten Frauen der Welt. Gleichwohl finde ich gerade deshalb diesen Vorfall so eindrücklich: weil es Männer wie Trump gibt, die sogar eine der privilegiertesten Frauen der Welt vor laufender Kamera bedrängen und damit davonkommen können. Weil Clinton in dem Moment entschieden hat, nicht das Risiko einzugehen, als überempfindliche Frau abgestempelt zu werden, die nicht mal damit umgehen kann, dass Trump bei einer Debatte hinter ihr steht, während sie redet. Das sagt sehr viel über unsere Gesellschaft aus.

Männliche Monokulturen

Die bereits erwähnte australische Soziologin Raewyn Connell hat neben der hegemonialen Männlichkeit auch den Begriff *patriarchale Dividende* geprägt.[67] Der Begriff beschreibt, dass alle Männer vom Patriarchat profitieren, auch diejenigen, die sich dessen nicht bewusst sind und das auch nicht ausnutzen. Denn, ob bewusst oder unbewusst, reproduzieren Männer die patriarchalen Machtmechanismen, die sie in sozialen, wirtschaftlichen und sexuellen Verhältnissen übergeordnet positionieren. Ich habe den Psychologen Markus Theunert gefragt, wie sich denn die patriarchale Dividende im Alltag von Männern bemerkbar macht: »Das Männliche ist in patriarchalen Kulturen wie der unseren strukturell privilegiert. Davon profitieren alle Männer, was natürlich nicht heißt, dass nicht auch Männer Benachteiligung, Prekarität und Armut erleben können. Die strukturelle Privilegierung des Männlichen hat ganz konkrete Folgen: Vom Medikament bis zum Airbag, von der Straßenbeleuchtung bis zu den Steuergesetzen sind Güter und Infrastrukturen auf männliche Körper und Bedürfnisse zugeschnitten. Das aber ist den meisten Männern gar nicht bewusst. Denn ihr Privileg besteht darin, sich eben gerade *keine* Sorgen und Gedanken machen zu müssen, ob die Welt zu ihnen passt. Genau wegen dieser Unsichtbarkeit reagieren aber viele Männer dermaßen gekränkt, wenn sie sich aufgefordert sehen, sich mit ihrer Privilegiertheit auseinanderzusetzen.«

Rebekka Endler hat ein ganzes Buch darüber geschrieben, wie die Welt von Männern für Männer designt wurde: *Das Patriarchat der Dinge. Warum die Welt Frauen nicht passt.* Wusstest du, dass Fahrradsättel für Rennradsportler:innen bis 2019 ausschließlich an cis-männlichen

Körpern erforscht und erprobt wurden, was dazu führte, dass Menschen mit anderen Genitalien schlimme Verletzungen erlitten, weil der Sattel nicht für ihre Anatomie gemacht war?

Ein weiteres Merkmal des Patriarchats sind die männlichen Monokulturen. Der deutsche Männlichkeitsforscher Christoph May hat sich mit diesen Monokulturen intensiv auseinandergesetzt. Was männliche Monokulturen sind, beschreibt er kurz und eindrücklich: »91 Prozent der Gemeinden und Städte in Deutschland werden von Männern geführt. In Deutschland gibt es mehr Bürgermeister, die Thomas heißen, als Bürgermeister:innen. 80 Prozent aller deutschen Unternehmen verzichten ganz auf weibliches Führungspersonal. Unsere Universitäten werden zu 75 Prozent von Männern geleitet. Regionalzeitungen zu 95 Prozent. Bei der Bundespolizei sind 84 Prozent Männer beschäftigt, bei der Bundeswehr sogar 88 Prozent. [...] Überall dort, wo Männer unter sich bleiben, entwickeln sich toxische Monokulturen, die Gift sind für Geschlechtervielfalt, Gift für die unzähligen Varianten sozialer Beziehungen und Lebensformen, Gift für diverse Erzählungen und kulturellen Reichtum.«[68]

Männer sind am liebsten unter Männern, Männer wollen vor allem anderen Männern gefallen und Männer haben im Normalfall ausschließlich männliche Vorbilder. Franziska Schutzbach, Schweizer Geschlechterforscherin und Autorin, schreibt dazu in *Die Erschöpfung der Frauen:* »Männer orientieren sich insgesamt an anderen Männern, denn das sind in der Regel auch diejenigen, die Macht haben und diese weitergeben können, von denen man sich also Anerkennung und Beförderung erhofft. Männer fördern und befördern Männer, sie zitieren Männer (nicht nur in der Wissenschaft), sie retweeten mehrheitlich Männer, sie wollen Aufmerksamkeit von anderen Männern. Männer bejubeln Männer im Sport – nirgendwo werden Frauen von Männern derart bejubelt oder mit Aufmerksamkeit beschenkt wie Männer von Männern im Sport. Es gäbe nichts, wirklich nichts, was eine Frau tun könnte, um von Männern derart bejubelt zu werden. Diese Art tiefe Begeisterung reservieren Männer für andere Männer.«[69]

Gemäß Schutzbach wollen Männer die Aufmerksamkeit von Frauen, aber die Anerkennung von Männern. Männer wollen von Frauen oft dann beachtet werden, wenn ein sexuelles oder romantisches Interesse vorhanden ist, ansonsten ist die Meinung einer Frau (für einen nicht feministischen Mann) weitestgehend irrelevant. Diese patriarchale Sozialisierung führt zu sehr vielen Widersprüchen für Männer: Sie wachsen auf mit dem Selbstverständnis, dass männlich konnotierte Verhaltensweisen, Charakterzüge und Lebensweisen besser sind und mehr Ansehen genießen als weiblich konnotierte. Das führt für heterosexuelle Männer zu der völlig widersprüchlichen Situation, dass sie sich am liebsten in Männerbünden aufhalten, aber gleichzeitig Frauen begehren. Sie sollen sich in Frauen verlieben, obwohl sie weiblich konnotierte Eigenschaften als minderwertig verstehen. Während sie Männer ernst nehmen, werten sie Frauen ab, sexualisieren und objektifizieren sie.

Diese männlichen Monokulturen oder Männerbünde führen auch zu einem Phänomen namens *himpathy*. Himpathy, ein Kofferwort aus *him* und *sympathy*, wurde von der Philosophin Kate Manne in ihrem Buch *Down Girl. Die Logik der Misogynie* geprägt. Der Begriff beschreibt die Sympathie von Männern für Männer, weil sie Männer sind, und daraus folgend eine Nachsicht für ihr übergriffiges und gewalttätiges Verhalten. Sobald ein (prominenter) Mann bezichtigt wird, sexualisierte Gewalt ausgeübt zu haben, eilen ihm ganz viele andere (prominente oder nicht prominente, mächtige und nicht mächtige) Männer zu Hilfe. Je privilegierter der beschuldigte Mann ist (cis, *weiß*, reich, *able-bodied* – also fit und stark –, heterosexuell), desto mehr Himpathy wird ihm entgegengebracht und desto mehr widerstrebt es vielen, den Frauen zu glauben, die gegen solche Männer aussagen.

Himpathy ist ein inhärenter Teil des Patriarchats und damit der Rape Culture und zeigt sich meist reflexartig, sobald ein cis Mann sexualisierter Gewalt beschuldigt wird. Da war beispielsweise kürzlich der französische Präsident Emmanuel Macron, der auf die Vergewaltigungs-, Belästigungs- und Sexismusvorwürfe gegen den Schauspieler Gérard Depardieu verlauten ließ, er sei ein »großer Bewunderer« von

Depardieu, der ein »großartiger Schauspieler« sei. Depardieu mache Frankreich »stolz«.[70] Oder Schauspieler Til Schweiger, der in einem Interview über die sexualisierten Übergriffe, die Rammstein-Sänger Till Lindemann vorgeworfen werden, sagt: »Ich kenne den Till, das ist ein toller Mann, und ich glaube diese Geschichten nicht.«[71] Himpathy ist auch, wenn die Zeitung *20 Minuten* aufgrund einer Studie der Stadt Zürich, die zeigt, dass sich neun von zehn Frauen regelmäßig sexuell belästigt fühlen, eine Straßenumfrage macht mit der Frage »Trauen sich Männer noch, eine Frau anzusprechen?«.[72] Und als gegen den deutschen Fußballer Jérôme Boateng wegen häuslicher Gewalt an seiner Ex-Partnerin ermittelt wurde, positionierte sich *ard.brisant* nicht etwa klar gegen häusliche Gewalt, sondern hatte Mitleid mit Boateng: Er sei gerade »nicht zu beneiden«, schrieben sie.[73] Himpathy begegnet man auch bei den Strafverfolgungsbehörden, wenn dem beschuldigten Mann mehr Sympathie entgegengebracht wird als der betroffenen Person. Eine junge Frau, die als 15-Jährige von einem Familienmitglied sexuell belästigt wurde, erinnert sich an ihre Vernehmung bei der Staatsanwaltschaft zurück: »Richtig unangenehm wurde es, als der Staatsanwalt zu mir ins Vernehmungszimmer kam und mir mitteilte, dass der Täter weinen und die Tat bereuen würde. Der Täter saß zu diesem Zeitpunkt in einem Nebenraum und verfolgte meine Befragung live mit, was gesetzlich so vorgegeben ist. Dass der Staatsanwalt fast Mitleid mit dem Täter zeigte, störte und verletzte mich extrem.«[74] Ein anderer Fall von Himpathy ereignete sich vor Gericht. Eine Frau zeigte ihren Stiefvater wegen sexuellen Missbrauchs während ihrer Kindheit an. Der Stiefvater war Beamter und hätte bei einem Strafmaß über einem Jahr seinen Anspruch auf Beamtenrente verloren. Vor Gericht wurde die Frau gefragt, warum sie denn ein Verfahren gegen ihren Stiefvater führe, denn er würde ja »alles verlieren in seinem Leben«, während sie »alles, was sie in ihrem Leben bräuchte« habe (sie war finanziell abgesichert und am Abschließen eines Masterstudiums mit Ausblick auf eine Anstellung an der Uni).

Die Frau erzählte mir, dass der Richter mit dieser Aussage ihr Ziel, mit einem Gerichtsverfahren »Gerechtigkeit« herzustellen, verwirkt habe, was für sie bis heute sehr schmerzhaft sei.

Ach, ein allerletztes Beispiel muss ich doch noch loswerden: Erinnerst du dich an den Fall des deutsch-österreichischen Pianisten und Musikwissenschaftlers Siegfried Mauser? Er ist der ehemalige Präsident der Musikhochschule München und wurde im Mai 2016 wegen sexueller Nötigung einer Kollegin verurteilt. 2018 wurde er der Vergewaltigung einer weiteren Kollegin freigesprochen, aber der dreifachen sexuellen Nötigung einer dritten Kollegin schuldig gesprochen. Er zog das Verfahren bis vor den Bundesgerichtshof, wo das Urteil am 9. Oktober 2019 in vollem Umfang bestätigt wurde. Am 1. November 2019, also einen Monat nach seiner bereits zweiten Verurteilung wegen sexualisierter Gewalt, erschien eine Festschrift zu Mausers 65. Geburtstag. Unter den Autor:innen waren höchst renommierte Musiker:innen, Komponist:innen und Musikwissenschaftler:innen. In der Einleitung schrieben die Herausgebenden über Mauser: »Seine Visionen und sein unbändiger Tatendrang, die ansteckende Spontanität und begeisternde Vitalität haben ihm manche Kritik eingetragen – und sein bisweilen die Grenzen der bienséance überschreitender weltumarmender Eros hat für ihn schwerwiegende rechtliche Folgen gehabt.«[75] Dieser Satz sorgte zu Recht für Empörung, woraufhin Mitherausgeber Dieter Borchmeyer in einem Interview mit dem Bayerischen Rundfunk beklagte, dass dieses Zitat aus dem Zusammenhang gerissen worden sei und man deshalb den »leicht ironischen Ton« nicht bemerkt habe.[76] Ach so. Auf obiges Zitat folgt: »Seinem unanfechtbaren künstlerischen Lebenswerk und seinem für die zeitgenössische Musikwelt so unentbehrlichen Wirken droht dadurch ein Ende gesetzt zu werden. – Die vorliegende Festschrift sucht dem entgegenzuwirken.« Bääm. Nichts ist dem privilegierten *weißen* Mann so sicher wie die Unterstützung seiner Kumpels. Die Journalistin Meredith Haaf schrieb einmal in der *Süddeutschen Zeitung*, Himpathy trage das freundliche Gesicht der Brüderlichkeit.[77]

Sexismus und Misogynie

Wenn wir uns die Rape Culture nun wieder als Pyramide vorstellen, dann ist das Fundament, auf dem die Pyramide aufbaut, Sexismus und Misogynie, aber auch Rassismus, Klassismus und Ableismus. Das Ausmaß sexualisierter Gewalt, das wir heute erleben, wäre nicht möglich ohne all diese Formen der Unterdrückung, die auch inhärenter Teil des Patriarchats sind.

Sexismus umfasst alle Handlungen, Praktiken, Darstellungen, Verhaltensweisen und Einstellungen, welche auf der Vorstellung beruhen, dass ein Mensch oder eine Gruppe von Menschen aufgrund ihres Geschlechts minderwertig sei. In einer männlich dominierten, patriarchalen Gesellschaft zeigt sich Sexismus vor allem in der Abwertung und Marginalisierung von Frauen, trans Personen und Weiblichkeit im Allgemeinen. Misogynie beschreibt dagegen die Abwertung und Verachtung von und die Feindlichkeit gegenüber Frauen und allem weiblich Konnotierten. Sexismus und Misogynie hängen eng zusammen. Kate Manne erklärt es in einem Interview mit der *taz* so: »Ich verstehe Sexismus als die Glaubenssätze, die versuchen, die untergeordneten Positionen von Frauen zu rechtfertigen. Sexismus stellt Geschlechterunterschiede als naturgegeben hin, seine Ideologie besteht aus Annahmen oder Klischees wie dem, dass Frauen generell fürsorglicher seien als Männer. Misogynie hingegen setzt das System durch: Sie ist die Exekutive des Patriarchats.«[78] Sowohl Sexismus als auch Misogynie hängen eng mit sexualisierter Gewalt zusammen. Es gibt zahlreiche Studien, die den Zusammenhang zwischen sexistischen Haltungen und sexuell übergriffigem Verhalten darlegen.

Sexismus ist allgegenwärtig. Entweder tritt er sehr offensichtlich in Erscheinung in Form von feindlichem (hostilem) Sexismus (»Frauen sind überempfindlich«) oder eher subtil, in Form von wohlwollendem (benevolentem) Sexismus (»Frauen sollten von Männern beschützt werden«). Der benevolente Sexismus wird seit jeher als Ritterlichkeit verharmlost. Denn auch wenn er Frauen zuschreibt, lieb und begehrenswert zu sein, basiert er schließlich genauso auf der Annahme, dass Frauen inkompetent und schwach und den Männern unterlegen seien. Benevolenter Sexismus darf also nicht verklärt werden. Nicht bloß, weil alle Frauen schon die Erfahrung gemacht haben, dass benevolenter Sexismus sehr schnell in hostilen Sexismus umschlägt, wenn das vermeintliche »Kompliment« abgelehnt wird – sondern auch weil er wegen seiner ritterlichen Verpackung den Widerstand von Frauen gegen die gesellschaftlichen Ungleichheiten abschwächt, indem er ihnen vorgaukelt, die Frauen auf ein Podest zu heben. Obwohl er in Tat und Wahrheit zur Unterdrückung der Frauen beiträgt.

Wenn du jetzt denkst, dass hostiler Sexismus heute nicht mehr salonfähig sei, muss ich dich enttäuschen. Das mag vielleicht in feministischen Kreisen der Fall sein, aber in der Mehrheitsgesellschaft ist Sexismus verbreitet wie je. Die Arte-Dokumentation *Feindbild Frau* (2022)[79] zeigt dies sehr eindrücklich mit vielen Beispielen auf: Nicht nur gehört es zum Alltag von Politikerinnen und Aktivistinnen, dass sie online mit sexistischen Nachrichten bis hin zu Vergewaltigungsandrohungen überschüttet werden. Maskulinisten, vornehmlich in rechtskonservativen Parteien zu finden, scheuen sich auch nicht, ihren hostilen Sexismus offen zur Schau zu tragen. Seit dem Einzug der AfD in den Bundestag 2017 haben sexistische Zwischenrufe dort deutlich zugenommen, erfährt man in der Dokumentation.

Ein ganz anderes Publikum adressiert der deutsche Webvideoproduzent und Livestreamer MontanaBlack, der sich hauptsächlich mit Videospielen beschäftigt und gemäß seinem Wikipedia-Eintrag seit 2018 der größte deutschsprachige Gaming-Livestreamer auf Twitch ist.[80] Er hat knapp drei Millionen Follower:innen auf YouTube, über fünf Millionen auf Twitch und soll mit seiner Arbeit etwa 65 000 Euro monatlich verdienen.[81] Und das mit offen sexistischen, frauenfeindlichen und rassistischen Aussagen. Einmal beschimpfte er eine Frau auf Twitter als dämliches Weib, die zu Hause die Beine breitmache.[82] Er belästigt Frauen sexuell, wirft mit Beschimpfungen wie »dämliches Weib«, »Schlitzauge« oder »Jude« um sich oder vergleicht Frauen mit Hunden (»Frauen sind wie Hunde und das meine ich nicht abwertend«).[83]

Gemäß der Leipziger Autoritarismus-Studie[84] von 2022 hat jeder dritte Mann in Deutschland ein geschlossen antifeministisches oder sexistisches Weltbild – quer durch alle Einkommens- und Bevölkerungsschichten. Laut einer repräsentativen Studie[85] des Bundesforums Männer lehnt jeder dritte Mann weitergehende Gleichstellungspolitik ab oder hält an einer hierarchischen Geschlechterordnung fest.

Der Sexismus hat nicht nur individuelle, sondern auch strukturelle Auswirkungen. Diese zeigen sich in all den verschiedenen *gender gaps*, den »Geschlechterlücken«. Ich zähle hier nur einige wenige auf: Der Gender-Pay-Gap beschreibt, dass erwerbstätige Frauen weniger verdienen als erwerbstätige Männer. Der Gender-Care-Gap beschreibt, dass Frauen massiv mehr unbezahlte Sorgearbeit leisten als Männer. Der Gender-Pension-Gap beschreibt, dass die Rente von Frauen deutlich niedriger ist als die von Männern, was dazu führt, dass jede fünfte Frau ab 65 Jahren in Deutschland als armutsgefährdet gilt.[86] Der Gender-Taschengeld-Gap beschreibt, dass Jungen mehr Taschengeld erhalten als Mädchen. Der Gender-Data-Gap beschreibt, dass Frauen beim Erfassen von Daten und Forschung oft vergessen werden (Stichwort Radrennsattel) und auch wesentlich weniger Geld in Forschung fließt, wenn die Themen cis Männer nicht betreffen.

Bei meinen Workshops werfe ich gerne folgende Frage in die Runde: Welche Schimpfwörter kennt ihr, die spezifisch Frauen (oder weiblich gelesene Menschen) abwerten? Nach anfänglichem Zögern rufen die Mutigsten die ersten Wörter in die Runde. Nach kurzer Zeit bricht der Damm meist schnell: Tussi, Zicke, Dramaqueen, Kampflesbe, Barbie, Emanze, verrückte Ex, Furie, Püppchen, Mauerblümchen, Schlampe, Flittchen, Nutte, Hexe, Rabenmutter, Hure, Heulsuse, Diva, Weib, Bitch, Fotze, Ziege (oder Kuh), Lästertante, Tratschtante, Stutenbissige, Mannsweib, Göre, Luder, Feminazi, Glucke, Kratzbürste, Dorfmatratze, Schlange, Giftspritze, Madame, Trulla, Schnepfe, Miststück, Hausdrachen, Biest. Sogar Bezeichnungen, die eigentlich nur die Position von Frauen innerhalb einer Familie bezeichnen, sind so negativ aufgeladen, dass sie als Beschimpfungen durchgehen: (deine) Mutter, Schwiegermutter oder Stiefmutter. Habe ich noch was vergessen? Ganz bestimmt. Denn egal, wie eine Person Weiblichkeit auslebt: Es ist so ziemlich immer falsch. Dieses System der Abwertung von Weiblichkeit hat einen Namen: Es nennt sich Misogynie. Misogynie bedeutet erst mal wörtlich übersetzt Frauenfeindlichkeit oder Frauenhass, wobei es zu kurz greift, Misogynie mit Frauenhass gleichzusetzen. Zudem führt dies dazu, dass der Begriff von vielen abgelehnt wird. Erst recht von Männern, denn sie »lieben« doch Frauen. Die Sozialphilosophin Kate Manne schreibt, dass misogyne Männer durchaus ihre Mütter, Schwestern, Töchter, Ehefrauen, Freundinnen und Sekretärinnen lieben können. Sie müssen Frauen nicht universell oder ganz generell hassen, vielmehr würden sie dazu neigen, gewisse Frauen zu hassen. So zum Beispiel Frauen, die kein Blatt vor den Mund nehmen, die zu viel Platz einnehmen. Denn in der patriarchalen Ideologie kann es nie darum gehen, die Welt von Frauen zu befreien. »Frauen sind fest in den prototypischen patriarchalischen Haushalt integriert und dort mit einer großen Bandbreite wichtiger häuslicher, sozialer, emotionaler und (hetero)sexueller Dienstleistungen betraut. Solche Frauen sind nützlich für die Herrschenden«,[87] so Manne. Problematisch sind diejenigen Frauen, die diese Rollen nicht erfüllen.

Wir sind alle misogyn sozialisiert. Denn wir alle sind in einer misogynen Gesellschaft aufgewachsen, die nur so strotzt vor Abwertungen gegenüber allem weiblich Konnotierten. Diese eigenen misogynen Haltungen, derer wir uns meist nicht bewusst sind, bis wir anfangen, uns damit zu beschäftigen, nennen sich internalisierte Misogynie. Sie ist so in uns drin, dass wir sie weder sehen noch hinterfragen. Dass wir Misogynie internalisiert haben, hängt weder von unserem Geschlecht, von unserer Bildung, unserer sozialen Position oder unserer Herkunft ab. Wir alle haben misogyne Botschaften sowie problematische und abwertende Frauenbilder internalisiert.

Weiblich sozialisierte Kinder realisieren also sehr schnell, dass die ihnen zur Verfügung stehenden Rollen nicht wirklich attraktiv sind: Zicken sind kompliziert, Püppchen dumm, Emanzen unattraktiv, Tussis oberflächlich und den Tratschtanten kann man nicht vertrauen. Also wollen sie sich abgrenzen. Sie wollen zeigen, dass sie nicht *so* sind, sondern mehrdimensionaler, individueller, anders als die anderen Mädchen. »Woher sollten Frauen ein positives, mehrdimensionales und bestärkendes Bild ihres Geschlechts haben, wenn ein riesiger Teil der gesellschaftlichen Narrative negativ, eindimensional und entmutigend sind«,[88] fragt die Schweizer Nationalrätin und Autorin Anna Rosenwasser zu Recht in einer Kolumne. Weibliche Solidarität ist in einer misogynen Gesellschaft ein neues Konzept, ausgelebt entkräftet es das Patriarchat (und das finde ich einen unheimlich schönen Gedanken).

Das Bild, das uns über Mädchen vermittelt wird, ob in Zeitschriften oder Filmen, ist seit jeher das gleiche (obwohl hier in einigen Nischen einiges im Gang ist, hat sich der Mainstream noch nicht groß verändert): Mädchen interessieren sich demnach vor allem für Make-up und Fashion, sie brauchen megalange, bis sie sich bereitgemacht haben (Frisur, Nagellack, *you name it*), sie sind nicht so gut im Sport (oder nur in Frauensportarten wie Gymnastik), sie tratschen, kichern und shoppen unentwegt und müssen immer zusammen aufs WC. Und sie sind voller Drama.

Diese Narrative prägen uns und führen dazu, dass wir diesen dauerkritischen Blick einerseits auf uns und andererseits auch auf andere Frauen verinnerlichen und reproduzieren. Rosenwasser schreibt dazu: »Das Fiese an internalisierter Misogynie ist, dass sie sich nicht unbedingt wie Diskriminierung anfühlt. Nicht einmal wie eine Gemeinheit. Verinnerlichter Frauenhass kommt vielen Menschen vor wie eine individuelle Meinung einer Einzelperson. Man merkt ihr nicht leicht an, dass sie System hat. Sodass Frauen oft selbst zu ihrer Unterdrückung beitragen. Obacht: Sie stehen nicht in der Hauptverantwortung. Aber sie reproduzieren ihre eigene Abwertung, eine Trickmühle des Sexismus.«[89]

Männlichkeit und sexualisierte Gewalt: Zum Täter erzogen

Nicht alle Männer sind gewalttätig, aber diejenigen, die es sind, sind fast alles cis Männer. Da drängt sich die Frage auf: Sind denn Männer von Natur aus gewalttätiger als Frauen? Die ganz kurze Antwort: Nein. Biologistische Argumente zur Begründung gewalttätigen Verhaltens wurden in den letzten Jahrzehnten zur Genüge widerlegt.[90]

Viel mehr begründet sich die Gewalttätigkeit in der Sozialisierung von Männern. Jungs wird von klein auf beigebracht, sich durchzusetzen, Macher zu sein, keine Gefühle zuzulassen, kein Nein gelten zu lassen, Grenzen zu überschreiten, sich das zu nehmen, was sie wollen und was ihnen »zusteht«, notfalls mit Zwang und Gewalt. Beispiel gefällig? Ich fand in meinem Tagebuch (anno 1993) ein Papier mit dem wohl ironisch gemeinten Titel »Jugendgesetz«, das damals im Jugendzentrum auslag. Darin festgehalten sind etwa dreißig »Regeln«, wie sich Jungs gegenüber Mädchen verhalten sollen und wie Mädchen das Verhalten von Jungs interpretieren sollen. Das Schlimme war: Als ich es vor Kurzem gelesen habe, kam mir alles wieder so bekannt vor. Nicht nur, weil ich es in meiner Jugend x-fach gehört habe, sondern weil vieles auch heute noch weitergegeben wird. Nehmen wir diese »Regel«: »Wirft ein Junge einem Mädchen Steine nach, so gefällt sie ihm« – anders gesagt: Wenn Jungen Mädchen ärgern, dann sind sie insgeheim verliebt. Eine Aussage voller toxischer Botschaften. Erstens lehren wir Kinder damit, dass gemein oder aggressiv sein eine (angemessene) Form von Zuneigung ist. Zweitens heißt das für Mädchen, dass es akzeptabel ist, wenn sie sich so behandeln lassen. Drittens geben wir Jungs damit die stillschweigende Erlaubnis, sich grenzverletzend zu verhalten. Viertens lernen Mädchen, dass sie ihrer Wahrnehmung nicht trauen können, und fünftens verpassen wir es, ihnen die wichtige Botschaft beizubringen, dass es angemessen ist, sich von Personen, die ihnen Leid zufügen, abzuwenden. Weiter stehen im »Jugendgesetz« Sachen wie: »Geht ein Mädchen mit einem Jungen ins Dunkle, darf er mit ihr machen, was er will«, »Schlägt das Mädchen einem Jungen eine Ohrfeige, muss er sie mit 60 Küssen bestrafen« oder »Beim Küssen das Mädchen fest an sich drücken und dafür sorgen, dass sie nicht schreien kann«. 1993 mag einige Jahre her sein. Doch diese Botschaften prägen und werden schlimmstenfalls an die nächsten Generationen weitergegeben.

Ich kann dir auch aktuellere Beispiele nennen: Die Zeitschrift *Mädchen* veröffentlichte in ihrer Ausgabe 2/2017 ein »Großes Boys-ABC«.[91] Darin wird angeblich »jungstypisches Verhalten« erklärt. Zum Beispiel: »Abfuhr. Jungs können mit einem Korb schlecht umgehen. Um seine Enttäuschung zu verbergen, redet jeder zweite Junge hinter dem Rücken seiner Ex-Freundin schlecht über sie. In Wahrheit empfindet er Trauer«; »Liebeskummer. Jungs gehen mit enttäuschter Liebe anders um als wir Mädels: […] Alle anderen spielen gerne den coolen Macker, um nicht als empfindliches Weichei dazustehen«; »Nein! Jungs verstehen das Wörtchen erst dann, wenn man es ihnen oft genug gesagt hat. Deshalb: Hab Geduld mit ihnen!« Kurzum: Mädchen lernen, ihre instinktive Wahrnehmung zu übergehen und übergriffiges Verhalten zu akzeptieren, und Jungs lernen, dass sie sich grenzverletzend verhalten dürfen und sich die Mädchen an ihre Bedürfnisse anpassen.

In einem Interview mit der Heinrich-Böll-Stiftung erklärte der Männlichkeitsforscher Rolf Pohl: »Heterosexuelle Männer begehren Frauen, aber sie hassen gleichzeitig ihr Begehren, weil sie sich als abhängig von Frauen, ihren Körpern und ihrer Sexualität empfinden. Hier ist es nur noch ein kleiner Schritt zum Frauenhass.«[92] Wenn der Mann glaubt, in eine Krise zu kommen, will er sich verteidigen, um so seine Männlichkeit wiederherzustellen. Wenn Jungen lernen, dass sie Sex brauchen und dass Frauen ihnen Sex schulden und dass das »Zieren« einer Frau eigentlich ein Ja ist, dann werden sie zu Männern, in deren

Wertesystem ein Nein einer Frau gar nicht vorkommt. Wenn wir Jungs beibringen, dass Dominanz, besonders über Frauen, eine entscheidende Qualität von Männlichkeit ist, dann werden sie zu Männern, die sich berechtigt fühlen, Frauen als ihren Besitz zu sehen, den sie kontrollieren dürfen. Notfalls mit Gewalt.

Christoph Gosteli, der gewaltausübende Männer beim Mannebüro Züri[93] berät, sagte mir im persönlichen Gespräch: »Viele Männer vergewaltigen keine Frauen, aber diejenigen, die es tun, tun es immer noch im Glauben darum, dass sie das dürfen. Die alltäglichen unwidersprochenen sexistischen und misogynen Sprüche werten gewalttätige Männer als Zustimmung zu ihrem Verhalten. Fehlende negative Reaktionen auf sexuelle Abwertungen, Beleidigungen, Berührungen, die sie in ihrem Umfeld, aber auch in den Medien erleben, ermutigen sie und machen die Gewalt stillschweigend denkbar und machbar.« Die Wissenschaftlerinnen Anita Heiliger und Constance Engelfried zeigten schon 1995 in ihren Studien zu männlicher Sozialisation[94] auf, wie diese Haltungen in Peergruppen unter Jungs weitergegeben werden. Sie legen dar, dass in der männlichen Sozialisation die Bereitschaft zu sexualisierten Übergriffen systematisch nahegelegt werde. Schon damals kritisierten sie, dass in der Prävention von Täterschaft und »Täterkarrieren« in der Arbeit mit Kindern und Jugendlichen kaum über die hierarchisch zugeordneten geschlechterstereotypen Vorstellungen und das patriarchale Männlichkeitsbild gesprochen werde. Sie legten dar, dass Jungen ebendiese früh erlernen und in vielfacher Weise bestätigt und verstärkt bekommen, dass sie unter bestimmten Umständen sexuell übergriffig sein dürften.

Der Beschützer

Mann: Wer würde euch denn noch beschützen, wenn es keine Männer mehr gäbe?
Frau: Beschützen vor wem?

In der *Bravo Girl!*-Ausgabe Nr. 7 aus dem Jahr 2016 steht: »Wenn ein Junge seinen Arm um dich legt, dann möchte er dich vor allen negativen Dingen dieser Welt beschützen – und vor allem will er damit jedem zeigen: Sie gehört zu mir. So cute!«[95] Einem Jungen zu gehören soll *cute,* also süß, sein, so die Botschaft. Dabei ist dieses Narrativ des Eroberns und Erobertwerdens höchst problematisch. Schauen wir es uns mal genauer an:

Der Mann beschützt in der patriarchalen heteronormativen Welt die Frau vor allem Übel – besonders vor anderen Männern. Denn schließlich sind andere Männer gefährlich und könnten ihm seine Eroberung jederzeit streitig machen. Frauen werden als Objekte positioniert, Männer als handelnde Subjekte. Gleichzeitig ist, wie ich schon dargelegt habe, die Unterstützung der Männer untereinander groß. Sinnbildlich zeigt das folgende Situation, die ein Mann kürzlich auf X teilte: Seine Partnerin wurde auf der Straße sexuell belästigt. Als die belästigenden Männer bemerkten, dass die Frau mit einem Partner unterwegs war, haben sie sich entschuldigt – beim Mann.[96]

Wann spricht man von Erobern, außer in Beziehungen? Im Zusammenhang mit Krieg: Truppen erobern Gebäude, Städte, ganze Regionen. Sie erobern, weil sie sich dazu berechtigt fühlen. Und sie erobern, weil sie die Macht haben, es zu tun. Wenn sie erfolgreich erobert haben, dann gehört das Gebäude, die Stadt, die Region ihnen. Dann haben sie die Macht darüber. Sie dürfen bestimmen, was in dem Gebäude, in der Stadt, in der Region passiert, sie haben die Kontrolle und die geben sie nicht freiwillig ab, denn dann droht die Gefahr, dass das Gebäude, die Stadt, die Region vom Feind zurückerobert wird. Und genau das ist, heruntergebrochen, eine der Systematiken hinter geschlechtsspezifischer Gewalt: Ein Mann erobert eine Frau. Nachdem er sie erobert hat, gehört sie ihm. Wenn er befürchtet, seine Eroberung könnte ihm abhandenkommen, bedroht, schlägt oder vergewaltigt er die Frau zur Strafe. Er tut es, weil er sich dazu berechtigt fühlt.

Solange Liebe, Begehren, Beziehungen und Sexualität nicht gleichberechtigt gelebt werden und diese fehlende Gleichberechtigung mit gesellschaftlichen Skripten gerechtfertigt, produziert und reproduziert wird, so lange werden Liebe, Beziehung und Sex mit Macht verbunden sein statt mit Freude, Zuneigung und schönen Gefühlen. Wo Macht ist, ist Machtmissbrauch sehr nah – erst recht, wenn man sich mit seiner Macht nie auseinandergesetzt hat. Menschen, die sich ihrer eigenen Machtposition nicht bewusst sind, werden ihre Macht mit ziemlich großer Wahrscheinlichkeit missbrauchen.

Du denkst jetzt womöglich: Ich (als weiblich sozialisierte Person) werde doch gerne erobert. Ich (als männlich sozialisierte Person) erobere gerne und habe doch immer die Erfahrung gemacht, dass Frauen das Erobertwerden mögen.

Das mag alles so empfunden werden von uns. Ich würde mich da auch nicht ausnehmen: Auch ich bin mit der Idee aufgewachsen, dass ich erobert werden möchte. Ich war mir sicher, dass Erobertwerden romantisch, erotisch und sexy sei und dass Erobertwerden heiße, dass der Mann mich ganz toll findet. Dass der Mann dieses Gefühl des Eroberns brauche. Nur dürfen wir nicht vergessen: Dass wir bezüglich des Eroberns so empfinden, ist nicht irgendwie natürlich. Dieses Konzept des Eroberns und Erobertwerdens ist ein höchst patriarchales Konzept, das Männern die Macht zuspricht, über den Verlauf einer Beziehung zu entscheiden, und die Frau gleichzeitig dem Mann unterordnet.

Die Idee, dass Männer Frauen erobern und beschützen, ist zutiefst patriarchal. Dahinter steckt die Vorstellung, die Frau sei »von Natur aus« das schwächere Geschlecht. Und sie könne sich nicht selbst beschützen, dafür brauche sie den Mann. Der Mann hingegen sei »von Natur aus« das stärkere Geschlecht und habe »von Natur aus« diesen Instinkt, Frauen zu beschützen. Man könnte jetzt einwenden, dass dem doch genau so sei, dass die meisten Männer den meisten Frauen körperlich überlegen seien. Und dass es doch nichts Schöneres und Romantischeres gebe als diese starke Schulter, an der man sich anlehnen könne.

In diesem Zusammenhang müssen wir uns allerdings erstens fragen, was wir denn als körperliche Stärke definieren, und uns bewusst werden, dass auch körperliche Stärke eine soziale Komponente hat:

Jungs werden immer noch stärker gefördert, sich körperlich zu betätigen und Aufgaben auszuüben, die Kraft und Muskeln aufbauen. Dieses Ungleichgewicht wird mitunter aktiv gefördert, wenn beispielsweise die Kindergartenlehrperson sagt, sie brauche starke Jungs, um etwas zu tragen. Die österreichische Geschlechterforscherin Karin Schmidlechner-Lienhart sagte in einem Gespräch mit *SALZBURG24*, das Bild der körperlich schwachen Frau, die beschützt werden müsse, existiere erst seit dem 19. Jahrhundert. Bis dahin seien arbeitende und körperlich entsprechend starke Frauen gängig gewesen. Dass die Frau dem Mann körperlich nicht unbedingt unterlegen sein musste, belegten historische Quellen.[97]

Zweitens: An wessen »starke Schulter« lehnen sich Menschen an, wenn es ihnen schlecht geht? Wenn sie Unterstützung, Zuneigung und Geborgenheit brauchen? Höchstwahrscheinlich an die einer Frau. Nicht nur außerhalb, sondern auch innerhalb von Beziehungen sind es immer noch vorwiegend weiblich sozialisierte Menschen, die die Care-Arbeit, die emotionale Arbeit des Kümmerns, übernehmen.[98] Die körperliche Stärke des Mannes ist meist tatsächlich nur eine Legitimation männlicher Gewalt. Die deutsche Journalistin und Autorin Alena Schröder schreibt in der Zeitschrift *Brigitte* sehr treffend: »Frauen brauchen keine Männer, die sie beschützen. Wir brauchen Männer, die aufhören, sich untereinander zu beschützen.«[99]

Womöglich lebst du in einem Umfeld, in dem dieses heteronormative Beziehungsskript in der Kritik steht. Trotzdem darfst du nicht vergessen, dass die Skripte immer noch weit verbreitet und salonfähig sind und täglich reproduziert werden. Die Zeitung *Die Welt* schrieb im Januar 2023, Frauen sollten sich rarmachen, schließlich wollen Männer erobern und der Jagdinstinkt werde massiv gestört, wenn das Wild schon erlegt vor einem liege.[100] Auch die große Partnervermittlungsagentur Parship schreibt auf ihrer Webseite, Frauen sollen unnahbar und geheimnisvoll sein, damit der Mann sie erobern kann und will.[101] Und dann gibt es noch die sogenannten Pick-up-Artists, selbsternannte Verführungskünstler, die von einer natürlichen Überlegenheit des Mannes gegenüber der Frau ausgehen. Die kruden Theorien der Pick-up-Artists beruhen auf sexistischen und misogynen Beziehungsskripten, mit denen sie die hegemoniale Männlichkeit reproduzieren. Auch Pick-up-Artists sprechen Frauen jeglichen Subjektstatus ab: Die Frau sei das Objekt, das vom Mann verführt werde. Pick-up-Artists vertreten die Haltung, dass ein Mann Anrecht auf Sex habe, dass der Mann einen unbändigen sexuellen Trieb habe und dass Männer »von Natur aus« unlimitierten Zugang zu Sex haben dürften. Ebenso wird die Haltung vertreten, dass Frauen immer etwas anderes sagen würden, als sie denken, und dass die Frau die Verantwortung habe, die Bedürfnisse ihres Partners zu erfüllen. Tut sie das nicht, könne sich der Mann seine Bedürfnisse durch übergriffiges Verhalten erfüllen. Diese Ideen sind an sich nichts Neues, sie finden sich seit Jahrzehnten in Beziehungsratgebern und werden bis heute in der Populärkultur reproduziert. Neu sind die erneute Radikalität der Ideen und die Onlinereichweite, die die Pick-up-Artists haben – auch im deutschsprachigen Raum.

Die britische Autorin Laura Bates hat in ihrem Buch *Männer, die Frauen hassen* die Pick-up-Artist-Szene eingehend untersucht. Sie schreibt, dass es Misogynie schon immer gegeben habe, neu sei allerdings diese durch die Algorithmen sozialer Medien unterstützte Massenradikalisierung junger Männer. Pick-up-Artists verbreiten extreme Frauenfeindlichkeit in einem Ausmaß, das wir in Bezug auf die Reichweite noch nie gesehen haben. Die Soziologin Franziska Schutzbach fasst es in einer Kolumne treffend zusammen: »Pick-up-Artists, Männercoaches, Beziehungs- oder Flirtratgeber vertreten alle dieselbe Haltung: Männern steht Sex zu, Männern stehen Frauen zu.«[102]

Das sexuelle Objekt

Eine Vergewaltigung ist die ultimative Form der Objektifizierung. Täter machen aus dem Opfer ein Objekt, indem sie sich ohne seine Einwilligung seines Körpers bedienen und diesen Körper für ihre eigene Befriedigung missbrauchen. Die Objektifizierung beginnt aber bereits lange vor einer Gewalttat.

Es ist noch nicht lange her (2015, um genau zu sein), dass das Magazin *Bravo* einen Shitstorm erntete. Mit ihren »100 Tipps für eine Hammer-Ausstrahlung«[103] reduzierten die Autor:innen Mädchen auf ihren Körper und zementierten das Narrativ, dass die wichtigste Daseinsberechtigung von Mädchen sei, Jungs zu gefallen. Darunter waren Tipps wie »Betone deine Lippen mit Gloss. Das lässt sie voller erscheinen, wirkt sexy und zieht die Blicke der Jungs auf dich«, »Girls, die sich gut pflegen, wirken sexy auf Jungs. Sie mögen es, wenn ein Mädchen sich Mühe mit ihrem Aussehen gibt«, »Viele Jungs stehen auf frische Girlwangen. Benutze immer Rouge – das wirkt gesund und sexy auf Typen!« oder »Schmink dich jeden Tag anders. Wer immer gleich aussieht, wird irgendwann unsichtbar für Jungs«. So ist es denn an Zynismus nicht zu überbieten, dass die *Bravo* in 99 Tipps den *male gaze* (den männlichen Blick auf die Frau) zelebriert, um dann im hundertsten und damit letzten Tipp den Mädchen mitzuteilen: »Sei du selbst! Bei jedem Kontakt mit Jungs ist das die wichtigste Ausstrahlungsregel. Wenn du dich nicht verstellst, bist du total umwerfend.« Ich weiß nicht, ob ich laut lachen, schreien oder weinen soll.

Sexismus und sexualisierte Gewalt gehen mit der Sexualisierung und Objektifizierung von Frauen einher. Die US-amerikanische Autorin und Aktivistin Lindsay Kite beschreibt sexuelle Objektifizierung als das Verständnis des menschlichen Körpers, insbesondere des weiblich gelesenen Körpers, als Gebrauchsgegenstand, als einen Teil des Menschen, der fürs Ansehen, Bewerten, Konsumieren, Benutzen oder Wegwerfen da ist. Männer erfahren in unserer Gesellschaft zwar auch zunehmend, wie es ist, objektifiziert zu werden, aber nicht annähernd im gleichen Ausmaß wie weiblich gelesene Personen.[104] Die männliche Objektifizierung beschränkt sich auf bestimmte Bereiche, zum Beispiel auf Models oder Schauspieler. Bei Politikern ist das Aussehen dagegen kaum Thema. Die Mode von Politikerinnen ist dagegen häufig Thema selbst in Politsendungen, in denen es eigentlich um politische Inhalte gehen sollte.

Weil Mädchen schon in der Kindheit erfahren, dass sie auf ihre Körper reduziert werden, dass ihr Körper mehr Interesse hervorruft als das, was sie sagen, was sie tun oder was sie fühlen, fangen sie auch an, sich selbst zu objektifizieren. Sie beschäftigen sich also damit, wie sie gerade aussehen bei der Tätigkeit, die sie gerade ausüben. Sie malen sich aus, wie sie aussehen, während sie an ihrem eigenen Leben teilnehmen, sagt Kite. Studien belegen, dass eine Frau im Schnitt alle dreißig Sekunden kontrolliert, wie sie aussieht, ob die Haare richtig sitzen, wie sie auf andere wirken könnte. Und leider ist dieser Blick meist kein liebevoller, sondern ein ängstlicher, strenger, oft auch vernichtender. Welche Auswirkung diese Selbstobjektifizierung auf das Leben hat, dafür findet Kite in einem Interview, das auf kritischeperspektive.com auf Deutsch übersetzt wurde, klare Worte: »Das beeinträchtigt alles – wirklich *alles*. Es zehrt an unserer mentalen Energie, unserer Befähigung, vollständige Gedanken zu denken, unserer Fähigkeit, uns auf das zu konzentrieren, was wir gerade tun, und vollständig teilzunehmen an unserem Leben, unseren Beziehungen und der Welt. Das heißt, Selbstobjektivierung ist ein unglaublich wichtiger Punkt in dieser ganzen Diskussion, denn wenn wir objektivierte Bilder betrachten und an dieser Kultur der Objektivierung teilnehmen, so kommen wir dahin – ob wir es merken oder nicht –, dass wir diesen Blick nach innen richten und uns selbst beurteilen nach dem, was andere Leute sehen, und nicht danach, wie wir uns fühlen, was wir tun und was wir sagen und zur Welt beitragen.«[105]

Menschen zu objektifizieren, heißt, sie zur Ware zu degradieren und zu entmenschlichen. Einen Menschen als Ware zu behandeln, zu kaufen oder zu verkaufen, ist in einigen Bereichen ganz klar illegal: Menschenhandel, Zwangsprostitution, Zwangsarbeit oder auch illegale Adoptionen. Es gibt aber durchaus auch legale Formen, sich einen Menschen als Ware zu bestellen, und zwar auch bei uns in Europa. Auf zahlreichen sogenannten Brautversandseiten im Internet kann man sich eine Ehefrau aussuchen: Land und Vorlieben angeben, und los geht's. Das klingt dann zum Beispiel so: »Sie können ganz einfach einen Brautversandservice nutzen, wenn Sie zu beschäftigt sind und nicht nach Ungarn reisen können, um ungarische Mädchen zu treffen. Eine typische ungarische Versandhandelsbraut ist in der Lage, köstliche Mahlzeiten zuzubereiten, das Haus in Ordnung zu halten und Ihnen auch Ruhe zu geben.«[106]

Sexualisierung und Objektifizierung potenzieren einander bei der Fetischisierung von Menschen. Insbesondere Schwarze, dicke und trans Frauen werden häufig fetischisiert. Das heißt, sie gelten für cis Männer, die sie fetischisieren, nur deshalb als sexuell anziehend, *weil* sie Schwarz, dick oder trans sind. Bei der Fetischisierung geht es immer darum, was auf den Menschen projiziert wird aufgrund rassistischer, dickenfeindlicher oder transfeindlicher Zuschreibungen. Und nicht um den Menschen selbst. Der Mensch wird dann aufgrund dieses speziellen Merkmals zum Objekt der Begierde.

Sexualisierung von Mädchen

Es war Sommer vor einigen Jahren. Eine Drittklässlerin erzählte mir, sie sei mit kurzen Shorts in die Schule gegangen. Ihre Lehrerin habe ihr daraufhin gesagt, sie solle sich bitte zu Hause umziehen. Sie fragte die Lehrerin, wieso. »Wegen der Jungs«, war die Antwort. Ich war empört. Die Jungs sollen offenbar vor Mädchenbeinen geschützt werden. Was für eine Täter-Opfer-Umkehr. Rape Culture, gelehrt in der Grundschule.

Nach mehreren zermürbenden Gesprächen dazu in meinem eigenen Umfeld musste ich frustriert feststellen: Die Haltung, dass ein Mädchen- oder Frauenkörper Männer, aber auch schon zehnjährige Jungs sexuell erregt und sie ablenkt und es letztendlich den Mädchen schadet und die Mädchen deshalb ihre Kleidung anpassen müssen, ist weit verbreitet. Eine befreundete Mutter mit Teenagersohn sagte mir beispielsweise, ich müsse schon verstehen, dass es für ihren Sohn megaschwierig sei im Sommer, wenn alle Mädchen so knapp bekleidet seien. »Die Hormone und so«, sagte sie. Er könne sich jedenfalls fast nicht auf die Schule konzentrieren. Sie würde also Kleidervorschriften sehr begrüßen. Sehr häufig hörte ich das Argument, Mädchen müssten sich halt bewusst sein, welche »Signale« sie aussenden würden und dass sie sich nicht anziehen könnten, wie sie wollten. Ich will gar nicht mal behaupten, dass Kleidervorschriften per se schlecht seien. Selbstverständlich haben wir gesellschaftliche Codes, die vorgeben, dass bestimmte Kleidung an bestimmten Orten nicht angebracht ist. Badeanzüge passen ins Hallenbad, aber nicht in die Schule. So weit, so klar. Ich kenne auch kein einziges Kind, das je mit einem Bademantel oder mit Badehosen in die Schule wollte. Kleidervorschriften an vielen Schulen betreffen aber nicht Bademäntel, sondern Leggings, trägerlose und bauchfreie Oberteile, kurze Hosen und Röcke. Vor allem betreffen Kleidervorschriften Kleidung, die in unserer Gesellschaft als »weiblich« angesehen und vor allem von Mädchen getragen wird. Während das Verbot von eher männlich konnotierter Kleidung wie Jogginghosen oder Caps darauf abzielt, dass die Kleidungsstücke als »zu casual« gelten, zielt das Verbot bei den weiblich konnotierten Kleidern immer darauf ab, dass die Trägerinnen darin »zu sexy« sind.

Ich fing an zu recherchieren und merkte sehr schnell, dass sexistische Kleidervorschriften an Schulen keine Seltenheit waren. In Genf gingen 2020 Schüler:innen aus Protest gegen die Kleidervorschriften der Schule auf die Straße.[107] Nicht nur wurde ihnen verboten, kurze Röcke und Shorts zu tragen – wer das trotzdem tat oder sich sonst wie »unpassend« kleidete, musste sich ein »T-shirt de la honte«, ein T-Shirt der Schande, in Übergröße anziehen. Das Shirt trug die Aufschrift »Ich bin angemessen gekleidet«. 2021 wurden die Schulen im Kanton Basel-Landschaft von der Politik zurückgepfiffen: In einem Brief, der an alle Schulleitungen adressiert war, erinnerten die Behörden daran, dass Kleidervorschriften an Schulen aus rechtlicher Sicht nur in sehr begrenztem Ausmaß zulässig seien.[108] Ein Schulleiter rechtfertigte sich daraufhin im Radio: Es sei nicht nötig, dass »man« im Unterricht ständig seinen nackten Bauchnabel zeige. Denn: Was mache das mit der Klasse? Vielleicht auch mit den Lehrpersonen? Ist der Fokus dann immer noch dort, wo er sein sollte?[109] Der Schulleiter problematisierte also nicht etwa, dass eine Lehrperson in Schülerinnen Objekte der Begierde sehen könnten, sondern schob die Schuld auf die Schülerinnen (und ihre Kleidung).

2023 wurde auch in Deutschland öffentlich über Kleidervorschriften diskutiert. Der Bundeselternrat wollte Kleiderregeln (nicht zu »lottrig«, nicht zu »freizügig«) an Schulen etablieren, motiviert durch eine Debatte über Kleidervorschriften an Schulen in Frankreich, die der französische Präsident Emmanuel Macron angestoßen hatte.[110] Und auch in Österreich wurde 2023 darüber diskutiert: Eltern einer Salzburger Mittelschule erhielten von der Schuldirektorin einen Brief.[111] »Aus gegebenem Anlass – der Sommer kommt – ersuche ich um Ihre Mithilfe«, hieß es darin. Es ging nicht etwa darum, mit den Eltern über Maßnahmen zu sprechen, wie der Unterricht in der Hitze des Sommers angenehmer gestaltet werden könnte, sondern um die Bekleidung der Mädchen. Bauchfreie Shirts, Trägershirts sowie extrem kurze Shorts seien nicht nur unangebracht, sondern »bergen das Risiko einer übermäßigen Sexualisierung«. Nach dieser Feststellung holte die Schuldirektorin noch die biologistische Keule heraus und schrieb: »Nicht nur die Mädchen pubertieren, auch die Burschen werden von Hormonen überschwemmt.« Weiter prangerte sie an, dass es für die Schulgemeinschaft nicht förderlich sei, wenn dann die Mädchen ihr Jäckchen über einem bauchfreien Shirt »besonders provokant ausziehen« würden. Das Ganze sei selbstverständlich eine Maßnahme, um die Mädchen zu schützen: »Es sollten keine unerwünschten Gedanken geweckt werden, die möglicherweise zu weiteren Problemen führen«, es gehe aber auch um den »Schutz der Burschen und unserer Lehrer«. Wo kämen wir denn hin, wenn wir von Lehrpersonen verlangen würden, dass sie Schülerinnen nicht als Sexobjekte sehen sollen? Dieser Brief ist so abgrundtief schlimm, bedient mächtige Vergewaltigungsmythen, beschämt Mädchen und eigentlich auch die Jungs sowie die männlichen Lehrpersonen. Der Brief sorgte zu Recht für große Empörung. Schließlich musste sich die Bildungsdirektion einschalten. Das Büro der Bildungslandesrätin ließ verlauten, die Direktorin sei stark übers Ziel hinausgeschossen. Auf Facebook, wo der Brief veröffentlicht wurde, wurde rege diskutiert. Nebst den obligatorischen rassistischen Statements (das Problem seien Menschen aus gewissen Kulturkreisen) erntete ein User viele Likes für seinen Kommentar, dass mit Schuluniformen das Thema vom Tisch wäre.[112]

Nein, mit Schuluniformen ist »das Thema« nicht vom Tisch. Denn das Thema sind nicht Kleidungsstücke, das Thema sind die weitverbreitete und von Schulen aktiv gestützte Objektifizierung von Mädchenkörpern und die Täter-Opfer-Umkehr. »Das Thema«, das sind Sexismus und Misogynie, das Thema ist Rape Culture. Und das alles bleibt unverändert, auch wenn die Schüler:innen in Schuluniformen zur Schule gehen würden. Mädchen und weiblich gelesene Kinder werden auch dann sexuell belästigt, wenn sie Schuluniformen tragen: In England, wo alle Schüler:innen Uniformen tragen, ist laut aktuellen Berichten sexuelle Belästigung für Schülerinnen alltäglich.[113]

Das Verbot gewisser Kleidungsstücke an Schulen zeigt den noch immer bestehenden Konsens, dass bestimmte Frauenkleidung das Signal eines »leichten Mädchens« aussendet. Anders gesagt, lege jede Frau, die so etwas trägt, es bewusst darauf an, von einem Mann angeschaut, angesprochen und nach Sex gefragt zu werden. Dass man Mädchen- und Frauenkörper anhand ihrer Kleidung sexualisiert, wird als selbstverständlich hingenommen. Damit wird bei Frauen die internalisierte Objektifizierung an die nächsten Generationen weitergegeben, als wäre sie etwas Unüberwindbares. Stets müssen sich Mädchen und Frauen fragen: Zeige ich zu viel Haut? Wird man meine Kleidung als Einladung sehen, mich anzustarren oder zu belästigen? Werde ich in dieser Kleidung ernst genommen und respektvoll behandelt? Es geht in der Debatte um angemessene Kleidung nur vordergründig um den Schutz der Mädchen (»Ich will nicht, dass mein Mädchen belästigt wird«), sondern vielmehr um ein konservatives Geschlechterrollenverständnis und um ein verinnerlichtes Ressentiment gegenüber Mädchen, die sich sogenannt billig kleiden und somit vermeintlich eine soziale Position innehaben, von der man sich abgrenzen will. Willkommen beim Slutshaming. Es ist eine uralte Geschichte. In dem Zusammenhang empfehle ich die Lektüre des

Buches *Becoming Sexual – A Critical Appraisal of the Sexualization of Girls* der US-amerikanischen Professorin für Gender- und Sexualwissenschaften R. Danielle Egan. Egan analysiert die vorherrschenden Narrative zur Sexualisierung von Mädchen und setzt sie in Zusammenhang mit tief verankerten klassistischen und rassistischen Vorurteilen.

Zurück zu den Kleidervorschriften an Schulen: Diese Vorschriften schränken Kinder, die weiblich konnotierte Kleidung tragen, viel mehr ein als Jungen. Kinder sollen gewisse »weibliche« Kleider nicht tragen, weil sie damit »provozieren« und anderen schaden. Nicht nur wird dadurch akzeptiert, dass Mädchen sexualisiert werden (oft schon in einem Alter, in dem sie das noch gar nicht verstehen). Man festigt dadurch auch das längst überholte Bild des triebhaften Mannes, der sich beim Anblick von nackter Haut auf nichts anderes mehr konzentrieren kann als auf die Befriedigung seines Sexualtriebs. Das Problem ist die Täter-Opfer-Umkehr, indem von den Mädchen erwartet wird, dass sie ihre Kleidung ändern sollen statt die Jungs und Männer ihr Verhalten.

Ironischerweise stellen ausgerechnet diejenigen diese Sexualisierung von Mädchen und Frauen und zusätzliche Fetischisierung von trans und dicken Personen nicht infrage, die andersherum behaupten, die Welt, insbesondere die Jugend, sei heute so »übersexualisiert«. Diese Behauptung schießt völlig an den Ursachen vorbei. Das Problem ist nicht die Jugend und schon gar nicht irgendwelche sogenannten freizügigen Kleidungsstücke. Das Problem sind die Erwachsenen, die die frauenverachtenden Haltungen der Rape Culture an die nächsten Generationen weitergeben und damit zulassen, dass Menschen aufgrund ihres Äußeren, aufgrund ihres Geschlechts und ihrer Geschlechtsidentität abgewertet, objektifiziert und sexualisiert werden. Der Kampf sollte also nicht Kleidern und dem Kleidergeschmack von Kindern und Jugendlichen gelten, sondern der Rape Culture.

Intersektionen: *Try walking in my shoes*

Hast du dir schon einmal Gedanken darüber gemacht, dass es für eine Frau mit Behinderung viel schwieriger ist, Schutz vor ihrem gewalttätigen Partner zu finden, weil längst nicht alle Beratungsstellen und Schutzhäuser für sie zugänglich sind? Oder dass eine trans Frau immer mit dem Risiko konfrontiert ist, von einer Beratungsstelle abgewiesen zu werden, weil diese nur cis Frauen berät? Bist du dir bewusst, dass es für Schwarze oder migrantische Frauen viel schwieriger ist, sich der Polizei anzuvertrauen, weil sie zu Recht befürchten, Rassismus zu erfahren? Und bist du dir bewusst, dass eine dicke Frau noch mal auf eine ganz andere Art sexualisierte Gewalt erfährt als eine normgewichtige?

Sexismus und Misogynie sind bei Weitem nicht die einzigen Unterdrückungsformen in unserer Gesellschaft, die einen Einfluss auf das Erfahren von sexualisierter Gewalt haben. Die Überschneidungen und Verstärkungen von Sexismus und Misogynie mit anderen Formen der Unterdrückung heißen Intersektionen. Sie bilden ein wesentliches Merkmal des Patriarchats und somit der Rape Culture. Es ist demnach für die Analyse der Rape Culture unverzichtbar, die Intersektionen von Sexismus und Misogynie mit Rassismus, Klassismus, Ableismus, Dickenfeindlichkeit und anderen Diskriminierungsformen zu betrachten. Und zu untersuchen, wie sich diese auf die sexualisierten Gewalterfahrungen der betroffenen Personengruppen auswirken können.

Sexualisierter Rassismus

Hinter sexualisiertem Rassismus steht die Haltung, dass *weiße* Menschen sexuell emanzipierter und geschlechtergerechter seien – im Gegensatz zu »den anderen«, den Menschen aus »anderen Kulturen« oder »anderer Religionen« oder »anderer Hautfarbe«. Nicht-*weißen* Frauen werden Eigenschaften wie Unterwürfigkeit und Gehorsam zugeordnet oder aber die Rolle der rücksichtslosen Verführerin und Ausbeuterin. Nicht-*weiße* Frauen werden aber auch häufig fetischisiert und hypersexualisiert, was dann als Kompliment oder witziger Spruch getarnt wird (»Ich wollte schon immer mal eine Latina im Bett« oder »Asiatin? Ich hätte nichts gegen eine kleine Massage im Schlafzimmer«). Dabei wird die Exotisierung dieser Menschen von denjenigen, die exotisieren, oft nicht als Problem, geschweige denn als Diskriminierung verstanden. Das Problem damit? Durch die Exotisierung wird der *weiße* Mensch als Norm verstanden und die Person of Color als »exotische Person«, als Abweichung. Die Exotisierung reduziert eine Person auf das Anderssein und verbindet mit dieser Andersartigkeit eine bestimmte sexuelle Eigenschaft; und zwar ohne Rücksicht auf den individuellen Menschen. Dies wird auch Sexotisierung genannt und ist verletzend, herabwürdigend und übergriffig. Jemanden zu sexotisieren, ist nie ein Kompliment, sondern rassistisch.

Dass Männer, vor allem *weiße* Männer, einen sexualisierten Blick auf Frauen haben, die sie exotisieren, hat eine lange Geschichte und wurde unter anderem von Kolonialismus, Kriegen, Migration und der Etablierung des Massensextourismus geprägt. In ihrer Abschiedskolumne für das *Süddeutsche Zeitung Magazin* (unter dem Titel »Unterwürfig, verfügbar, willig«) über die Alltäglichkeit der Fetischisierung und Hypersexualisierung asiatischer Frauen in Deutschland erinnert sich die Journalistin und Podcasterin Minh Thu Tran an eigene Erfahrungen von sexualisiertem Rassismus zurück: »An anzügliche, witzelnde Fragen von Mitschülern an meinen ersten Freund, aus welchem Katalog er mich denn bestellt habe. An ältere Männer, die mich, damals kaum 20, bei meinem Nebenjob im Zimmerservice eines Luxushotels mit lüsternem Blick fragten, woher ich denn käme? An schlimme Onlinedating-Erfahrungen, die ich als junge Frau machte – mit Männern, die mir schrieben, wie schön sie meine schwarzen, seidigen Haare und meine Mandelaugen fänden. Und an Gespräche mit Freundinnen, die ähnliche Erfahrungen machten und Nachrichten bekamen, ob sie denn ›unten genauso eng‹ seien wie ihre Augen.«[114]

Auch arabische Frauen sind häufig Zielscheibe von Sexualisierung und Fetischisierung. Besonders Hijab oder Burka tragenden Frauen wird zugeschrieben, sie seien prüde, devot und ungebildet und von den eigenen Männern unterdrückt – weshalb sie sich freuen müssten, endlich mit einem *weißen* Mann ihre Sexualität ausleben zu können.

Umfangreiche Arbeiten über die soziale Konstruktion rassistischer Stereotype seit der Kolonialzeit belegen, dass die in dieser Epoche entstandenen Vorurteile über die Sexualität Schwarzer Frauen bis heute bestehen und reale Auswirkungen auf das Leben Schwarzer Frauen und Mädchen haben – auch in deutschsprachigen Ländern. Die Intersektion zwischen Rassismus gegen Schwarze Menschen und Misogynie wird unter dem Begriff Misogynoir analysiert. Nicht zuletzt hat Misogynoir einen starken Einfluss darauf, wie wir sexualisierte Gewalt an Schwarzen Frauen einordnen.

Bis heute haben rassistische Vorstellungen von sogenannt exotischer Sexualität schwerwiegende Auswirkungen auf den Alltag, aber auch auf das Datingleben von Frauen of Color. »Egal, was ich in meinem Leben tue, wird mir aufgrund meiner ethnischen Zugehörigkeit eine bestimmte sexuelle Identität zugeschrieben. Und das nervt total. Jedes Mal, wenn ich ein Date habe, wenn ich jemanden treffe, wenn jemand nett zu mir ist, muss ich zumindest darüber nachdenken oder abwägen, wie viel davon auf meine ethnische Herkunft zurückzuführen ist, wie viel davon darauf, dass derjenige denkt, er könnte die Chance haben, mich zu ficken.« So beschreibt eine junge Frau namens Kaya, die in Freiburg lebt, wie es sich anfühlt, aufgrund ihrer vermeintlichen Andersartigkeit und rassistischer Zuschreibungen als begehrenswert zu gelten (nachzuhören auf Englisch im Podcast *Ich bin nicht dein Fetisch* des Blogs *Stimmen gegen Rassismus und Populismus*).[115]

Sexualisierte Dickenfeindlichkeit

»Ein schlanker, physisch fitter Körper gilt heute unangefochten als erstrebenswertes Ideal«, schreibt die österreichische Kulturwissenschaftlerin Elisabeth Lechner in ihrem Buch *Riot, don't diet.* Sie beschreibt, wie dickenfeindlich unsere Gesellschaft auf allen Ebenen ist. Nicht nur bekommen mehrgewichtige Menschen eine schlechtere Gesundheitsversorgung, haben es schwerer auf dem Arbeitsmarkt und beim Kleiderkaufen – sie erfahren auch mehr sexualisierte Gewalt. »Wir leben in einer fettphobischen Welt, gekennzeichnet von aktivem, gesellschaftlich sanktioniertem Dickenhass«,[116] schreibt Lechner. Wir leben in einer Welt, die dicke Menschen entmenschlicht und sie nicht nur als hässlich positioniert, sondern auch strukturell diskriminiert. Während dicke Männer eher als gemütliche Menschen gesehen werden, die halt gerne essen, gelten dicke Frauen als faul, dumm und eklig und sind von Dickenfeindlichkeit besonders stark betroffen, so Lechner weiter. Die dicke Schwarze Yale-Professorin und Autorin Roxane Gay beschreibt ihre Diskriminierungserfahrungen in der *NZZ am Sonntag* so: »Es kommt vor, dass mir fremde Menschen Dinge aus dem Einkaufswagen nehmen mit der Begründung, sie seien ungesund. Man hält mich auch relativ oft für einen Mann, obwohl ich üppige Brüste habe. Im Theater passe ich nicht in den Sessel, und wenn ich ins Flugzeug steige, dann schauen alle weg und beten, ich möge woanders sitzen, während die Stewardess in einer übertriebenen Lautstärke sagt, der Sicherheitsgurt werde wohl nicht ausreichen. Und dann gibt es noch die vermeintlich wohlwollenden Kommentare im Fitness-Club. Menschen, die mir gratulieren, wenn ich auf dem Crosstrainer stehe.«[117]

Ich sprach mit Melanie Dellenbach, Aktivistin und Mitbegründerin von *Body Respect Schweiz,*[118] einem Verein, der sich für eine neue Kultur von Körperrespekt und für die Sichtbarkeit von dicken Menschen in ihrer Vielfalt einsetzt. Sie erzählte mir, dass die meisten dicken Kinder noch vor ihrem zehnten Geburtstag hören, dass ihr Körper falsch, krank und vor allem zu dick sei. Ihre Körper werden abgewertet, von Familienmitgliedern, Kinderärzt:innen und weiteren Personen. Sätze wie »So findest du aber keinen Freund« (oder keine Lehrstelle) hören dicke Mädchen häufig. Das führe dazu, so erzählt sie mir, dass dicke Kinder nicht nur lernen, dass sie aufgrund ihres Körpers abgewertet und schlecht behandelt werden dürfen, sondern sie verinnerlichen, dass sie schlecht, unattraktiv, faul und nicht liebenswert seien. Schlicht: Sie internalisieren den Dickenhass und dass sie ihrem Körper nicht vertrauen dürfen. Das hat wiederum Einfluss darauf, wo sie ihre Grenzen setzen, wie sie sich spüren und wie sie ihre eigene Sexualität wahrnehmen (dürfen). So kann es denn für dicke Frauen auch schwierig sein einzuschätzen, was noch ein Flirt ist und wo der Übergriff anfängt.

Dellenbach erzählt mir von Formen sexualisierter Gewalt, die ich als normgewichtige Frau nicht kenne. (Ich würde mir wünschen, man würde auch diesen Aspekt mehr hervorheben, wenn wir über *thin privilege* reden – Vorteile, die normgewichtige Menschen in unserer Gesellschaft haben und die sie meist nicht wahrnehmen). Sie erzählte zum Beispiel über ihre Erfahrungen mit *hogging* (vom englischen Wort *hog* für Mastschwein, das in diesem Zusammenhang abwertend für die Betroffenen verwendet wird). Hogging bezeichnet eine Praxis, bei der Männer mit ihren Kumpels darum wetteifern, wer die für sie unattraktivste oder dickste Frau rumkriegen kann, um sie daraufhin gemeinsam mit den Freunden abzuwerten und lächerlich zu machen. Die Wissenschaftlerinnen Ariane Prohaska und Jeannine A. Gailey haben schon 2010 über Hogging aus der Perspektive der Soziologie der Männlichkeiten geschrieben.[119] Sie kamen zu dem Schluss, dass es den Männern nicht um die Begegnungen mit den Frauen geht, sondern um Homosozialität, also die Neigung von Männern, sich vor allem an anderen Männern zu orientieren: Ein Mann will bei seinen Freunden punkten und sich selbst aufwerten. Die Frau ist nur Mittel zum Zweck. Hogging ist eine Form sexualisierter Gewalt, bei der die betroffenen Frauen auf ihren (dicken) Körper reduziert, objektifiziert und sexualisiert werden. Darüber hinaus reagieren Männer auf Ablehnung durch eine dicke Frau meist noch aggressiver als auf Ablehnung durch eine normgewichtige Frau. Denn dicke Frauen gelten als »leichte Frauen«. Dahinter steht die Vermutung, sie seien mangels sexueller Erfahrungen sehr bedürftig und müssten für jede sexuelle Zuwendung dankbar sein. So verletzt die Ablehnung durch eine dicke Frau den Mann noch stärker in seinem männlichen Selbstverständnis. Das heißt, dicke Frauen erfahren nicht nur zusätzliche Formen sexualisierter Gewalt, sondern die Abwertung, die sie erfahren, ist oft auch noch heftiger, weil sie sich mit der Gewichtsdiskriminierung potenziert. Gailey sagte über ihre Studie, dass das schockierendste Ergebnis für sie gewesen sei, dass alle interviewten Männer gesagt hätten, Hogging sei witzig.

Dicke Menschen und vor allem dicke Frauen gelten als sexuell nicht begehrbar, weshalb man ihnen auch abspricht, das Ziel sexualisierter Übergriffe sein zu können. Wenn sie dann doch erzählen, sexualisierte Gewalt erfahren zu haben, gibt man ihnen das Gefühl, sie sollten doch froh sein, schließlich seien sie sexuell begehrt worden. Und weil dicke Frauen auch als weniger intelligent gelten (schon der britische Dichter Lord Byron befand, Molligsein spreche für geistige Plumpheit[120]), wird ihnen noch deutlicher abgesprochen, die Situation richtig eingeschätzt beziehungsweise klar genug kommuniziert zu haben, was zu einem noch stärkeren Victim Blaming führt.

Da nun aber dicke Menschen und auch dicke Frauen nicht nur Beziehungen führen, sondern tatsächlich auch Sex haben, braucht es dafür eine patriarchale Erklärung. Die Antwort ist schnell gefunden: Da es in einem patriarchalen Denken nicht sein kann, dass ein Mann eine Frau begehrt, obwohl sie dick ist, hat man das Narrativ erfunden, dass Männer dicke Frauen begehren, *weil* sie dick sind. So wurden dicke Frauenkörper klar abgegrenzt von der Norm. Normgewichtige Frauen werden im Patriarchat begehrt, weil sie Frauen sind. Dicke Frauen werden begehrt, weil sie dicke Frauen sind. So gilt Sex mit dicken Frauen als abnormal und ist deshalb ein Fetisch. Dicke Frauen erfahren in einer Rape Culture aufgrund der Fetischisierung und noch stärkeren Objektifizierung und Sexualisierung tagtäglich in der Summe traumatisierende Mikroaggressionen. Mikroaggressionen sind Bemerkungen, Handlungen oder Gesten, die Personen aufgrund ihrer Zugehörigkeit zu einer bestimmten Gruppe (zum Beispiel aufgrund ihrer Körperform, aber auch Hautfarbe, Religion oder sexuellen Orientierung) verletzen und abwerten. Da Mikroaggressionen nicht auf den ersten Blick als beleidigend erkannt werden, werden sie oft unterschätzt. Eine Mikroaggression gegen eine dicke Person kann die Bemerkung sein »Ich finde dich schön, obwohl du dick bist«. (Eine Mikroaggression gegen eine rassifizierte, das heißt aufgrund von rassistischen Zuschreibungen als »anders« angesehene Person ist beispielsweise, wenn jemand seine Handtasche festhält, sobald ein Schwarzer Mann in den Bus steigt.) Mikroaggressionen sind wie winzige Nadelstiche, die in der Summe gravierende Folgen haben können. Dicke Frauen, die sexualisierte Gewalt erfahren, haben nicht nur Angst, nicht als »echte Opfer« wahrgenommen und deshalb als unglaubwürdig betrachtet zu werden, sondern auch davor, dass sie im Rahmen der Offenlegung aufgrund ihres Gewichts zusätzlich abgewertet werden. Und leider ist diese Angst nicht unbegründet. Für viel Aufsehen hat ein Gerichtsurteil in Argentinien gesorgt: Das Gericht hat einen Mann der Vergewaltigung seiner dicken Ex-Partnerin freigesprochen. Das Plädoyer der Strafverteidigerin drehte sich vor allem um den dicken Körper der Frau. Sie argumentierte, dass der Mann, der viel dünner sei, ihre Leggings gar nicht hätte ausziehen können.[121]

Ein anderer Fall von Dickenfeindlichkeit vor Gericht ereignete sich in Montreal, Kanada. Eine 17-jährige Frau hatte einen 49-jährigen Taxifahrer wegen eines sexuellen Übergriffes angezeigt. Der Richter sprach zwar den Taxifahrer letztendlich schuldig, nutzte aber die Gunst der Stunde, um das Opfer aufgrund seines Gewichts zu beschämen und zu objektifizieren. Sinngemäß übersetzt, sagte er: »Man könnte sagen, dass sie ein wenig übergewichtig ist, aber sie hat ein hübsches Gesicht, oder?«

Und dann sagte er, dass die junge Frau womöglich »geschmeichelt« gewesen sei, weil es vielleicht das erste Mal gewesen sei, dass sich jemand für sie interessierte.[122] Mit letzterer Aussage untergrub er also gar die Idee der Einvernehmlichkeit und stellte den Übergriff als Kompliment an die junge Frau dar – eine vollkommen inakzeptable, aber leider recht häufige Aussage.

Studien[123] aus den USA belegen, dass dicke Frauen mehr sexualisierte Gewalt erfahren als normgewichtige Frauen. Gleichzeitig wird ihnen weniger geglaubt und ihnen wird eher die Schuld zugeschoben. Bei normgewichtigen Opfern hatten die Studienteilnehmenden eine negativere Haltung dem Täter gegenüber. Bei dicken Opfern nahmen die Teilnehmenden mehr Rücksicht auf den Täter und berücksichtigten eher strafmildernde Faktoren. Im deutschsprachigen Raum wurde hingegen bisher die Intersektion von Dickenfeindlichkeit mit Sexismus, Misogynie und sexualisierter Gewalt noch kaum thematisiert oder untersucht.

Sexualisierter Klassismus

Während meiner Teenagerjahre Mitte der 1990er-Jahre hatte ich donnerstagnachmittags schulfrei. Das war toll, denn so konnte ich Talkshows am Stück schauen, abwechselnd *Arabella Kiesbauer, Bärbel Schäfer* oder *Hans Meiser* (und weitere). Später kamen die Gerichtsshows und *Big Brother* hinzu. In meiner Erinnerung entsprachen die Hauptdarsteller:innen jeweils den stereotypen Vorstellungen von Menschen, die der Armuts- oder Arbeiter:innenklasse angehören. Bei den Frauen hieß das: dumm und laut, entweder ungepflegt, unattraktiv und dick oder aber blond und sexy, doch auf eine »billige« Art, mit viel Make-up, zu viel Glitzer und zu langen Nägeln. Zudem hatten sie entweder keine Kinder, weil sie, so das Narrativ, lieber ihre sexuellen Freiheiten genossen, oder sie hatten zehn Kinder von zehn unterschiedlichen Vätern, mit denen sie jeweils keinen Kontakt mehr hatten. Die

Sendungen drehten sich somit auch meist ums Fremdgehen und um Vaterschaftstests. Diese Sendungen zementierten so ziemlich alle klassistischen Zuschreibungen über Frauen aus der unteren Schichten: fruchtbar, unmoralisch und promiskuitiv. Hier wird auch gut sichtbar, wie mehrere Diskriminierungsformen einander verstärken: Zu sexistischen, misogynen Vorurteilen kommen die klassistischen noch hinzu und führen zu einer Mehrfachdiskriminierung der Frauen.

Das alles habe ich damals nicht erkannt, geschweige denn reflektiert. Genau so funktioniert die Internalisierung von Diskriminierungen. Erst sehr viele Jahre später realisierte ich, auf welch abscheulich wirkmächtige Art in diesen Sendungen negative und falsche Stereotype zementiert wurden. Die Frauen, die vermeintlich ihre sexuelle Lust nicht unter Kontrolle hatten, dienten einzig der Unterhaltung, für die sie selbst wie auch alle Frauen aus der Armuts- oder Arbeiter:innenklasse einen hohen Preis bezahlten. »[Es sind] jene Formate, die vorexerzieren, wie eng die Grenzen zwischen ›Schlampe‹ und gewünschter ›Sexyness‹, zwischen ›Willigkeit‹ und ›Unterwürfigkeit‹, zwischen ›lieb‹ und ›Luder‹ sind«, schreibt dazu die Journalistin Beate Hausbichler in einer Kolumne für *Der Standard*.[124]

Bezogen auf die Rape Culture heißt das, dass Frauen aus der Armuts- oder Arbeiter:innenklasse noch mehr stigmatisiert und abgewertet werden, wenn sie sexualisierte Gewalt erfahren, und dass sie nicht nur stärker von Victim Blaming betroffen sind, sondern zusätzlich in starkem Maß Slutshaming erfahren. Slutshaming bezeichnet die Abwertung von Frauen, die als *sluts* (Schlampen) eingeordnet werden: Frauen, die sich »freizügig« kleiden und/oder die gerne und vielleicht auch viel Sex haben. Denn offenbar ist die sexuelle Integrität einer Frau aus der Armuts- oder Arbeiter:innenklasse weniger wert als die sexuelle Integrität einer privilegierten Frau. Denn entweder hat sie es »darauf angelegt« und »es gewollt« (Typ blond und sexy) oder sie solle doch »einfach froh sein, dass überhaupt ein Mann sie wollte« (Typ unattraktiv und ungepflegt).

Sexualisierter Ableismus

Ableismus bezeichnet die Reduzierung von Menschen auf ihre körperliche oder psychische Behinderung und die Diskriminierung von Menschen mit Behinderung: die Ungleichbehandlung, Grenzüberschreitungen und stereotypen Zuweisungen, die sie aufgrund ihrer Behinderung erfahren (*Able-bodied* sind Menschen, die der Norm eines fitten, starken Körpers entsprechen). Ableismus ist manchmal offensichtlich, zum Beispiel wenn gewisse Räume für behinderte Menschen nicht zugänglich sind. Manchmal ist er weniger offensichtlich, aber genauso diskriminierend. Ich erzähle dir gerne ein Beispiel: In derselben *Wetten, dass?..*-Sendung, in der Thomas Gottschalk gegenüber Cher zugab, dass er den Unterschied zwischen einvernehmlicher Berührung und sexueller Belästigung nicht kennt, hatte er den 14-jährigen Kandidaten Felix zu Gast. Dieser wollte dem Publikum zeigen, dass er im Handstand auf einem Skateboard insgesamt sieben Kaubonbons in Cola-Flaschen versenken kann. Allein diese verrückte Idee hätte genug Stoff geliefert für das kurze Gespräch, das Gottschalk mit den Kandidat:innen jeweils führt. Stattdessen sagte Gottschalk zu Felix: »Du sitzt im Rollstuhl, aber du bist ein aufgewecktes und lustiges Kerlchen.« Und dann fügte er hinzu, er habe das am Anfang ja gar nicht richtig gemerkt, dass Felix »an den Rollstuhl gefesselt« sei.[125] Mit diesen ableistischen Aussagen reduzierte Gottschalk Felix auf seine »Defizite« und zementierte das Vorurteil, dass behinderte Menschen leiden und hilflos wären. Schließlich fragte er Felix vor einem Millionenpublikum, was er denn für eine Krankheit habe, was wiederum sehr grenzüberschreitend war. Ich möchte es mir hier nicht nehmen lassen, den deutschen Inklusionsaktivisten und Moderator Raúl Krauthausen, der selbst einen Rollstuhl nutzt, zu zitieren: »Ein Rollstuhl ist keine Einschränkung, sondern ein Fortbewegungsmittel. Sollten Sie tatsächlich jemanden treffen, der an den Rollstuhl gefesselt ist, binden Sie ihn los!«[126] Manchmal kann Humor helfen, alteingesessene, aber diskriminierende Floskeln aufzudecken und zu *ent*lernen.

Die erste bundesweite repräsentative Untersuchung aus Deutschland zur Lebenssituation von Frauen mit Behinderungen und chronischen Erkrankungen[127] wurde 2013 durchgeführt und hat dargelegt, dass Frauen mit Behinderungen im Laufe ihres Lebens doppelt so häufig sexualisierte Gewalt erfahren wie Frauen im Bevölkerungsdurchschnitt. Die Täter stammen zu über 32 Prozent aus dem familiären Umfeld, zu 52 Prozent aus dem Pflegeumfeld. Das Vertrauen gegenüber diesen Menschen ist groß; die Abhängigkeit ebenfalls. Das erhöht das Risiko.

Ich erinnere mich an eine junge Frau, mit der ich einmal auf einem Podium sitzen durfte. Sie erzählte von einem Vorfall, den sie beim Tanzen erlebt hatte, und gab mir die Erlaubnis, ihre Erzählung hier mit euch zu teilen. Sie lernte in einem Lokal einen Mann kennen, der sie zum Tanzen aufforderte. Dabei stellte er sich zunächst nur ungeschickt an. Er kam ihr zu nahe, schleuderte sie im Rollstuhl herum – ein erster Impuls, den, wie sie erzählte, viele Menschen haben, wenn sie das erste Mal mit einer Frau im Rollstuhl tanzen. Sie sagte ihm, dass sie das nicht wolle. Doch er hörte nicht zu. Im Gegenteil. Er legte sie mitten auf der Tanzfläche auf den Boden und legte sich auf sie. Sie fände das bestimmt super, flüsterte er ihr ins Ohr. Sie schrie laut: »Nein!« Aber es war nicht zu hören bei dem Trubel im Eventlokal. Niemand hörte sie oder reagierte auf den Vorfall. Die Kollegen des Mannes feuerten ihn sogar noch an. Sie erlebte dadurch eine Demütigung, die sie lange Zeit nicht mehr loslassen sollte. Luisa L'Audace, deutsche Aktivistin und Beraterin für Inklusion und Antidiskriminierung, lebt mit einer angeborenen Behinderung und schreibt in ihrem Buch *Behindert und stolz*, wie ein Mann sie auf einem Festival »einfach über seine Schulter geworfen« habe und wegtragen wollte. L'Audace beschreibt sehr eindrücklich, wie die besonders ungleichen Machtverhältnisse und großen Abhängigkeitsverhältnisse von Behinderten sie zusätzlich vulnerabler machen: »Bin ich also beispielsweise auf die Pflege durch meine:n Partner:in oder Familienmitglieder angewiesen, so kann ich es mir vielleicht nicht leisten, diese Menschen einfach zu verlassen oder den Kontakt abzubrechen. Als behinderte Person ist es mir nicht unbedingt möglich, nach einer übergriffigen Situation oder einem Streit eine Tasche zu packen, die Tür hinter mir zuzuknallen und spontan mit den für mich nicht barrierefreien Verkehrsmitteln in der für mich nicht barrierefreien Wohnung einer:eines Bekannten unterzukommen, ohne zu wissen, ob meine Pflege für die nächsten Tage gewährleistet ist.«[128] Leider sind auch viele Frauenhäuser im deutschsprachigen Raum noch nicht oder nicht gänzlich barrierefrei.

Nicht nur erfahren Menschen mit Behinderung mehr sexualisierte Gewalt, sie haben gleichzeitig einen schwierigeren Stand bei den Strafverfolgungsbehörden. Eine Staatsanwältin erzählte mir den Fall einer behinderten Frau. Die Frau war um die 40 Jahre alt, wohnte in einem Heim und brauchte rund um die Uhr Betreuung. Ein Betreuer suchte sie jeweils in der Nacht im Zimmer auf und vollzog sexuelle Handlungen an ihr. Als die Frau dies einmal ihrem Bruder erzählte, erstattete dieser Strafanzeige. Ein Gutachten kam zu dem Schluss, dass die Frau trotz ihrer geistigen Behinderung aussagetauglich sei. In erster Instanz wurde der Betreuer schuldig gesprochen. Er zog das Verfahren weiter an die nächste Instanz. Dort erschien er mit seiner normschönen Frau zur Gerichtsverhandlung. »Ein geschickter Move«, erzählte mir die Staatsanwältin. Seine Frau saß in der ersten Reihe, als der Betreuer den Richter:innen sagte, er habe es doch nicht nötig »mit so einer behinderten Frau« Sex zu haben – und dann mit Blick zu seiner Frau –, wenn er so eine Frau habe. Der Vorsitzende Richter, ein älterer Herr, habe beim Zuhören genickt. Genickt. Es sei eine typische Verteidigungsstrategie, erzählte mir die Staatsanwältin, dass das Narrativ bedient werde, dass nur normschöne *(able-bodied)* Frauen vergewaltigbar seien. Der Betreuer wurde übrigens in zweiter Instanz freigesprochen.

Behinderten Menschen wird immer noch das Recht auf Sexualität abgesprochen, ihre Bedürfnisse nach Nähe und Sex werden nicht ernst genommen oder sie werden aufgrund ihrer Behinderung fetischisiert und objektifiziert. Häufig wird ihnen auch das Gefühl gegeben, dass sie dankbar sein sollten, wenn sich überhaupt jemand für sie interessiere – so wird denn auch sexualisierte Gewalt gegen sie zuweilen gerechtfertigt.

Das Absprechen der sexuellen Bedürfnisse führt leider dazu, dass gerade auch die Sexualaufklärung wie auch die Aufklärung über Grenzen, Grenzverletzungen und sexualisierte Gewalt bei behinderten Menschen oft kläglich vernachlässigt wird oder schlicht gar nicht stattfindet. Doch Wissen ist Macht. Fehlendes Wissen und mangelhafte Aufklärung führen dazu, dass behinderte Menschen weniger ernst genommen werden. Die ableistische Infantilisierung (also Verkindlichung) und das Nicht-ernst-Nehmen von behinderten Menschen kommen noch zusätzlich zu dem Problem hinzu, dass Betroffenen sexualisierter Gewalt ohnehin reflexartig die Glaubwürdigkeit abgesprochen wird. Die *taz* berichtete 2022 über den Fall einer behinderten Frau, die in einer »Behindertenwerkstatt« arbeitete, wo sie von ihrem Vorgesetzten sexuell belästigt wurde.[129] Sie zeigte ihn an, die Staatsanwaltschaft entschied aber, die Anzeige nicht weiterzuverfolgen, da ihre Aussagefähigkeit angeblich zweifelhaft sei. Luisa L'Audace schrieb auf X dazu: »Ableismus ist, wenn behinderte Menschen gut genug sind, um in Werkstätten ausgebeutet zu werden, aber wenn sie sich gegen die sexualisierte Gewalt ihrer Vorgesetzten wehren, sollen sie plötzlich nicht aussagefähig sein.«[130]

Viele sehen nur, was sie persönlich betrifft

Der Mainstreamdiskurs um sexualisierte Gewalt und Rape Culture dreht sich sehr häufig ausschließlich um Sexismus und Misogynie und um die sexualisierte Gewalt gegen *weiße* cis Frauen. Dabei wird die intersektionale Ebene oft vergessen und nicht mitbedacht. In dem Zusammenhang spricht man vom *weißen* Feminismus. In dem 2023 erschienenen Buch *Weißen Feminismus canceln* erklärt die Autorin Sibel Schick den Begriff folgendermaßen: »Weißer Feminismus betrachtet Diskriminierung nur auf Grundlage des Geschlechts. Für den weißen Feminismus sind Rassismus, Antisemitismus, Armut, Behinderung, chronische Krankheit etc. irrelevant, diese sind keine ›Frauenthemen‹. Frau ist nur weiß, berufstätig, gesund und Mittelstand.«[131] Wenn sich also Wissenschaftler:innen mit sexualisierter Gewalt auseinandersetzen, sehen sie in erster Linie diejenigen Probleme, die sie selbst betreffen. Da der Wissenschaftsbetrieb dieselben patriarchalen Strukturen aufrechterhält wie der Rest der Gesellschaft, bilden Menschen, die mehreren Benachteiligungen unterworfen sind, dort ebenfalls nur eine Minderheit.

Denn nicht nur die Rape Culture, sondern unsere gesamte Gesellschaft baut ebenso auf anderen Herrschaftssystemen wie Rassismus, Ableismus, Klassismus, Dickenfeindlichkeit oder der Queerfeindlichkeit auf. Es ist kein Wunder, dass diese Verschränkungen von Benachteiligungen vielfach nicht gesehen werden. Dabei geht es bei der Rape Culture nicht bloß um sexualisierte Gewalt gegen Frauen. Es geht um die cis-männliche sexualisierte Gewalt gegen weiblich gelesene und queere Personen, gegen non-binäre und trans Personen, gegen Schwarze Frauen und Frauen of Color, behinderte, migrantische, geflüchtete Frauen, obdachlose, armutsbetroffene und dicke Frauen und gegen Frauen aus weiteren Minderheitengruppen. Es geht um jede_ Frau.

Mythen: Der fremde Mann und das Mädchen im kurzen Rock

Im August 2023 wird bei Till Lindemann, Frontsänger der Band Rammstein, in seine Wohnung in Berlin eingebrochen. Lindemann weilt zum Zeitpunkt des Einbruchs auf Tour in Brüssel. Er erfährt von der Polizei vom Einbruch und hält den Vorfall für ärgerlich, lässt sich aber deswegen die Tour nicht vermiesen und reist nicht nach Hause.[132]

Als der Einbruch öffentlich bekannt wird, äußern sich viele Menschen dazu. Einige fühlen mit ihm mit und bringen Verständnis für ihn auf. Verständnis dafür, dass dieser Einbruch sehr ärgerlich ist, aber auch dafür, dass er sich trotzdem entscheidet, die Tour weiterzuführen. Viele Menschen reagieren aber sehr kritisch: Wäre er nicht im Ausland gewesen, hätte er den Einbruch verhindern können. Er habe sicher schon öfter freiwillig Menschen in seine Wohnung gelassen, woher sollte also dieser mutmaßliche Einbrecher wissen, dass es ihm nicht erlaubt war, hineinzugehen? Einige ärgerten sich auch, dass die Nachrichten über so was berichten, schließlich werde in Wohnungen eingebrochen, seit es Wohnungen gibt. Will Lindemann womöglich bloß Aufmerksamkeit oder wieso äußert er sich in den Medien dazu?

Als sich herausstellt, dass der Einbruch durch einen berühmten und vielerorts beliebten Herrn XYZ verübt wurde, bringt eine Zeitung ein Porträt über ihn. Herr XYZ sei »als Einbrecher wild, privat Naturfreund – die zwei Seiten von Herrn XYZ«. Als dieser Artikel kritisiert wird, weil er doch unpassenderweise Sympathien für den Einbrecher wecke, verteidigen viele Unterstützer Herrn XYZ: »Ich glaube das mit dem Einbruch erst, wenn ich eine Videoaufnahme davon sehe«, kommentiert jemand. Weitere schreiben: »Einbrecher vom Einbruch trennen! Nur weil er vielleicht (noch ist er nicht verurteilt!) bei Lindemann eingebrochen ist, heißt das nicht, dass er nicht auch ein toller Mensch ist«; »Der Einbruch hätte mit baulichen Maßnahmen verhindert werden können, wenn es Lindemann wichtig genug gewesen wäre«. Eine Person, die Herrn XYZ vor Kurzem persönlich kennenlernen durfte, erzählt daraufhin in einem YouTube-Video: »Ich habe Herrn XYZ bei einer Veranstaltung kennenlernen dürfen und wir hatten einen schönen Abend zusammen. Keine Spur eines Einbruchs bei mir. Ich glaube nicht, dass er bei Lindemann eingebrochen ist.« Darunter kommentiert eine Person: »Und selbst wenn Herr XYZ wirklich der Einbrecher ist, wenigstens hat er Lindemann nicht ausgeraubt!« Einige Unterstützer von Herrn XYZ fanden klare Worte: »Er bleibt erst mal mein Idol, bis hier irgendwas bewiesen ist«; »Meine Güte, JEDER weiß, wie das in der Immobilienszene abläuft. Was hat Lindemann denn erwartet? Besuch mit Teetrinken? Karten spielen? Jeder, der sich so eine Wohnung in Berlin kauft, weiß ganz genau, worauf er sich einlässt. Ihr Leute müsst einfach mal aufhören, so naiv zu sein.« Zu guter Letzt machte noch jemand eine Anspielung auf den sexualisierten Übergriff des Hausmeisters in Italien: »War denn der Einbrecher länger als 10 Sekunden in der Wohnung?« Und als man dachte, das sei alles nicht mehr zu toppen, schrieben noch zwei Kommentierende: »Wenn man bei einem Einbruch Nein sagt, will man doch eigentlich tief im Inneren verführt und leidenschaftlich ausgeraubt werden!« und »Der Fall ist doch klar: Lindemann will sich an Herrn XYZ rächen, weil dieser nicht mit ihm befreundet sein will!«

Kommt dir diese Geschichte absurd vor? Ist sie auch. Ist sie echt? Nein. Wobei … ein bisschen schon. Tatsächlich wurde im August 2023, nachdem die Vorwürfe sexualisierter Gewalt gegen Lindemann schon bekannt waren, in seiner Berliner Wohnung eingebrochen. Als die Medien darüber berichteten, postete die satirische Instagram-Seite *@strammememes2.0* die Schlagzeile aus der Medienberichterstattung (»Einbruch bei Rammstein-Sänger Till Lindemann«)[133] und schrieb dazu: »Also ich glaube erst mal nichts, bis ich Videoaufnahmen gesehen habe.«[134] Damit nahm *@strammememes2.0* Bezug auf die zahlreichen

Personen, die in bester Victim-Blaming-Manier Lindemann verteidigt und die betroffenen Frauen, die sich zu Lindemanns sexuellen Übergriffen geäußert hatten, beschämten und beschuldigten. Ein gefundenes Fressen für zahlreiche Follower:innen von *@strammememes2.0*, die den Faden sofort aufgriffen. In den über 2800 witzigen Kommentaren wird Victim Blaming vorgeführt.

Himpathy und Victim Blaming sind zwei Seiten derselben Medaille. Es ist nicht möglich, einen Täter zu entschuldigen oder zu entlasten, mit ihm mitzufühlen oder sich mit ihm zu solidarisieren – ohne gleichzeitig das Opfer abzuwerten und ihm eine (Mit-)Verantwortung zu geben. Kate Manne schreibt: »Wir machen den Mann effektiv zum Opfer seiner eigenen Verbrechen. Und wer ist schuld an der Situation des Mannes? Na, die Frau.«[135] Wir haben als Gesellschaft im Normalfall eine sehr klare Haltung gegenüber Opfern und gegenüber Tatpersonen, wenn tragische Taten wie Attentate, Raubüberfälle (oder auch Einbrüche) verübt werden. Das Mitgefühl gehört den Opfern, das Unverständnis und die Wut den Tatpersonen. Bei sexualisierter Gewalt hingegen fehlt uns diese klare Haltung – insbesondere, wenn sich Täter und Opfer kennen. Ein großer Teil der Bevölkerung geht bei sexualisierter Gewalt nach wie vor von stereotypen und unzutreffenden Annahmen aus, die alle eines gemeinsam haben: Sie machen die von der Gewalttat betroffene Person zumindest mitverantwortlich für die erlittene Gewalt. Sowenig ich mich darüber lustig machen möchte, dass bei Till Lindemann eingebrochen wurde (denn ja, Einbrüche sind ärgerlich), so hilfreich finde ich den Vergleich. Denn mit dem Vergleich wird offensichtlich, wie anders die Gesellschaft auf sexualisierte Gewalt reagiert. Der Vergleich konfrontiert uns mit problematischen Haltungen gegenüber sexualisierter Gewalt, zu den Opfern und Tätern, die wir womöglich auch in unseren Köpfen haben, aber noch nie hinterfragt haben. Alle, aber wirklich alle Aussagen zum Einbruch, die ich vorhin aufgelistet habe, haben einen Bezug zu echten Aussagen und Texten, die im Zusammenhang mit Lindemann gesagt und geschrieben wurden – aber eben in Bezug auf die Vorwürfe zu sexualisierter Gewalt. Und auch in allen anderen Fällen sexualisierter

Gewalt, die publik werden, begegnen wir den ewig gleichen Annahmen und Vorurteilen. Victim Blaming ist nicht zufällig, sondern hat System.

Victim Blaming

Eine Frau sagt, sie wurde vergewaltigt. *Bist du dir sicher? Hast du dich gewehrt? Hast du klar genug Nein gesagt? Hast du Beweise? Gibt es Zeugen? Hast du getrunken? Drogen genommen? Hast du mit ihm geflirtet?* Der Mann sagt, es sei alles einvernehmlich gewesen. *Okay. Wir glauben dir!*

Ist diese Darstellung übertrieben? Vielleicht. Eine wahre Geschichte ist aber diese: Eine Frau wurde vergewaltigt und erstattete Anzeige. Bei der Vernehmung wurde sie von der Polizeibeamtin gefragt, ob sie die Telefonnummer des Beschuldigten habe. Sie verneinte. Daraufhin fragte die Polizeibeamtin, wieso sie zu einem Mann nach Hause gegangen sei, dessen Telefonnummer sie nicht mal kenne. Natürlich kann man das fragen. Man muss sich dann einfach nicht wundern, wenn Betroffene sagen, dass sie bei der polizeilichen Vernehmung das Gefühl hatten, mitschuldig gemacht worden zu sein.

Anderes Szenario: Stell dir vor, eine befreundete Person meldet sich bei dir und erzählt dir, dass ihr Haus letzte Nacht niedergebrannt sei. Ich bin mir ziemlich sicher, dass deine reflexartige Reaktion wäre, dass du schockiert bist, es dir sehr leidtut für sie und du ihr sofort nach deinen Möglichkeiten Hilfe anbietest. Ich würde sagen, das ist das, was man eine mitfühlende, menschliche und normale Reaktion nennt. Du wirst der Person instinktiv glauben, obwohl du sicher auch schon von Brandstiftung und Versicherungsbetrug gehört hast.

Bei sexualisierter Gewalt passiert meist das Gegenteil: Schon fast reflexartig wird davon ausgegangen, dass das Opfer einen Anteil an der Sache hat, womöglich etwas missverstanden hat oder vielleicht nicht (ganz) die Wahrheit sagt. Erst recht, wenn die beschuldigte Person jemand ist, den man kennt. Ich las dazu mal einen einprägsamen Satz auf Instagram von @survivorsofcolor: »It's always ›fuck woman beaters, rapists, and abusers‹, until it's one of your friends«, übersetzt etwa so: »Es heißt so lange ›Fick dich, du Frauenschläger, Vergewaltiger und Missbrauchstäter‹, bis er einer deiner Freunde ist.«[136]

Nun wendest du vielleicht ein, der Vergleich sei schlecht. Schließlich sieht man einem Haus sofort an, ob es abgebrannt ist oder nicht, bei sexualisierter Gewalt sei das ganz anders. Aber mir geht es (im Moment) nicht darum, welche Tat sich wie gut beweisen lässt. Denn wenn ich mit einer befreundeten Person telefoniere, dann werde ich sie nicht auffordern, mir ein Beweisfoto vom abgebrannten Haus zu schicken, bevor ich bereit bin, ihr zu glauben. Mehr noch: Es käme mir nicht mal in den Sinn, ihr nicht zu glauben.

Victim Blaming beschreibt die Schuldumkehr, bei der die Schuld der Tatperson auf das Opfer übertragen wird. Geprägt wurde der Begriff in den 1970er-Jahren durch den US-amerikanischen Psychologen William Ryan, der in seinem Buch *Blaming the victim* kritisierte, wie in den USA Schwarzen Menschen die Schuld am Rassismus und an ihrer Armut gegeben werde. Diese Zuschreibung der Schuld an ein Opfer gibt es also nicht nur bei sexualisierter Gewalt. Es ist Victim Blaming, jemandem nach einem Autodiebstahl vorzuwerfen, sein Auto in einer bestimmten Gegend abgestellt zu haben, ebenso ist es Victim Blaming, einer dicken Person, der ein Theater keinen passenden Sitz zur Verfügung stellen kann, vorzuwerfen, sie sei halt zu dick.

Egal, wie sich eine Person vor einem sexualisierten Übergriff verhält, sie kann es nicht richtig machen: Sie war zu aufreizend gekleidet, hat zu schnell vertraut, sie war naiv, zu verletzlich, dumm, hat schlechte Entscheidungen getroffen, zu viele Risiken in Kauf genommen, zu viel getrunken, stieg allein ins Taxi, hat geflirtet oder ihr Getränk unbeobachtet stehen gelassen. *You name it.* Erinnern wir uns da kurz an eine Aussage der ehemaligen Polizeibeamtin und Nationalrätin der Schweizer rechtskonservativen Partei SVP, Andrea Geissbühler, 2016: »Naive Frauen, die fremde Männer nach dem Ausgang mit nach Hause nehmen und dann ein bisschen mitmachen, aber plötzlich dennoch nicht wollen, tragen ja auch ein wenig eine Mitschuld.«[137] Geissbühlers Aussage wurde heftig kritisiert und trat schließlich den Hashtag #SchweizerAufschrei los – angelehnt an die deutsche Bewegung zum Hashtag #Aufschrei drei Jahre zuvor, unter dem Frauen ihre Erfahrungen mit sexualisierter Gewalt teilten, was zu breiten Diskussionen über sexualisierte Gewalt im deutschsprachigen Raum führte.

Auch während der Tat verhält sich die betroffene Person in den Augen vieler Menschen falsch: Sie sendet widersprüchliche Signale, sie kommuniziert ihre Bedürfnisse nicht klar genug oder sagt nicht deutlich genug Nein, sie wehrt sich nicht oder nicht genug, sie verlässt den Raum nicht und schreit nicht mal um Hilfe. Und egal, was sie nach der Tat macht – es ist mit großer Wahrscheinlichkeit falsch: Wenn sie den Täter nicht anzeigt, dann ist es ihre Schuld, wenn der Täter weitere Personen belästigt. Wenn sie ihn anzeigt, dann ist sie wohl rachsüchtig, will sein Leben zerstören oder ihn finanziell ausnehmen. Wenn sie nach der Tat psychisch zusammenbricht, war sie wohl vorher schon psychisch labil, da kann man ihren Erzählungen erst recht nicht trauen. Wenn sie sich nach der Tat aber nichts anmerken lässt, war es wohl nicht so schlimm. Wenn sie niemandem von der Tat erzählt, ist wahrscheinlich auch nichts Schlimmes passiert. Wenn sie allen von der Tat erzählt, will sie bloß Aufmerksamkeit. Die französische Autorin Virginie Despentes lässt ihre Protagonistin Zoé, die ihrem ehemaligen Vorgesetzten sexuelle Belästigung vorwirft, in ihrem Roman *Liebes Arschloch* in ihrem Blog schreiben: »Egal, was ich mache, ich stricke an dem Tuch, das mich erstickt. Wenn ich rede, werde ich dafür gehasst. Wenn ich nicht rede, ersticke ich. Und indem ich das heute hier schreibe, binde ich mich noch enger an ihn. Dabei will ich ihn vergessen.«[138]

Ich habe in den letzten zehn Jahren Hunderte Betroffene sexualisierter Gewalt beraten und begleitet. So unterschiedlich sie und ihre Geschichten waren, eines hatten sie gemeinsam: Fast alle von ihnen erfuhren Victim Blaming, von Familienmitgliedern, Freund:innen, Kolleg:innen oder auch von den Strafverfolgungsbehörden oder anderen Fachpersonen: »Wieso bist du nicht einfach gegangen? Du wirkst gar nicht *so*«; »Du bist doch schlagfertig, wieso hast du denn da nichts gesagt?«; »Vielleicht hast du was missverstanden und es war von ihm gar nicht so gewollt«; »Du kommst so stark rüber, ich kann mir nicht vorstellen, dass man dir so was antun kann«; »Zu Sex gehören immer zwei und du sagst selbst, du warst betrunken«; »Wieso haben Sie sich nicht gewehrt?«; »Haben Sie klar genug Nein gesagt?«; »Du hast dir doch noch nie was gefallen lassen, und da schon?!«; »Das kann ich mir bei dem nicht vorstellen«; »Das war *eine* schlechte Erfahrung, ihr hattet sicher auch oft guten Sex«; »Es liegt auch an dir, dass Männer denken, dass man so was mit dir machen kann«; »Du übertreibst«. Das sind nur einige der Aussagen, von denen Betroffene mir erzählten, dass sie sie aushalten mussten. Victim Blaming geht manchmal auch von Fachpersonen aus, die eigentlich unterstützen sollten: Die 16-jährige Marie klagt in der Kolumne »Herz und Seele« der *Bravo Girl!*-Ausgabe 4/2016 darüber, dass ihr Freund nicht zärtlich mit ihr sei, sondern grob. Und er habe es immer so eilig. Die Antwort von Dr. Sommer: »Aber warum schläfst du dann mit ihm, wenn es dir nicht gefällt?«[139]

Etliche Betroffene erfahren auch Victim Blaming im Rahmen des Strafverfahrens. Die Schweizer Autorinnen Miriam Suter und Natalia Widla erzählen in ihrem Buch *Hast du Nein gesagt?*, wie eine betroffene Frau von der Polizeibeamtin gefragt wurde: »Sie sehen sehr schüchtern aus. Hat der Mann verstanden, dass Sie keinen Sex wollten?«[140] Anna Tanner, Sozialarbeiterin im Frauenhaus Bern, erzählte mir von einer Vernehmung bei der Staatsanwaltschaft, zu der sie eine Frau begleitete, die in der Hochzeitsnacht von ihrem Mann vergewaltigt worden war. Der Staatsanwalt habe die Frau gefragt: »Sie wissen aber schon, was man in der Hochzeitsnacht macht?«

Ein prominentes Beispiel, wie abschätzig auch Richter:innen Betroffene sexualisierter Gewalt zuweilen für das ihnen geschehene Unrecht verantwortlich machen, sah man im Prozess gegen den österreichischen Medienmanager Wolfgang Fellner 2021. Vor dem Wiener Arbeits- und Sozialgericht führte Fellner einen Prozess gegen seine ehemalige Mitarbeiterin Raphaela Scharf, die ihm vorwarf, sie mehrfach sexuell belästigt und bedrängt zu haben (worauf sie dann entlassen wurde). Mit dem Prozess wollte Fellner erwirken, dass die Moderatorin die Vorwürfe gegen ihn fallen ließ. Während Scharf unter Tränen die sexualisierten Übergriffe schilderte, unterbrach sie die Richterin Andrea Myrhofer und fragte, weshalb sie nicht gekündigt habe, man wisse doch, wie es im Unternehmen zugehe (das allein schon war eine sehr problematische Frage). Als Scharf erklärte, dass die Arbeit ihr beruflicher Traum gewesen sei und sie auch ohne ihren Chef hätte weitermoderieren können, erwiderte die Richterin: »Ich glaube, Sie träumen von warmen Eislutschern.«[141] Nein, Raphaela Scharf träumte nicht von warmen Eislutschern, sondern vom blanken Minimum: einem belästigungsfreien Arbeitsplatz, an dem ihr mit Respekt begegnet wird und an dem sie ihre Arbeit wie vereinbart ausführen kann. Die Klage auf Unterlassung wurde im Übrigen abgewiesen, 2022 ging Scharf gegen die Kündigung vor und bekam im Frühling 2023 recht, das Verfahren endete schließlich mit einem Vergleich. 2021 machten zwei weitere Mitarbeiterinnen, Katia Wagner und Angela Alexa, Vorwürfe wegen sexueller Belästigung gegen Fellner öffentlich – Fellner wurde mittlerweile zweimal strafrechtlich wegen übler Nachrede verurteilt, weil er die Schilderungen von Scharf und Wagner als Lüge bezeichnet hatte.[142] 2023 meldete eine weitere ehemalige Mitarbeiterin, Nora Kahn, der Gleichbehandlungskommission, dass sie von Fellner begrapscht und geküsst worden sei.[143] Der Ausgang dieses Verfahrens ist mir unbekannt. Stand Dezember 2023 ist Wolfgang Fellner immer noch erfolgreicher Herausgeber von *Österreich* und Moderator auf *oe24TV*.[144]

Ein anderer Fall von Victim Blaming durch Richter:innen spielte sich in der Schweiz ab. Ein Mann steht wegen Vergewaltigung vor Gericht. Er hatte sein späteres Opfer – es gab über ein Dutzend Opfer, in diesem Fall hier geht es um eine damals 18-jährige Frau – auf der Straße angesprochen und Geld versprochen. Er lockte die junge Frau mit diesem Versprechen in ein Hotelzimmer und vergewaltigte sie dort die ganze Nacht lang. Sie zeigte ihn einige Monate später an. Er wird wegen Freiheitsberaubung und mehrfacher Vergewaltigung verurteilt,

Journalist:innen schreiben, seine Taten würden zu den schwersten Sexualdelikten der Schweizer Justizgeschichte gehören. Vor Gericht wird die Frau gefragt, was sie um Mitternacht als junge Frau auf der Straße getrieben habe. Später wird im schriftlich begründeten Urteil stehen, sie sei »sehr dumm, fast selbstverschuldet« in die Fänge des Täters geraten.[145] Es ist schier unfassbar, wie es sich anfühlen muss, wenn man eingesperrt und vergewaltigt wird und dann von Richter:innen eine Mitschuld zugeschoben bekommt.

Victim Blaming trifft alle Menschen, die sexualisierte Gewalt erfahren, manche trifft es aber stärker als andere. Es ist wissenschaftlich erwiesen, dass rassifizierte Menschen in einem stärkeren Maße mitschuldig an den an ihnen verübten Übergriffen gemacht werden, es ist auch davon auszugehen, dass rassifizierte Menschen sich auch in stärkerem Maße mitschuldig fühlen. Die US-amerikanische Bürgerrechtsaktivistin und Initiatorin von #MeToo Tarana Burke schreibt in ihrem autobiografischen Buch *Unbound* dazu (frei übersetzt): »Ich glaube, dass unser Erbe, unter der unterdrückerischen Macht der *weißen* Vorherrschaft zu leben, uns dazu erzogen hat, Schuld auf uns zu nehmen, die nicht uns gehört. Wir wurden so sozialisiert, dass wir überzeugt sind, etwas falsch gemacht und diesen Schaden in irgendeiner Weise mitverursacht zu haben.«[146]

Die britische Autorin und Psychologin Jessica Taylor veröffentlichte 2020 ihr Buch *Why Women Are Blamed for Everything,* in dem sie Victim Blaming gegen Frauen, die sexualisierte Gewalt erfahren haben, untersucht. Als »eine der deprimierendsten Erkenntnisse« ihrer Forschung beschreibt sie Folgendes: Wenn eine Person eine sexualisierte Gewalttat anzeigt und sie dick, trans, non-binär, Schwarz oder behindert ist oder ihr Aussehen in irgendeiner anderen Weise von der *weißen,* cis-heterosexuellen Norm abweicht, ist es wahrscheinlicher, dass ein Strafverfahren bei sexualisierter Gewalt eingestellt oder der Täter freigesprochen wird. Wenn Richter:innen oder Fachpersonen für Studien gefragt wurden, warum das so sei, erklärten sie, dass sie davon ausgingen, dass Männer Personen, die in unserer Gesellschaft als »unattraktiv« oder weniger begehrenswert gelten oder sonst wie nicht der Norm entsprechen, nicht vergewaltigen würden und dass sie deshalb davon ausgingen, dass die Person lüge.

Wenn jedoch ein Mann eine normschöne *weiße* cis Frau vergewaltigt, ist es trotzdem unwahrscheinlich, dass er dafür verurteilt wird. Gefragt nach den Gründen, antworteten Richter:innen und Fachpersonen, dass sie bei normschönen Frauen davon ausgingen, dass die Frau den Mann mit ihrer Schönheit verführt habe, was ihn entlaste, und dass die Frau den Sex eigentlich wollte.

Die Moral dieser Erkenntnis? Egal, was er getan hat, die Gesellschaft wird immer einen Grund finden, Menschen, die sexualisierte Gewalt erfahren haben, die Schuld zuzuschieben und den gewalttätigen Mann zu entschuldigen.

Vergewaltigungsmythen

Victim Blaming ist ein inhärenter Teil der Rape Culture. Um Menschen dazu zu bringen, Betroffenen von sexualisierter Gewalt eine Mitverantwortung oder gar die ganze Verantwortung zuzuschreiben, braucht es Narrative, die diese Täter-Opfer-Umkehr rechtfertigen. Die US-amerikanische Sozialpsychologin Martha R. Burt prägte bereits 1980 für diese Narrative den Begriff *rape myths,* zu Deutsch Vergewaltigungsmythen.[147] Diese Vergewaltigungsmythen sind weitverbreitete, historisch verankerte Erzählungen und Überzeugungen über die Ursachen, den Kontext, die Folgen, die Täter und die Opfer sexualisierter Gewalt. Mythen sind das Gegenteil von Fakten. Während Fakten auf einer empirischen Grundlage basieren, haben Mythen keine empirische Evidenz, sind vorurteilsbehaftet und häufig erwiesenermaßen falsch. Vergewaltigungsmythen verweben die stereotypen Ideen von Weiblichkeit und Männlichkeit mit misogynen, aber auch rassistischen, ableistischen und klassistischen Haltungen und problematischen Annahmen über Sexualität, Lust und Begehren. Wir müssen diese weitverbreiteten Narrative dekonstruieren, wenn wir verstehen wollen, wieso wir in unserer Gesellschaft einen so problematischen und auch sehr widersprüchlichen Umgang mit sexualisierter Gewalt haben. Nur so können wir verstehen, wieso betroffene Menschen reflexartig abgewertet und beschuldigt werden, während die Täter meist entlastet werden.

Im Unterschied zu früher kommt Victim Blaming seltener ideologisch und misogyn daher (»Sie hat es verdient und ist selbst schuld«), sondern vielmehr als logische Konsequenz (»Sie muss sich bewusst sein, welche Signale sie mit dieser Kleidung oder diesem Verhalten aussendet«), Sorge (»Ich hoffe, sie lernt aus ihren Fehlern und trinkt nicht wieder so viel«) oder Ratschlag (»Du solltest nicht im Dunkeln joggen gehen!«). Diese subtileren Vorwürfe sind genauso Victim Blaming, werden von vielen Menschen aber nicht als solches erkannt. Und sie stützen sich immer noch auf die genau gleichen falschen Annahmen wie früher. Diese falschen Annahmen betreffen sowohl die Opfer (viele Mythen beziehen sich explizit auf Frauen) als auch die Täter und die Umstände, den Ablauf und die Folgen der Tat.

Im Folgenden zähle ich die Mythen zunächst auf. Nach dieser Aufzählung dekonstruiere ich sie.

Opferbezogene Mythen

- **Mythos »Provozieren«**: Die Person hat die sexualisierte Gewalt provoziert: durch ihr Verhalten (geflirtet, getrunken, nett gewesen), ihr Aussehen (zu viel nackte Haut, »zu feminines« Aussehen als schwule Person oder als trans Frau), durch ihren Charakter (naiv, promiskuitiv, dümmlich), ihre falschen Entscheidungen (zu schnell vertraut, ins Taxi gestiegen, Drogen konsumiert) oder durch die Situation, in die sie sich begab (alleine unterwegs, Ausübung von Sexarbeit, beim ersten Date den Mann zu sich einladen).
- **Mythos »Opferverantwortung«**: Menschen können aktiv dazu beitragen, das Risiko, sexualisierte Gewalt zu erfahren, zu senken. Sei es durch »richtiges« Verhalten oder mithilfe von Selbstverteidigungstrainings oder Produkten (auf die letzten beiden Punkte gehe

ich noch eingehend im Kapitel »Wie wir Frauen das Fürchten lehren« ein).

- **Mythos »Vergewaltigungsfantasien«**: Frauen träumen insgeheim alle davon, überwältigt und vergewaltigt zu werden. Frauen finden es sexuell erregend, zu Sex gezwungen zu werden. Irgendwie muss man Frauen immer ein bisschen zwingen zu Sex.
- **Mythos »Nein heißt eigentlich Ja«**: Die Frau hat zwar Nein gesagt, meinte damit aber eigentlich Ja oder »Gib dir mehr Mühe«. Der Mann weiß besser, was die Frau *eigentlich* sagen wollte, als die Frau selbst.
- **Mythos »Gegenwehr«**: Personen, die einen sexualisierten Übergriff erfahren, können sich im Normalfall dagegen zur Wehr setzen.
- **Mythos »Falschaussagen«**: Frauen erfinden sexualisierte Gewalttaten als Notlüge, weil sie den Sex im Nachhinein bereuen oder um sich an einem Mann zu rächen (oft auch erst Jahre nach der »angeblichen« Tat).

Die Wahrheit ist:
All diese Mythen sind falsch. Sexualisierte Gewalt entsteht nicht durch Provokation, sondern weil der Täter sich, gestützt auf sexistische und misogyne (und womöglich rassistische, klassistische, ableistische oder dickenfeindliche) Annahmen, dazu berechtigt fühlt, die Grenzen seines Gegenübers zu ignorieren und zu übergehen und seine Bedürfnisse mit Gewalt einzufordern. Verantwortlich für die Gewalt ist immer die gewaltausübende Person. Der Unterschied zwischen dem Täter und dem Opfer sexualisierter Gewalt? Der Täter trifft Entscheidungen. Das Opfer hingegen entscheidet zu keinem Zeitpunkt, dass es sich nun belästigen oder vergewaltigen lässt. Menschen haben keine hellseherischen Fähigkeiten, auch ein Opfer sexualisierter Gewalt nicht. Das heißt, die Betroffene hat ihre Entscheidungen vor der Tat nicht in dem Wissen getroffen, dass Gewalt das Ergebnis dieser Entscheidungen sein würde.

In der Causa Rammstein las man viele Kommentare, die diese Mythen über die Opfer in den Mittelpunkt rückten: »Was haben die

Frauen denn erwartet von so einer Party?«; »Die Frauen wussten, worauf sie sich einlassen«; »Jeder weibliche Fan träumt von Sex mit Lindemann« oder »Jemand, der sich so kleidet [wie Kayla Shyx], will angemacht werden«.

Lass uns diese Aussagen gemeinsam dekonstruieren.

»Was haben die Frauen denn erwartet von so einer Party?« – Sie haben wahrscheinlich erwartet, dass sie eine tolle Zeit haben würden und nach dem Konzert vielleicht sogar die Möglichkeit bekommen könnten, ihr großes Idol persönlich kennenzulernen. Womöglich haben sie damit gerechnet, dass sie am nächsten Tag mit einem Kater aufwachen könnten, falls sie (zu viel) Alkohol konsumieren. Ganz bestimmt nicht haben sie erwartet, dass sie in Bedrängnis gebracht und missbraucht würden. Zwei Reporter des NDR besuchten eine junge Frau, die dem Rammstein-Mitglied Christian »Flake« Lorenz vorwirft, sie, als sie stark alkoholisiert war, vergewaltigt zu haben. Sie fragten sie, warum sie als 17-Jährige mit zwei deutlich älteren Männern mitgefahren sei. Sie antwortete, sie sei damals »absolut verknallt gewesen« in Till Lindemann. Außerdem habe sie sich sicher gefühlt, weil sie doch mit zwei Weltstars unterwegs gewesen sei.[148] Nicht nur kann man ihr das nicht verübeln, es ist tatsächlich auch nachvollziehbar, dass sie davon ausgegangen ist, dass zwei berühmte Männer in dieser Position keine Gewalt ausüben. Häufig kam im Zusammenhang mit Rammstein der Vorwurf, die Frauen seien naiv gewesen (womit man implizierte, dass sie eine Mitverantwortung trügen). Gut möglich, dass manche naiv waren. Na und? Wir waren alle mal jung und naiv, zumindest ich war es – und manchmal bin ich auch heute noch naiv. Wahrscheinlich wird man mit mehr Lebenserfahrung in gewissen Situationen vorsichtiger. Trotzdem: Wir haben alle das Recht, Fehler zu machen und naiv zu sein. Aber niemand hat das Recht, jemandem Gewalt anzutun. Die *SPIEGEL*-Journalistin Anja Rützel weist zudem darauf hin, dass die Frage »Was erwartest du auch, wenn du auf eine solche Party gehst« vor allem zeige, was der Fragende selbst von Männern erwartet: »Nichts. Keine Hemmungen, keine Empathie, keine basic Regeln des menschlichen Miteinanders.«[149]

»Die Frauen wussten, worauf sie sich einlassen« – kein Mensch würde auf ein Konzert oder eine Party gehen, wenn er wüsste, dass er dort sexuell missbraucht wird. Und überhaupt, welche Vorannahme steckt hinter dieser Haltung? Dass es halt normal ist, dass Männer Gewalt ausüben oder die Machtasymmetrie ausnutzen und Sex mit Fans haben?

»Jeder weibliche Fan träumt davon, Sex mit Lindemann zu haben« – das bezweifle ich stark. Denn, Surprise, Surprise, man kann auch Fan eines Musikers und seiner Musik sein, ohne die Person sexuell zu begehren. Zudem bezweifle ich, dass minderjährige und junge Frauen davon träumen, mit einem 60-jährigen Mann Sex zu haben. Aber angenommen, ich täusche mich, und Fans träumen tatsächlich davon, Sex mit Lindemann zu haben: Sex und sexualisierte Gewalt sind nun mal nicht dasselbe. Das eine ist ein einvernehmlicher Akt, der Freude bereitet, das andere eine Verletzung der sexuellen Selbstbestimmung und eine Menschenrechtsverletzung. Also nein, Fans träumen nicht davon, von Lindemann sexuell belästigt oder vergewaltigt zu werden.

»Jemand, der sich so kleidet wie Kayla Shyx, will angemacht werden« – die meisten Menschen wählen ihren Kleidungsstil so, wie er ihnen gefällt. Einige genießen es auch, Aufmerksamkeit auf sich zu ziehen, anderen zu gefallen, von anderen als (sexuell) attraktiv eingestuft zu werden. Wie schon im Zusammenhang mit Kleidervorschriften an den Schulen ausgeführt: Die Kleidung ist nie das Problem. Das Problem sind die Menschen, die Frauen sexualisieren und Kleidung als Ursache dafür sehen, dass einer Person Gewalt angetan wird.

Kein Mensch *will* vergewaltigt werden. Kein Mensch, nie. Das Narrativ, dass Frauen gerne vergewaltigt werden würden, hat eine lange Tradition. Sigmund Freud behauptete schon 1901, dass Frauen sich deshalb nicht gegen eine Vergewaltigung wehrten, weil es sie insgeheim erregte.[150] Diese Annahme fand denn auch in der Rechtsprechung Platz, die folglich annahm, dass Gewalt bei Frauen so erotisierend wirke, dass sie schließlich in den Geschlechtsverkehr einwilligen würden.[151] Noch heute wird von Vergewaltigungsfantasien gesprochen, als wäre eine Vergewaltigung eine sexuelle Fantasie und nicht eine massive Verletzung der sexuellen Integrität eines Menschen. Sexualisierte Gewalt hat auch nichts mit der sexuellen Praktik des BDSM zu tun, bei der Menschen einvernehmlich (!) die Spielarten der Dominanz und Unterwerfung ausloten und einander womöglich auch einvernehmlich Schmerz zum Lustgewinn zufügen.

Das Nein war schon immer ein Nein. Das Narrativ, dass Frauen Nein sagen, aber eigentlich Ja meinen, ist nach wie vor sehr wirkmächtig und wird auch ständig reproduziert: Einerseits sehen wir es ständig in Filmen und Serien. Oder hast du schon mal eine Szene gesehen, in der eine Frau einen Annäherungsversuch ablehnt und der Mann daraufhin sagt: »Kein Problem. Ciao«, und dann geht? Ich kann mich an keine erinnern. Auf die Narrative in Filmen werde ich im Kapitel »Popkultur: Happy End für den Täter« detailliert eingehen. Andererseits wird das Narrativ, Frauen würden ihr Nein ja gar nicht meinen, auch in Beziehungsratgebern und von Pick-up-Artists verbreitet. Bleiben wir kurz bei den Beziehungsratgebern.

Hast du auch schon mal gehört, Männer seien vom Mars, Frauen von der Venus? Der US-amerikanische Therapeut John Gray schrieb 1992 den millionenfach verkauften Bestseller und Beziehungsratgeber *Men are from Mars, Women are from Venus*, der ein Jahr später auf Deutsch unter dem Titel *Männer sind anders, Frauen auch* erschien. Zwei weitere Werke, die in die gleiche Kerbe schlagen, sind einerseits der humoristische Ratgeber *Frau-Deutsch/Deutsch-Frau. Schnelle Hilfe für den ratlosen Mann* von Mario Barth (dem selbsternannten »besten Paartherapeuten der Galaxie«) aus dem Jahr 2004 und die Fortsetzung *Frau-Deutsch/Deutsch-Frau 2* aus dem Jahr 2010 und andererseits das äußerst erfolgreiche Theaterstück *Caveman*. All diese Bestseller basieren auf der Prämisse, dass Männer und Frauen einander nicht verstehen, weil sie »nicht dieselbe Sprache sprechen«, und dass Männer besser wissen, was Frauen wollen (als die Frauen selbst). Es ist kein Zufall, dass all diese Werke von Männern geschrieben wurden.

Offenbar vermochte diese platte Sicht auf Geschlechter Generationen von Paaren zu überzeugen. In den 1990er-Jahren wurden viele

Beziehungsratgeber geschrieben, die Männer und Frauen als von Natur aus grundsätzlich unterschiedlich beschrieben. Deshalb sei ihre Kommunikation untereinander von Missverständnissen geprägt. Ein Glaubenssatz, der sich seither in Millionen von Köpfen festgeschrieben hat, lautet: Frauen reden gerne, Männer handeln lieber. Was ebenfalls allen Sachbüchern und Ratgebern dieser Zeit gemein ist: Sie plädieren für gegenseitiges Verständnis. Man solle nicht so tun, als gäbe es diese Unterschiede zwischen den Geschlechtern nicht, sondern diesen Unterschieden wertfrei und tolerant begegnen und sie akzeptieren (so im Sinne von: Dein Mann nimmt dich nicht ernst und wertet deine Gefühle ab, die du ihm gerade kommuniziert hast? Nimm es ihm nicht übel, er ist halt ein Mann …). Diese Stereotype sind nicht nur falsch, sie sind sexistisch, misogyn und sie dienen nicht zuletzt auch der Rechtfertigung sexualisierter Übergriffe: Der Mann hat nicht verstanden, dass die Frau eigentlich gar nicht wollte. Die (falsche) Annahme, dass Missverständnisse in der Kommunikation von Frauen und Männern naturgegeben und weit verbreitet wären, stützt die Rape Culture und ist der Nährboden von Mythen wie »Die Frau sagt Nein, meint aber Ja« oder von Victim Blaming wie »Wenn die Frau klarer kommuniziert hätte, wäre es nicht zu ~~der Vergewaltigung~~ diesem Missverständnis gekommen.« Diese Mythen sind nicht etwa ausgestorben, sondern werden weiterhin reproduziert. Im Jugend-Magazin *Mädchen*[152] stand 2017 zum Beispiel zum Wort Nein: »Jungs verstehen das Wörtchen erst dann, wenn man es ihnen oft genug gesagt hat […] Deshalb: Hab Geduld mit ihnen!« Im Januar 2024 warben vier Schweizer Thermalbäder mit folgendem Slogan um männliche Badegäste: »Beim Wellnessen wird nicht geredet. Ein Bäderbesuch im Aargau gefällt auch Männern.«[153] Das Bad setzt damit immer noch auf die patriarchale Prämisse, gemäß der Männlichkeit in Abgrenzung zu Weiblichkeit verstanden wird (Mann sein heißt vor allem *keine* Frau sein), und mehr noch auf das Stereotyp, dass Männer nicht gerne reden würden, während Frauen Quasseltanten seien.

Diese Annahmen sind nicht nur abwertend Frauen gegenüber (Frauen können nicht klar kommunizieren), sondern ebenso Männern gegenüber (Männer sind zu blöd, um zwischenmenschliche Kommunikation zu verstehen).

Das Narrativ, dass ein Nein der Frau eigentlich ein Ja ist, ist gar so alltäglich, dass es auch von einem Politiker bedient werden kann, ohne dass das Konsequenzen hätte: Roger Köppel, damals noch SVP-Nationalrat und Chefredaktor der rechtskonservativen Schweizer Zeitschrift *Weltwoche,* schrieb am 8. Juni 2022 auf X: »Jede große Liebe beginnt mit einem Nein der Frau.«[154] Nein, tut sie nicht. Viele sexualisierte Übergriffe dagegen beginnen sehr wohl mit einem Nein.

Die typische Reaktion auf einen sexualisierten Übergriff ist nicht körperliche Gegenwehr. Menschen reagieren unterschiedlich, wenn ihre sexuelle Integrität verletzt wird. Es gibt Menschen, die in eine sogenannte Schockstarre (oft auch *Freeze* genannt) verfallen. Gemäß einer schwedischen Studie[155] aus dem Jahr 2017 sind das 70 Prozent der Vergewaltigungsopfer. Fast die Hälfte der Betroffenen, die sich im Rahmen der Untersuchung äußerten, berichtete gar, dass sie diese Schockstarre als extrem empfanden. Schockstarre heißt: Der Körper macht einen Shutdown, er schaltet in einen Überlebensmodus. Schreien, Strampeln oder Schlagen sind dann nicht mehr möglich. Die Biologie übernimmt zur Überlebenssicherung. Auch im Gehirn. Wut und Widerstand werden ausgeschaltet, was viele Opfer entsprechend als lähmend empfinden. Diese Schockstarre ist eine Schutzmaßnahme des Körpers, um die Aggressivität beim Angreifer nicht weiter zu steigern. Betroffene, die mir diesen Zustand beschrieben haben, berichteten oft über Gefühle der völligen Hilflosigkeit. Manche beschrieben, dass sie sich und die Situation wie von oben herab beobachtet hätten oder dass sie sich an gewisse Momente gar nicht mehr erinnern könnten.

Um das zu verstehen, brauchen wir an dieser Stelle einen kurzen Einschub zum Thema Trauma und Gehirn. Sexualisierte Gewalttaten sind häufig traumatische Ereignisse, das heißt, sie treffen einen Menschen unvorbereitet, sind überwältigend und außerhalb dessen, was der Mensch sonst kennt. Die fehlende oder nur fragmentarische Erinnerung ist eine Folge des Traumas. Traumatische Erinnerungen werden im Hirn anders abgespeichert als normale Erinnerungen. Normale Erinnerungen werden von den zwei Hirnregionen Amygdala und Hippocampus gemeinsam verarbeitet: Die Amygdala verknüpft und speichert Reaktionen und Bilder mit den dazugehörigen Gefühlen, der Hippocampus speichert sie kontextualisiert ab, das heißt, er verortet sie chronologisch und geografisch. Beispiel: Ich erinnere mich an einen heftigen Streit mit einer Kollegin. Wenn ich an diesen Streit zurückdenke, dann habe ich zwar durchaus immer noch schlechte Gefühle, aber diese Gefühle sind nicht bedrohlich, weil ich klar weiß, dass sie in die Vergangenheit gehören. Während eines Traumas wird der Hippocampus durch die Stresshormone außer Gefecht gesetzt. Das kann man sich am einfachsten so vorstellen, dass das Hirn während des traumatischen Vorfalls in einen Flugmodus schaltet. Informationen kommen zwar rein, aber werden nicht verarbeitet, das heißt, sie werden nicht chronologisch und geografisch verortet. Dies führt dazu, dass gewisse Erinnerungen später entweder gar nicht oder nur fragmentarisch abrufbar sind. Und es führt dazu, dass Sinneseindrücke (Gerüche, Farben, Geräusche …), die das Hirn während des traumatischen Ereignisses abgespeichert hat, ebenfalls unkontextualisiert sind. Das kann dann zu den sogenannten Flashbacks führen. Flashback (»Erinnerungsblitz«) nennt man ein unkontrollierbares, plötzliches Wiedererleben des traumatischen Ereignisses, meist ausgelöst durch einen Trigger, also einen bestimmten Sinneseindruck. Das kann zum Beispiel ein Geruch sein, der an die Tat erinnert. Da das Hirn die Erinnerung »falsch« abgespeichert hat, wähnen sich die Betroffenen wieder im Moment des Ereignisses, was sich für sie sehr bedrohlich anfühlen kann. Ein Flashback kann zu Herzrasen, Angst und Panik führen – also zu all den Gefühlen, die sie während der Tat erleben mussten.

Zurück zur Schockstarre: Diese verringert die Intensität der Angst und des Schmerzes und erlaubt es dem Menschen, ein traumatisches Ereignis wie eine Vergewaltigung körperlich wie auch psychisch zu überleben. Diese Erkenntnis ist alles andere als neu und wird auch regelmäßig wissenschaftlich untermauert. Gerade erst 2023 haben die britischen Neurowissenschaftler:innen Patrick Haggard und Ebani Dhawan in einer Publikation[156] dargelegt, wie das menschliche Nervensystem in einer Bedrohungslage diejenigen Teile des Gehirns abschaltet, die normalerweise dafür zuständig sind, einen Angreifer abzuwehren. Diesen Mechanismus des Nervensystems kann ein Mensch nicht kontrollieren und damit auch nicht abwenden. Haggard und Dhawan betonen in ihrer Publikation nachdrücklich, dass es deshalb unangemessen und falsch sei, einem Opfer sexualisierter Gewalt vorzuwerfen, sich nicht gewehrt zu haben.

Es gibt auch Betroffene, die kein Freeze im physiologischen Sinne erfahren. Aber sie berichten, dass sie sich nicht wehren konnten oder wollten: aus Angst, aus Überforderung, aus Überrumpelung oder wegen eines bestehenden Machtgefälles. Manche Betroffene wehren sich bewusst nicht oder versuchen gar, dem Täter zu schmeicheln oder ihn zu beschwichtigen (das wird häufig *fawning* genannt, auf Deutsch »jemandem schmeicheln«), in der Hoffnung, dadurch Schlimmeres abzuwenden. Dazu gehört der Versuch, den Täter zu beruhigen, mit ihm zu verhandeln (zum Beispiel ihn zu bitten, ein Kondom zu benutzen) oder zu versuchen, ihn für sich zu gewinnen. Gedanken wie »Wird er aggressiver, wenn ich mich zur Wehr setze?«, »Bringt er mich um?« oder »Ich will keine Geschlechtskrankheit oder Schwangerschaft riskieren« sind sehr nachvollziehbar. Fawning ist zwar eine Art, handlungsfähig zu bleiben, hat aber mit Konsens absolut nichts zu tun, denn in einer Situation, in der ein Mensch Angst hat, ist Konsens nicht möglich.

All diese Reaktionen führen dazu, dass das Opfer zwar in keiner Art und Weise einwilligt, aber seinen entgegengesetzten Willen nicht kommunizieren kann. Genau deshalb würde einzig der Grundsatz »Nur Ja heißt Ja« im Strafrecht allen Opfern gerecht, denn es läge im Gegensatz zur »Nein-heißt-Nein«-Lösung nicht in der Verantwortung des Opfers, zu agieren (Nein zu sagen), sondern an allen Beteiligten, sich um den Konsens zu bemühen. Dazu muss man sich vor Augen halten, dass die meisten sexualisierten Übergriffe (man geht von knapp 80 Prozent aus) nicht von einem fremden Täter verübt werden, sondern von Tätern, die das Opfer schon vor der Tat kannte – sei es ein Freund, ein Kollege, ein Date, der Partner oder weitere bekannte Personen. Dadurch geschehen die meisten Übergriffe aus zunächst harmlosen Momenten heraus. Der Täter nutzt dabei das Vertrauensverhältnis, die Überraschung und die Überrumpelung des Opfers aus.

Es ist im Übrigen sehr typisch, sich zu überschätzen, wenn es um die eigene Reaktion auf sexualisierte Übergriffe geht. Ich kann mich gut daran erinnern, was ich schon als Jugendliche lernte: Wenn ein Mann deine Grenzen überschreitet, dann stößt du ihm dein Knie zwischen die Beine und schon bist du sicher. Das schaffe ich, dachte ich. Weit gefehlt, weiß ich heute, viele Jahre später. Und so wie mir geht es den meisten Menschen, erst recht den weiblich sozialisierten. Wir stoßen kein Knie zwischen die Beine, verteilen keine Ohrfeigen, schreien und konfrontieren nicht. Wir wehren uns nicht, zumindest meistens. Einer der Hauptgründe, wieso viele Betroffene sich nicht gegen sexuell belästigendes Verhalten wehren, hat damit zu tun, dass sexualisierte Übergriffe viel eher Angst als Wut auslösen. Dabei wäre Wut enorm hilfreich in solchen Situationen, da sie hilft, sich gegen Ungerechtigkeit zu wehren. Abgesehen davon, wäre Wut ein sehr adäquates Gefühl gegenüber sexuell übergriffigen Menschen. Aus meiner Beratungserfahrung weiß ich aber: Das vorherrschende Gefühl ist nicht Wut, sondern Angst. Je mehr Angst, Hilflosigkeit und Ohnmacht ein Mensch in einer Situation empfindet, desto weniger setzt er sich zur Wehr. Nun denkt ihr vielleicht: Ja klar, aber sexuelle Belästigung rechtfertigt doch keine Gefühle der Angst. Doch, das tut es durchaus. Wir dürfen die Wirkung angeblich leichterer sexualisierter Übergriffe nicht unterschätzen, obwohl uns die Rape Culture genau das glauben machen will. Wir dürfen Betroffenen, sei es von sexualisierten oder anderweitig diskriminierenden Übergriffen, ihre Gefühle weder absprechen noch kleinreden. Vielmehr sollten wir uns mit der Möglichkeit auseinandersetzen, dass wir in der gleichen Situation womöglich auch Angst statt Wut empfinden würden. Und dass das ganz normal wäre. Natürlich ist es hilfreich, wenn Menschen lernen, wie sie sich in einer belästigenden Situation verhalten können. Vielleicht schaffen sie es in der nächsten Situation, das erlernte Verhalten abzurufen. Es ist aber auch gut möglich, dass sie das nicht schaffen. Weil Angst lähmt. Und weil belästigende Situationen auch immer das Potenzial haben zu eskalieren.

Noch wichtiger, als zu wissen, wie man sich adäquat gegen eine belästigende Person wehren könnte, finde ich deshalb, dass man weiß, dass es auch okay ist, den Belästiger zu ignorieren und der Situation möglichst schnell entkommen zu wollen. Belästigte Menschen sind nicht verpflichtet, auf eine bestimmte und durchdachte Art zu reagieren. Viel wichtiger als die Frage nach der Reaktion von Betroffenen ist, dass Außenstehende reagieren und den Belästiger mit seinem Verhalten konfrontieren. Viele Betroffene schämen sich für die fehlende Gegenwehr, weil sie überzeugt sind, dass alle anderen sich gewehrt hätten. Wären wir nicht so überzeugt von unseren mustergültigen Reaktionen auf sexualisierte Übergriffe, würden wir all diejenigen, die sich nicht wehren (können), nicht derart verurteilen, beschuldigen und damit die Rape Culture reproduzieren.

Erinnerst du dich an den Fall von Terry Crews, den ich im ersten Kapitel erwähnte? Crews, ein großer, sehr muskulöser Mann, wurde Opfer eines sexualisierten Übergriffs und wurde anschließend von vielen cis Männern beschämt, weil er sich nicht gewehrt habe, unter anderem vom Comedian Darryl Lynn Hughley. Crews antwortete auf Hughleys Vorwürfe auf X und schrieb, er habe den Täter weggeschubst und zurückgehalten. Hughley antwortete: »Das ist etwas anderes, als ihn zu verprügeln«, worauf Crews antwortete: »Also Sir … Wenn Sie wirklich der Meinung sind, dass dies der richtige Weg ist, um mit toxischem Verhalten umzugehen … Sollte ich Sie nun verprügeln?«[157] Was Crews mit seiner Antwort aufzeigen will: Es ist entgegen landläufiger Annahme keine übliche Reaktion, mit körperlicher Gewalt auf einen sexualisierten Übergriff zu reagieren. Erst recht gilt das, wenn der Übergriff ohne körperliche Gewalt begangen wird, was auf eine Mehrheit der Fälle zutrifft.

Selbstverständlich gibt es auch Menschen, die sich gegen sexualisierte Übergriffe erfolgreich wehren können. So zum Beispiel die

24-jährige Milicia Zivkovic aus Montenegro. Ein Mann machte ihr in einem Café unwillkommene Avancen und belästigte sie. Dann folgte er ihr auf die Straße, griff ihr ins Gesicht, versuchte, sie zu küssen, und berührte dabei ihr Gesäß. Daraufhin verteidigte Zivkovic sich mit Faustschlägen, wie sie dies im Kickboxen gelernt hatte. Erst als ein Passant auf die beiden zukam, floh der Täter. Zivkovic zeigte den Mann an. Sie betrat das Gericht als Opfer und verließ es als Täterin: Sie erhielt eine Geldbuße wegen »übermäßiger Notwehr« und der Störung der öffentlichen Ordnung und wurde zusätzlich dazu verdonnert, die Kosten des Gerichtsdolmetschers zu übernehmen, den der Täter aufgrund fehlender Sprachkenntnisse nötig hatte. Dieses Urteil hat zu Recht sehr große Proteste ausgelöst, und Zivkovic entschied sich, den Fall an die nächste Instanz zu übergeben. Oh, fast hätte ich es vergessen zu erwähnen: Das Ganze ereignete sich nicht etwa im letzten Jahrhundert, sondern 2023 in Kolašin, im Norden von Montenegro. Während ich dieses Buch schreibe, ist offen, ob das Urteil gegen sie in der nächsten Instanz bestätigt wird.

Die Wahrscheinlichkeit, dass die Frau die Wahrheit erzählt, ist sehr groß. »Was, wenn sie lügt?« ist eine der mächtigsten Waffen der Rape Culture. Dieses Narrativ ist nicht nur irrational, sondern erwiesenermaßen falsch und zutiefst frauenverachtend. »Alle lügen, aber Frauen sind Lügnerinnen«,[158] schreibt Kate Manne und bringt damit zum Ausdruck, dass es bei diesem Mythos explizit um ein misogynes Narrativ geht. Frauen wird nicht geglaubt, und zwar nicht, weil ihre Aussagen nicht glaubwürdig wären, sondern weil sie Frauen sind. Männer, die sexualisierte Gewalterfahrungen offenlegen, erfahren zwar auch Victim Blaming, aber es wird ihnen nicht oder nicht im gleichen Maß unterstellt, Lügner zu sein. Hinter diesem Mythos, dass die Frau über sexualisierte Gewalt lügt, verbergen sich unterschiedliche misogyne Annahmen: Frauen seien irrational, rachsüchtig, hysterisch, sie würden übertreiben und man sollte ihnen misstrauen. Ja, es gibt kriminelle Menschen, auch kriminelle Frauen, die unschuldige Personen einer Gewalttat bezichtigen. Eine Falschanschuldigung ist eine Straftat, die auch geahndet wird.

Es entbehrt aber jeglicher empirischen Grundlage, dass Frauen in Bezug auf sexualisierte Gewalt oft lügen würden.

Um diesem Mythos entgegenzuwirken, entstand die politische Forderung, den Frauen, die sexualisierte Gewalt offenlegen, zu glauben. Bekannt wurde die Forderung unter *Believe women* und den Hashtags #IBelieveHer und #BelieveWomen. Dabei steht die Unschuldsvermutung als juristisches Prinzip nicht zur Debatte. Sie ist ein sehr wichtiger Pfeiler unseres Rechtsstaates und »trägt unserem Empfinden Rechnung, dass – unterm Strich – eine Fehlverurteilung schlimmer ist als ein ungerechtfertigter Freispruch«, wie die britische Philosophin Amia Srinivasan in ihrem Buch *Das Recht auf Sex* schreibt.[159] Jeder Mensch muss ein Recht auf ein faires Strafverfahren ohne Vorverurteilung haben. Dabei ist es unabdingbar, dass Angeklagte, deren Schuld nicht einwandfrei bewiesen werden kann, freigesprochen werden. Mit *Believe women* wird kritisiert, dass die juristische Unschuldsvermutung als vermeintlich moralisches Prinzip einer Gesellschaft dazu benutzt wird, Frauen, die von sexualisierten Übergriffen erzählen, ihre Glaubwürdigkeit abzusprechen. Srinivasan schreibt, die Forderung *Believe women* fungiere als Korrektiv, als Zeichen der Unterstützung für jene Menschen, die das Gesetz viel zu häufig als Lügner:innen behandle: Frauen.

Hast du auf der Straße schon mal jemanden nach der Uhrzeit gefragt? Und der Person einfach geglaubt, dass die genannte Uhrzeit stimmt? Obwohl es sein könnte, dass die Person dich gerade angelogen hat? Denk mal darüber nach. Wie einfach wäre es für eine fremde Person, uns in diesem Moment anzulügen. Und trotzdem gehen wir in aller Regel davon aus, dass wir nicht angelogen werden. Aber wenn eine weiblich gelesene Person offenlegt, dass sie sexualisierte Gewalt erfahren hat, stellen wir ihre Glaubwürdigkeit reflexartig infrage. Die Wahrscheinlichkeit, als unschuldiger Mann falsch beschuldigt zu werden, ist verschwindend gering (mehr zum Thema Falschanschuldigung im Kapitel »Recht ≠ Gerechtigkeit: Gesetze und Strafverfahren bei Sexualdelikten«). Das wiederum heißt: Die Wahrscheinlichkeit, dass eine Person, die sexualisierte Gewalt offenlegt, die Wahrheit sagt, ist sehr hoch. In einer aktuellen US-Studie[160] wurden in einer Reihe von Experimenten Teilnehmenden bestimmte Details über Vergewaltigungsfälle vorgelegt: die Hautfarbe des Opfers und des Täters, das Geschlecht der beiden, die sexuelle Vorgeschichte des Opfers, der sozioökonomische Status des Täters, die Beziehung zwischen Opfer und Täter, die Kleidung des Opfers und der Ort, an dem die Tat verübt wurde. Die Teilnehmenden wurden aufgefordert zu beurteilen, welche Fälle der Polizei gemeldet werden sollten, wie streng die Täter bestraft werden sollten und wieso. Obwohl all diese Details, rechtlich gesehen, keine Relevanz haben und deshalb keinen Einfluss haben dürften für die Bewertung, taten sie es doch. Am signifikantesten war, dass die Studienteilnehmenden angaben, sie würden eher nicht zur Polizei gehen und den Täter eher milde bestrafen, wenn die Tat auf einer Party passiert ist. Dasselbe galt, wenn Opfer und Täter sich vor der Tat schon kannten. Die Autor:innen der Studie schreiben in ihrem Fazit, dass die Ergebnisse belegen, dass die Betonung bestimmter rechtlich irrelevanter Merkmale einer Vergewaltigung einen starken Einfluss darauf habe, ob die Öffentlichkeit einen Vorfall als schwerwiegend oder strafwürdig ansehe. Das wiederum hat einen großen Einfluss darauf, ob dem Opfer geglaubt wird oder nicht.

Wem bei sexualisierter Gewalt geglaubt wird und wem nicht, hat nicht nur mit dem Geschlecht der Personen zu tun. Sogenannte Glaubwürdigkeitsdefizite (also wem weniger geglaubt wird) wie auch Glaubwürdigkeitsüberschüsse (wem eher geglaubt wird) erfüllen häufig die Funktion, die gegenwärtige gesellschaftliche Stellung der herrschenden Gruppe zu stärken. Daraus ergibt sich eine Glaubwürdigkeitshierarchie *(hierarchy of credibility)*[161]. Dieser Begriff beschreibt, dass diejenigen, die in einer Gesellschaft (oder Organisation) am meisten Macht besitzen, für glaubwürdiger gehalten werden als diejenigen am unteren Ende der Macht. So werde *weißen* Männern eher geglaubt als *weißen* Frauen. Aber *weißen* Frauen würde eher geglaubt als Schwarzen Frauen. Studien belegen, dass sozioökonomisch schwächer gestellten Frauen weniger geglaubt wird, weil sie entweder als promiskuitiv und allzeit willig angesehen werden oder als zu dumm, um klar kommunizieren zu können. Frauen of Color wird nicht geglaubt, weil sie als vermeintlich hypersexuelle Frauen den Sex sicherlich wollten, behinderten Frauen wird die Glaubwürdigkeit abgesprochen, weil vermeintlich kein Mann eine behinderte Frau vergewaltigen würde, und dicke Frauen gelten als *too fat to be raped*, als zu unattraktiv und asexuell.

Kate Manne schreibt, es gehe also schließlich nicht bloß darum, wem wir glauben, sondern wem wir glauben *wollen.*[162] Und vergiss zwei Sachen nie: Die Person, die am meisten Gründe hat, über die Vergewaltigung zu lügen, ist die Person, die vergewaltigt hat. Und Betroffene sexualisierter Gewalt wollen nicht Aufmerksamkeit, sondern Gerechtigkeit.

Zur absurden Annahme, eine Frau erfinde einen sexualisierten Übergriff, weil sie geltungssüchtig sei, möchte ich folgende Frage aufwerfen: Kannst du mir die Namen der ungefähr ein Dutzend Frauen nennen, die Vorwürfe sexualisierter Gewalt gegen Till Lindemann erhoben? Oder die Namen von mindestens zehn Frauen, die dem Comedian Luke Mockridge sexualisierte Gewalt vorwarfen? Die Namen der dreißig Frauen, die Harvey Weinstein beschuldigten? Oder die Namen der drei Männer, die dem Schauspieler Kevin Spacey sexualisierte Übergriffe vorwarfen? Was ist mit der Frau, die gegen Dieter Wedel Vorwürfe erhob, oder mit den Frauen, die die Rapper Bushido und Gzuz beschuldigten? Die elf Opfer, die R. Kelly sexuell missbraucht hat? Oder erinnerst du dich an den Namen der Ex-Freundin von Jérôme Boateng, die ihn der häuslichen Gewalt bezichtigt hatte? Höchstwahrscheinlich kannst du nur wenige Namen aufzählen. Das liegt zum einen daran, dass viele Betroffene das Gegenteil von Aufmerksamkeit suchen und deshalb anonym bleiben möchten (wohlwissend, welche Stigmatisierung und Abwertung damit einhergehen, sich als Opfer sexualisierter Gewalt zu outen, erst recht als Opfer eines berühmten Mannes). Zum anderen kennen wir die Namen derer, denen es aber gerade wichtig wäre, dass man ihren Namen kennt, auch nicht. Denn die Betroffenen und ihre Perspektive nehmen in der Regel in der Medienberichterstattung einen viel kleineren Platz ein als die Täter und deren Perspektiven.

Durch das Öffentlichmachen einer sexualisierten Gewalttat hat vor allem eine Person viel zu verlieren – und das ist leider immer noch zu oft nicht der Täter. Keine Frau wurde je dafür bedingungslos gefeiert, dass sie die Kraft aufgebracht hat, einen Mann anzuzeigen. In einer Rape Culture werden Betroffene, die Vorwürfe aufbringen, nicht gefeiert, sondern dafür gedemütigt. Denn sie verstoßen gegen die heilige Regel der Rape Culture, indem sie den Mantel des Schweigens lüften und einem Mann seine Macht und Beliebtheit streitig machen. Dafür gibt es nicht Lob, sondern die Höchststrafe: gesellschaftliche Ächtung.

Das »legitime« Opfer

Wir haben in unserer Gesellschaft ziemlich fixe Bilder davon, wie ein Opfer zu sein hat, damit wir es als solches anerkennen: die *weiße* normschöne nicht behinderte Akademikertochter, die auf dem Heimweg von der Uni von einem Fremden überfallen und brutal vergewaltigt wird. Während und nach der Tat verhält sie sich idealtypisch: Sie versucht während des Übergriffes mit ganzer Kraft, sich zu wehren, ist aber leider kräftemäßig unterlegen. Sie erstattet unmittelbar danach Anzeige, rechtzeitig für die Spurensicherung der Polizei. Sie erzählt ihrem nahen Umfeld, was ihr angetan wurde, aber ansonsten hängt sie es nicht an die große Glocke. Sie macht es nicht zum Thema, wird nicht aktivistisch oder aufklärerisch. Es geht ihr psychisch schlecht, sie bricht zusammen. Aber sie berappelt sich wieder, spätestens nach zwei Wochen kann sie wieder am Unileben teilnehmen. Selbstverständlich begibt sie sich in eine Therapie, die sie nach einem Jahr erfolgreich beendet. Das Thema ist für sie dann auch erledigt. Vielleicht macht sie noch einen Selbstverteidigungskurs. Sie hat nicht das Bedürfnis, darüber zu reden, und gibt ihrem Umfeld auch das wohlige Gefühl, dass es nicht nötig ist, sie darauf anzusprechen. Aber wenn sie sie doch darauf ansprechen, ist das natürlich in Ordnung. Dann wird sie nett und klar antworten – wie man das von ihr erwartet.

Wenn eine Betroffene in irgendeiner Art von diesem idealtypischen Verhalten abweicht, verliert sie den Status als »legitimes Opfer« – als

Opfer, das wir gesellschaftlich als solches anerkennen. Die immerwährende Bewertung von Frauen führt dazu, dass von Frauen auch erwartet wird, das perfekte Opfer zu sein, also alle Erwartungen an ein Opfer zu erfüllen. Denn nur wenn eine Person unserem Ideal eines Opfers entspricht, sind wir bereit, sie zu unterstützen und ihr Gerechtigkeit zuzusprechen. Aber wie muss sich eine betroffene Person vor, während und nach der Tat verhalten, damit die Gesellschaft sie als perfektes Opfer anerkennt? Ich glaube: Das perfekte Opfer kann es gar nicht geben. Die deutsche Autorin Jacinta Nandi schreibt in ihrem Buch *50 Ways to Leave Your Ehemann* gar, das perfekte Opfer sei tot: Erst wenn das Opfer tot ist, unterliegt es nicht mehr der Bewertung und Verurteilung. Erst wenn das Opfer tot ist, hören wir auf, uns zu fragen, was sie wohl falsch gemacht haben könnte, dass sie Gewalt erfahren hat.

Die 33-jährige Londoner Marketingleiterin Sarah Everard wurde im März 2021 von dem Polizeibeamten Wayne Couzens entführt, vergewaltigt und ermordet. Der Fall löste weltweite Bestürzung und Anteilnahme und vor allem eine Debatte über die Sicherheit von Frauen im öffentlichen Raum aus.[163] Die britische Influencerin Lucy Mountain postete auf Instagram die WhatsApp-Nachricht »Text me when you get home xx«,[164] »Schreib mir, wenn du zu Hause bist«. Dazu schrieb sie über all die bewussten und unbewussten Verhaltensweisen, die sich Frauen angeeignet haben in der Hoffnung, damit ihr Risiko, Opfer sexualisierter Gewalt zu werden, zu minimieren. Mountain prangert an, dass viele Männer nicht verstehen würden, wie alltäglich die Angst vor Gewalt für Frauen ist. Den Post beendet sie mit dem Satz »A woman should have been allowed to walk home«, also: »Eine Frau sollte allein nach Hause laufen können«. Der Beitrag wurde bis heute über 2,5 Millionen Mal gelikt. Der Hashtag #TextMeWhenYouGetHome löste in vielen Teilen der Welt eine Debatte über die Verletzlichkeit und das mangelnde Sicherheitsgefühl von Frauen im öffentlichen Raum aus. Ein Bild ging um die Welt: Es zeigte den Gedenkort für Sarah Everard, an dem zahlreiche Blumen und Nachrichten in Gedenken an sie niedergelegt wurden. Auf einem großen Schild stand »She was just walking home«. Sie war bloß auf dem Heimweg. Und wenn sie alkoholisiert mitten in der Nacht am Straßenrand auf das Taxi gewartet hätte, nachdem sie den letzten Freier bedient hat – wäre sie dann auch »bloß auf dem Heimweg« gewesen? Hätte sie genauso bedingungslos Empathie und Bestürzung ausgelöst? Wir können es nur hoffen.

Wie muss es denn sein, das perfekte Opfer? Mit dieser Frage beschäftigte sich der norwegische Kriminologe Nils Christie schon in den 1980er-Jahren. Er prägte damals den Begriff *ideal victim*, das »legitime Opfer«[165]. Er definierte fünf Merkmale, die ein Opfer in der (westlichen) Gesellschaft erfüllen muss, damit ihm Zuwendung und Empathie zuteilwerden: Erstens, das Opfer ist schwach, kann sich also nicht wirklich zur Wehr setzen. Zweitens, das Opfer geht zum Tatzeitpunkt einer respektablen Beschäftigung nach. Drittens, das Opfer hält sich zum Tatzeitpunkt an einem ehrwürdigen Ort auf. Viertens, das Opfer kennt die Tatperson nicht, und fünftens, die Tatperson ist groß, stark und verfolgt böse Absichten. Diese Bedingungen sind kaum alle zu erfüllen. Weshalb mir gerade von all den Frauen, die ich persönlich begleitet habe oder von denen wir in den Medien erfahren haben, nur eine einzige Frau in den Sinn kommt, die all diese Bedingungen erfüllte und die tatsächlich in der öffentlichen Meinung nur Mitgefühl erhielt: Sarah Everard. Vielleicht hat Nandi recht … Das perfekte Opfer ist tot.

Täterbezogene Mythen

Auch wenn wir über die Täter sexualisierter Gewalt reden, haben die meisten von uns sehr bestimmte Bilder von ihnen (wie von den Taten selbst) im Kopf:

- **Mythos »rohe Gewalt«**: Vergewaltigungen finden immer unter erheblicher Gewaltanwendung statt.
- **Mythos »Kontrollverlust«**: Männer vergewaltigen, weil sie sich nicht unter Kontrolle haben. Wenn ein Mann stark erregt ist, merkt er womöglich gar nicht, dass sein Gegenüber keinen Sex will. Wenn einem

Mann eine Frau sehr gefällt, will er ihr ein Kompliment machen und merkt gar nicht, dass es sexuell belästigend ist. Es steckt also meist keine Absicht hinter der vermeintlichen Tat.

- **Mythos »Monster«**: Vergewaltiger sind fremde gewalttätige Psychopathen und Monster. Sie haben nichts mit normalen Männern gemeinsam.
- **Mythos »zerstörte Leben«**: Der Vorwurf, ein Mann habe sexualisierte Gewalt ausgeübt, zerstört sein Leben.
- **Mythos »die anderen«**: Sexuell übergriffige Männer sind Männer aus bestimmten Kulturkreisen oder mit bestimmter sozialer Herkunft und Position.

Die Wahrheit:
Viele Täter wenden nicht viel körperliche Gewalt an, sondern nutzen das bestehende Vertrauensverhältnis und die Überrumpelung des Opfers aus. Wie vorhin ausgeführt, können sich viele Betroffene nicht gegen die Tat wehren, weshalb für den Täter auch keine Notwendigkeit besteht, zu (erheblicher) körperlicher Gewalt zu greifen.

Männer, die sexuell übergriffig sind, verlieren nicht die Kontrolle. Sie üben sie aus. Die Annahme, dass Männer ihre unbändigen (und angeblich natürlichen) sexuellen Triebe nicht unter Kontrolle hätten, geht auf die Österreicher Konrad Lorenz und Sigmund Freud zurück.[166] Lorenz gilt als Mitbegründer der Verhaltensforschung, Freud ist der Begründer der Psychoanalyse. Beide vertraten die These, dass sich der Mann aufgrund seiner Triebe entladen müsse, damit sich bei ihm kein sexueller Überdruck aufbaue. Dazu passend, hieß Vergewaltigung im deutschen Strafrecht bis weit ins 20. Jahrhundert hinein »Notzucht«. Das Wort erinnert eher an die Verrichtung einer Notdurft und klingt damit im Gegensatz zu »richtigen« Verbrechen entschuldbar, sagt Kulturwissenschaftlerin Mithu S. Sanyal zu diesem sogenannten Dampfkesselmodell.[167] Und um zu erklären, wieso der sonst so rationale Mann so triebgesteuert sei, kam die Erklärung gerade recht, dass die Frau ihn provoziert haben müsse. Heute weiß man, dass sexualisierte Gewalttaten keine unkontrollierbaren Triebtaten sind, sondern Gewalttaten. Gewalttaten, die ausgeübt werden, um einen Menschen abzuwerten, zu demütigen, zu kontrollieren und dadurch (auch sexuelle) Befriedigung zu erlangen.[168]

Dieser Mythos, dass der Täter die Kontrolle verliere, wird häufig auch von der Medienberichterstattung befeuert. Titel wie »Vergewaltigt, weil sie nachts aufs Klo gehen« oder »Frau sexuell belästigt, weil Mann sie ›schön‹ findet« kommen in Boulevardblättern ständig vor. Ich habe eine ganze Screenshot-Sammlung. Die Titel suggerieren nicht nur, dass die Frau eine Mitschuld trägt (wäre sie doch nicht aufs Klo gegangen, hätte sie sich nicht so zurechtgemacht), sondern auch, dass der Mann aus dem Affekt heraus gehandelt hat. Dies verschleiert die wahren Ursachen für sexualisierte Gewalt: Sexismus, Misogynie und eine Gesellschaft, die die Taten normalisiert und verharmlost. Mehr über problematische Medienberichterstattung liest du im Kapitel »Die Macht der Sprache«.

Die meisten Täter wissen, was sie tun. Bestimmt kennst du die gängigste Ausrede, die eine Rape Culture für einen übergriffigen Mann bereithält: Er habe gar nicht gemerkt, dass der Frau seine sexualisierten Sprüche nicht gefallen, dass sie seine taxierenden Blicke nicht mochte, dass sie nicht von ihm berührt werden wollte oder dass ihr Nein tatsächlich ein Nein war. Wir trauen also in unserer Gesellschaft Männern zu, dass sie multinationale Unternehmen leiten und wichtige politische Ämter ausüben können, aber wir trauen ihnen nicht zu, dass sie einschätzen können, ob es sich um Sex oder Gewalt handelt? Das heißt doch dann im Umkehrschluss, dass Männer nicht wissen, welches Verhalten in Ordnung ist und welches dagegen grenzüberschreitend. Aber müssten Männer dann nicht wahllos gegenüber Menschen sexuell grenzüberschreitend sein, zum Beispiel gegenüber ihren Müttern oder gegenüber ihren Vorgesetzten? Das sind sie aber in den allermeisten Fällen nicht. Denn sie wollen weder ihre Mütter noch ihre Vorgesetzten sexualisiert bedrängen – sehr wohl aber die Kollegin oder die Ex-Partnerin. Sie belästigen kontrolliert, gezielt und ausgewählt diejenigen Frauen, die sie belästigen möchten, in denjenigen Momenten, in denen sie Lust haben, Macht auszuüben.

Interessant diesbezüglich ist eine Studie einer Gruppe um Leanne E. Atwater, einer Managementprofessorin an der Universität von Houston, die 2019 für viel Aufsehen gesorgt hat.[169] Die Studie untersuchte die Folgen von #MeToo in Wirtschaft und Gesellschaft und bestand aus zwei Umfragen, einer für Frauen und einer für Männer, in der die Teilnehmenden angeben mussten, welche der zahlreichen aufgelisteten Verhaltensweisen sie als sexuelle Belästigung am Arbeitsplatz einordneten und welche nicht. Die Studie zeigte auf, oh Wunder, dass Männer genauso gut wie Frauen wissen, welches Verhalten sexuell belästigend ist. Eigentlich dürfte dich das nicht überraschen. Denn wenn Männer nicht wüssten, was sexuell belästigend ist und was nicht, würden sie eben nicht nur ausgewählte Frauen belästigen.

Wenn ein Mann sagt, seit #MeToo wisse er gar nicht mehr, wie er sich Frauen gegenüber verhalten solle, es sei alles so kompliziert geworden, er habe gar keine Lust mehr, Frauen zu daten, dann denken wir meist nicht, dass er womöglich Angst vor der Zusammenarbeit mit Frauen hat, weil er Angst hat, sein belästigendes Verhalten könnte diesmal Konsequenzen haben. Nein. Wir haben Mitgefühl mit ihm, dass er »wegen dieser radikalen Feministinnen« und »wegen #MeToo« so verunsichert ist.

Müssen Männer, die sich korrekt verhalten und keine (sexuellen) Grenzen überschreiten, verunsichert sein, seit mehr über sexualisierte Gewalt geredet wird, mehr Fälle bekannt werden und mehr Betroffene entscheiden, ihr Schweigen zu brechen? Nein. Wieso auch?

Der Männerforscher Markus Theunert wurde von *Tages-Anzeiger*-Journalist Edgar Schuler gefragt, was er denn Männern antworte, die sich nicht mehr trauten, mit einer Frau allein im Raum zu sein. Theunert antwortet, er halte diese Männer für »eine Kunstfigur zwecks Schüren von Verunsicherungen«.[170] Worauf Schuler sagt, er sei selbst so ein Mann, weil er sich »unter keinen Umständen einem Verdacht aussetzen« wolle. Damit bedient Schuler den Mythos der lügenden Frau und versucht, mit seiner Verunsicherung Verständnis zu erhaschen. Und das Schlimme ist: In einer Rape Culture werden sich ganz viele Männer im

Namen der Himpathy mit ihm solidarisieren, statt ihm geradeheraus zu sagen: Edgar, wenn du Angst hast, eines sexualisierten Übergriffs bezichtigt zu werden, dann musst du dich mit deinem Verhalten gegenüber Frauen auseinandersetzen.

Gewisse Männer haben also seit #MeToo Angst, dass Frauen ihnen ihr sexuell belästigendes Verhalten nicht mehr durchgehen lassen. Gut so. Würde sich nur die Berichterstattung dazu nicht von den Haltungen der Rape Culture leiten lassen. Doch das tut sie immer wieder. Und so werden Aussagen wie diejenige des deutschen Schauspielers Miroslav Nemec unkritisch entgegengenommen. Nemec wurde gefragt, was #MeToo denn seiner Meinung nach verändert habe: »Es ist eine gewisse Verunsicherung eingetreten. Sicherlich ist zum Schutz Betroffener Vorteilhaftes passiert, aber die Verunsicherung ist inzwischen so groß, dass man jetzt bei jeder Kleinigkeit anfängt, sofort einen Hashtag dahinter zu vermuten. Alles steht mittlerweile ein bisschen unter Beobachtung.«[171]

Es entsteht der Eindruck, dass Männer wie Nemec, Schuler oder auch Thomas Gottschalk sich mehr Sorgen darum machen, wie #MeToo sie in ihren bisherigen Freiheiten einschränkt, als dass sie sich darum sorgen, wie das riesige Ausmaß sexualisierter Gewalt die Freiheiten von betroffenen Personen einschränkt. Sie finden die Diskussionen über sexualisierte Gewalt aufgeblasen und haben das Gefühl, das Problem sei in Wahrheit nicht so groß, wie es von »den Feministinnen« behauptet werde. Ich jedenfalls habe häufig das Gefühl, solche Männer sind nicht verunsichert, sondern vor allem wütend: nicht etwa über das belästigende Verhalten ihrer Geschlechtsgenossen, sondern über die Frauen, die ständig über sexualisierte Gewalt reden müssen. Solche Männer empfinden Hinweise zu grenzverletzendem Verhalten auch als eine Frechheit. Als würden ihnen Frauen vorschreiben wollen, wie sie sich zu verhalten haben. Es sind Männer, die sich lieber weiterhin in ihren männlichen Monokulturen aufhalten, als sich kritisch mit ihrem eigenen und dem Verhalten anderer Männer auseinanderzusetzen.

Der Täter ist nicht der »andere«. Eine weitverbreitete und falsche Annahme im Bereich sexualisierter Gewalt ist, dass sexualisierte Gewalt vor allem vom fremden Mann ausgeübt würde. Bereits Kindern bringt man bei, dass sie nicht mit Fremden mitgehen sollen, und hofft, sie damit auch vor sexualisierter Gewalt schützen zu können. Dabei stammt der Täter nicht nur bei sexualisierten Gewalttaten, die gegen Kinder verübt werden, sondern auch bei Taten gegen erwachsene Personen zu einer großen Mehrheit aus dem sozialen Umfeld. In der EU-weiten Erhebung »Gewalt gegen Frauen«[172] aus dem Jahr 2014 sagten 77 Prozent der Frauen aus, sie hätten den Täter schon vor der Tat gekannt. Gemäß des Schweizer Crime Survey 2022 war in drei Viertel der Fälle die Tatperson dem Opfer zum Tatzeitpunkt bereits namentlich bekannt und in bloß 10,6 Prozent der Fälle war die Tatperson dem Opfer gänzlich unbekannt. Kurzum: Studien und Statistiken bestätigen, dass die Annahme, der Täter sei ein Fremder, in der Mehrheit der Fälle nicht zutrifft.[173] Der Mythos, Vergewaltiger seien die Fremden, die Psychopathen, »die anderen«, erfüllt die Funktion, all jene Männer zu entschuldigen, die nicht in diese Kategorien passen: die Freunde, die Verwandten, die Kollegen, die Idole, die Berühmten und die Reichen, die Deutschen, die Schweizer und die Österreicher. Dieser Mythos verschleiert die Tatsache, dass sexualisierte Gewalt meist in privaten Räumen und nicht draußen im Park stattfindet.

Die Konstruktion des *fremden Mannes* befeuert auch den Rassismus in der Gesellschaft. Gemäß rassistischer Ideologie sind immer »die anderen« schuld: »die Ausländer«, »die Migranten«, »die Schwarzen«, »die Araber«, »die Nordafrikaner«. Diesen Reflex nennt man *Othering*. Othering beschreibt die Distanzierung und Differenzierung zu anderen Gruppen, um sich und seine Gruppe als normal festzulegen. Othering dient dazu, die Diskriminierung der als »anders« festgelegten Gruppe zu rechtfertigen. Dieses Phänomen konnte man auch rund um die Berichterstattung der Kölner Silvesternacht 2015/16, in der es zu zahlreichen sexualisierten Übergriffen kam, beobachten. Die Debatte wurde zuweilen sehr rassistisch geführt, man war sich schnell einig: Die Täter seien »nordafrikanische Männer« gewesen, demnach hieß die Devise, man müsse die *weiße* Frau vor dem rassifizierten Fremden schützen.[174]

Interessant dabei war, dass den zahlreichen Männern, die sich plötzlich zu den Übergriffen äußerten, sehr wohl klar war, dass es sich hier um sexualisierte Gewalt handelte. Das Thema schien sie plötzlich auch zu interessieren, aber nur, weil sie es für ihre eigene rassistische Agenda instrumentalisieren konnten. Ich würde mir wünschen, dass dieselben Männer mit mindestens der gleichen Inbrunst auch sexualisierte Übergriffe, die seit jeher am Oktoberfest und an Karneval ausgeübt werden, anprangerten.

Täter sind meist keine Psychopathen. Dr. Nahlah Saimeh, forensische Psychiaterin, behandelt unter anderem Sexualstraftäter. Sie erklärt in einem Interview mit dem Magazin *GEO*, dass es vier unterschiedliche Motive gebe für sexualisierte Gewalt.[175] Gemäß diesen Motiven lassen sich die Männer einteilen in: jene Männer, für die der Reiz einer Vergewaltigung vor allem in der Macht- und Dominanzerfahrung liege und denen es darum gehe, der anderen Person im Sexuellen den eigenen Willen aufzuzwingen und zu herrschen. Jene Männer, die sexuelle Aggressivität dazu nutzen, um Frauen pauschal abzustrafen, dabei gehe es ihnen weniger um ein konkretes Opfer, sondern um Frauen allgemein. Jene Männer, die sexualisierte Gewalt zur bewussten Demütigung einsetzen, wenn sich die Partnerin ihrer Kontrolle entziehen will. Und dann gebe es auch die Sadisten, das sei aber die Minderheit. Das sind diejenigen Täter, bei denen das Quälen wesentlicher Bestandteil sexueller Befriedigung ist. Während es also durchaus Täter gibt, die psychopathisch veranlagt sind, trifft das auf die Mehrheit der Täter nicht zu. Die Mehrheit der Täter sind normale Männer, die durch die männliche Sozialisation gelernt haben, dass sie Anrecht auf Sex haben und dieses Recht notfalls mit Gewalt durchsetzen dürfen.

»Das Monster ist erlegt«, titelte *Der Freitag* am 20. Dezember 2023, als bekannt wurde, dass Gérard Depardieu den Orden der Ehrenlegion, der ihm 1996 verliehen wurde, abgeben würde.[176] Ist Depardieu ein Monster? Einen sexistischen, misogynen Mann, dem mehrere Frauen sexualisierte Übergriffe vorwerfen, als Monster zu bezeichnen, bedient das Narrativ, dass Täter keine normalen Männer sind. Sie sind anders, sie sind Monster. Sie gehören nicht zu uns und sind weit weg von der eigenen Lebensrealität. Aber das stimmt nicht. Die meisten Täter sind keine Monster. Auch Till Lindemann, den man in der Berichterstattung sehr häufig in seiner monsterhaften Bühnenschminke abbildete, ist eben nicht dieses furchterregende Monster. Vielmehr ist er für viele Menschen Till und für Millionen von Menschen das Idol Till Lindemann von Rammstein. Ein netter und beliebter Mann. Kein Monster. Und wenn man, wie Schauspieler Til Schweiger, meint, nur »Monster« seien sexuell übergriffig (O-Ton Schweiger: »Ich kenne den Till [Lindemann], das ist ein toller Mann, und ich glaube diese Geschichten nicht«[177]), bedient man nicht nur einen Vergewaltigungsmythos, man betreibt halt damit auch Täterschutz.

Auch die Opfer selbst beschreiben die Täter sehr selten als Monster. Viel typischer ist, dass sie ihn als gewöhnlichen, gar netten Mann beschreiben. Das liest man mitunter auch in Gerichtsunterlagen. In einem Vergewaltigungsurteil steht, das Opfer habe den Beschuldigten als eher lieb umschrieben, er habe während der Vergewaltigung ruhig und gelassen auf sie eingeredet.[178] Er habe ihr danach auch geholfen, den Reißverschlussschieber anzubringen, nachdem dieser sich gelöst hatte. In einem anderen Urteil, ebenfalls Tatbestand Vergewaltigung, sagte das Opfer aus, sie habe es zuvor gut gehabt mit ihm als Arbeitskollegen und sie hätte niemals so etwas von ihm gedacht.[179] Vielmehr habe sie den Eindruck gehabt, er sei ein Mensch, mit dem man es gut haben könne. Eine weitere Frau erzählte in einem Interview mit der *Berner Zeitung*, dass sie von ihrem Ex-Freund vergewaltigt worden war.[180] Sie habe ihn bislang nicht angezeigt, weil sie diese Tat noch immer nicht mit diesem Menschen, diesem einst Vertrauten, in Verbindung bringen könne.

Wie verunsichernd, gar irritierend diese falschen oder stereotypen Täterbilder auch für Betroffene selbst sind, habe ich oft gemerkt in der Begleitung von Betroffenen. Eine Betroffene erzählte mir: Nachdem »es passiert sei« (sie nannte es nicht Vergewaltigung), sei der Mann in die Küche gegangen und habe sie gefragt, ob er ihr was kochen solle. Später habe er sie nach Hause begleitet. Er hat sich also nach der Vergewaltigung ganz normal, gar zuvorkommend benommen. Für die Betroffene war das nachhaltig verunsichernd. Sie erzählte mir, wie sie immer das Bild hatte, dass »ein Vergewaltiger« böse, kalt, Furcht einflößend sei und definitiv nicht einer, der etwas kocht und eine Frau nach Hause begleitet. Eine andere Betroffene sagte, die Tat sei »leise und unspektakulär« vonstattengegangen, was sie sehr verunsichert habe: »War es wirklich eine Vergewaltigung?« Dieser Mythos, dass Männer, die sexualisierte Gewalt ausüben, Psychopathen seien, richtet also auch bei den Betroffenen selbst Schaden an, weil er ihre Unsicherheit, wie sie die Situation einschätzen sollen, weiter verstärkt und dazu beiträgt, dass sie den Täter nicht als solchen sehen (können). Und wo kein Täter, da keine Tat und kein Opfer, keine Anerkennung und keine Unterstützung.

Andererseits trägt dieser Mythos dazu bei, dass einem Beschuldigten die Tat nicht zugetraut wird. Ich erinnere mich an ein Gespräch mit einem Anwalt, der mir erzählte, wie schwierig es für ihn sei, wenn er sich den Täter als misogynes Arschloch vorstelle, und dann stehe plötzlich ein adretter netter Mann vor ihm.

»Der Täter ist ein netter Mensch«[181] – dieser Satz stammt vom niederländischen Psychotherapeuten Ruud Bullens, der damit ausdrückt, dass Täter auf den ersten Blick unauffällig und oft überangepasst sind. Bullens bezieht seine Aussage auf seine Arbeit mit Sexualstraftätern, die Kinder sexuell missbraucht haben. Christoph Gosteli, Täterberater beim Mannebüro Züri, sagt aber, dass er auch auf viele Männer zutreffe, die körperliche und/oder sexualisierte Gewalt ausüben: »Dass der Täter ein netter Mensch ist, widerspricht unserem Bild des stereotypen Gewalttäters. Der mit dem Bier in der Hand und im Feinripp-Unterhemd, dem man schon von Weitem ansieht, dass er ein sexistisches Arschloch ist. Das Ziel des Täters ist ja, das Opfer an sich zu binden. Um das zu erreichen, muss der Täter Kompetenzen haben, um überhaupt in eine Beziehung treten zu können mit seinem späteren Opfer. Abgesehen von Beziehungen, die voll im Zwangskontext stattfinden, lernt man sich ja irgendwie kennen, dafür ist ›nett sein‹ erforderlich. Gewalttätigen Männern gelingt es gegen außen, das Bild des netten Mannes zu halten, während sie in der (partnerschaftlichen, freundschaftlichen oder geschäftlichen) Beziehung ihr hässliches Gesicht zeigen. Man könnte also sagen, dass Täter nicht *trotz* der Gewalttätigkeit nett sind, sondern nett sein eine Bedingung, eine Prämisse ist, um überhaupt das Opfer an sich zu binden und später gewalttätig werden zu können.«

Erinnerst du dich an die eingangs erwähnte Aussage der SVP-Politikerin Geissbühler, die Betroffenen eine Mitschuld für die Taten gibt? Einige Tage später gab sie im *Tages-Anzeiger* ein Interview und präzisierte ihre Aussage – und offenbarte damit leider noch einmal, dass sie von der Realität sexualisierter Übergriffe ziemlich wenig weiß: »Da gibt es Leute, die glauben, ich gebe ihnen die Schuld an dem erlebten Missbrauch. Das ist nicht so. Ich sprach nicht vom typischen Fall, wo eine Frau ins Auto gezerrt und vergewaltigt wird.«[182] Nur ist das nicht der typische Fall.

Der Vorwurf sexualisierter Gewalt zerstört sein Leben meist nicht. Ein weiterer Mythos, der meines Erachtens noch viel zu wenig als solcher eingeordnet wird, obwohl auch er wirkungsmächtig die Rape Culture stützt, ist das Narrativ, dass der Vorwurf sexualisierter Gewalt Männerleben oder -karrieren zerstöre. So oft haben mir Betroffene in der Opferberatung gesagt, sie möchten den Täter nicht anzeigen, weil sie sein Leben nicht zerstören wollen. Zerstörte Männerleben? Kevin Spacey wird vom Filmmuseum Turin geehrt. Johnny Depp hat 2023 das Filmfestival Cannes eröffnet und eine elfminütige Standing Ovation erhalten, Donald Trump ist wieder als Präsidentschaftskandidat im Rennen, sowohl die Solotour von Till Lindemann als auch die Rammstein-Tour waren innerhalb weniger Stunden ausverkauft. Luke Mockridge feiert sein Comeback als Gast in diversen Podcasts, bei Barbara Schöneberger und mit einem neuen Comedy-Format auf ProSieben. Cristiano Ronaldo ist immer noch ein gefeierter Weltfußballer und wurde seit Bekanntwerden des Vergewaltigungsvorwurfs (2018) mehrfach ausgezeichnet. Die Liste könnte man endlos weiterführen. Statt uns Sorgen um die vermeintlich zerstörten Männerkarrieren zu machen, die diese Männer notabene selbst verschulden, sollten wir viel mehr darüber reden, wie sexualisierte Gewalterfahrungen das Leben von Millionen von betroffenen Menschen nachhaltig beeinträchtigen und manchmal auch zerstören können.

Funktion der Vergewaltigungsmythen

Der deutsche Sozialpsychologe Gerd Bohner schrieb schon 1998 über die Funktion von Vergewaltigungsmythen und erklärte, dass diese dazu dienen, die Taten innerhalb der bestehenden Geschlechterordnung erklärbar zu machen: Frauen sollen vorsichtig sein, um Männer, die sich wiederum nicht beherrschen können, nicht zu provozieren.[183] Die Funktion der Vergewaltigungsmythen besteht also in der Rechtfertigung, Verharmlosung und Normalisierung sexualisierter Gewalt von Männern gegenüber Frauen. Sie sind deshalb so wirkmächtig, weil sie die herrschenden Machtverhältnisse stabilisieren und zudem durch die Erklärungen Orientierung bieten. Nur sind diese Erklärungen vorurteilsbehaftet, stereotyp und häufig sogar erwiesenermaßen falsch.

Vergewaltigungsmythen dienen auf einer gesellschaftlichen Ebene dazu, das hierarchische Geschlechterverhältnis aufrechtzuerhalten, indem sie die durch Männer ausgeübte sexualisierte Gewalt verleugnen und rechtfertigen und stattdessen die Opfer beschuldigen. Die US-amerikanischen Psychologinnen und Forscherinnen Kimberly A. Lonsway und Louise F. Fitzgerald haben eingehend zur Akzeptanz von Vergewaltigungsmythen geforscht. Sie stellen fest, dass eine der wichtigsten Funktionen von Vergewaltigungsmythen für Männer die Rechtfertigung männlicher sexualisierter Gewalt sei und für Frauen die Verleugnung der eigenen Verletzlichkeit.[184]

So gut wie jeder Mann profitiert von der Rape Culture

Vergewaltigungsmythen halten die Rape Culture am Leben, die wiederum die Kultur der männlichen Überlegenheit sichert. So gut wie alle cis Männer profitieren von der Rape Culture. Klar, am offensichtlichsten diejenigen, die sexuell übergriffig sind, die ihre Bedürfnisse nach Kontrolle, Macht oder Befriedigung auf Kosten anderer Menschen stillen und dafür nicht zur Rechenschaft gezogen werden. Aber auch wenn du als cis Mann selbst nie sexuell übergriffig warst, profitierst du wahrscheinlich vom Patriarchat und von der Rape Culture. Denn dafür ist das Patriarchat da: Es ist ein System, das auf der Vorherrschaft von heterosexuellen cis Männern basiert. Durch sexualisierte Gewalt werden Frauen und non-binäre Personen, aber auch Männer, die nicht der hegemonialen Männlichkeitsvorstellung entsprechen, unterworfen und kontrolliert. Solange sich all diese Menschen vor sexualisierter Gewalt fürchten, werden sie ihr Verhalten so ändern, dass sie die Dominanz der Männer nicht gefährden, um sich selbst nicht (erneuter) Gefahr auszusetzen: Sie bleiben eher von Orten fern, die männlich dominiert sind, sei es am Arbeitsplatz, im öffentlichen oder im privaten Raum – was wiederum die Macht der Männer, die diese Räume dominieren, stabilisiert.

Männer profitieren auch davon, dass die Täter als »die anderen« geframt werden. Im Vergleich zum fremden Psychopathen, der aus Büschen springt und Frauen brutal vergewaltigt, sehen sie ihr eigenes Fehlverhalten als harmlos und normal an. Und kassieren gar für durchschnittliches Verhalten Lob: »Wenigstens schlägt er sie nicht!«, »Ist ja nicht so, dass er sie vergewaltigt hätte« sind gängige Rechtfertigungen für übergriffiges Verhalten. Schließlich profitieren Männer davon, dass sie von anderen Männern nicht zur Rechenschaft gezogen werden, Stichwort Himpathy – so hat keiner was zu befürchten. Und so lässt sich auch erklären, wieso die #MeToo-Bewegung so viel Widerstand bei vielen Männern auslöst: Plötzlich entsteht eine weltweite Bewegung, die sie in die Verantwortung nehmen will.

Das Festhalten an Mythen und damit das Leugnen sexualisierter Gewalt und die Entlastung von Tätern haben für Männer einen direkten Nutzen.

Die Illusion der Sicherheit

Es scheint womöglich auf den ersten Blick unlogisch, dass auch Frauen an Vergewaltigungsmythen festhalten. Dabei lässt sich dieses Phänomen sehr schlüssig erklären: Die US-amerikanische Autorin Jill Christman erzählt in einem Essay[185], wie sie mit Jugendlichen über sexualisierte Gewalt sprach und wie die Jugendlichen am liebsten gehört hätten, dass sie doch auch eine Mitschuld tragen, wenn sie sich so »freizügig« kleiden, Alkohol trinken oder flirten. Ich kenne solche Gespräche mit Jugendlichen auch aus meiner eigenen Zeit als Schulsozialarbeiterin. »Wenn man sich so kleidet, megafest flirtet, gerne Sex hat, dann ist man doch schon auch selbst schuld, wenn man eine Hand am Arsch hat?« – so oder so ähnlich klangen manche Fragen der Mädchen. Ich schaute die Mädchen an und sah etwas Irritierendes: Ich sah die Hoffnung, dass ich ihnen jetzt antworten würde: Ja, dann seien sie schon auch etwas selbst schuld. Damit würde ich bestätigen, was sie zu wissen denken: Sie können und müssen selbst dafür sorgen, dass sie nicht belästigt und bedrängt werden. Der Glaube daran, dass sexualisierte Gewalt provoziert wird, erlaubt es Menschen, den Gedanken und die Angst daran zu verdrängen, dass sie selbst Opfer werden könnten. Schließlich müssen sie sich nur korrekt genug verhalten: sich »richtig« kleiden, keinen oder nur wenig Alkohol trinken, nicht zu offensiv auf Männer zugehen, anständig und zurückhaltend sein. Mit dieser Überzeugung können vor allem weiblich sozialisierte Menschen sich selbst aus der Gruppe der potenziellen Opfer ausschließen, was ihren Alltag um ein Vielfaches angenehmer macht. Würden sie sich nicht selbst als potenzielle Opfer ausklammern, müssten sie der Tatsache in die Augen sehen: Egal, wie sie sich verhalten oder kleiden, egal, welchen Heimweg sie wählen und wer ihre Freunde sind – es kann ihnen trotzdem jemand sexualisierte Gewalt antun. Der Glaube an Vergewaltigungsmythen verhilft zu einem vermeintlichen Sicherheitsgefühl durch die Illusion der Selbstkontrolle. Leider führt diese Illusion dazu, dass auch Frauen Opfer abwerten, ihnen die Glaubwürdigkeit absprechen und ihnen die Unterstützung versagen.

In der Forschung wird seit Jahrzehnten auf die »Just world«-Theorie hingewiesen: Menschen möchten daran glauben, dass die Welt gerecht ist und dass jeder Mensch bekommt, was er verdient. Indem man daran glaubt, dass Frauen, die sexualisierte Gewalt erfahren, mitschuldig sind, könne man nicht nur Ängste abwehren, sondern auch den »gerechten Weltglauben« wiederherstellen.

Gerne zitiere ich hierzu noch die deutsche Autorin Jutta Reichelt aus ihrem sehr lesenswerten Blogpost »Opfergeschichten«: »Opfer verwandeln allein durch das, was ihnen widerfahren ist, alle anderen in Gefährdete, in nur vorläufig Verschonte. Auch deswegen ist die Vorstellung von der Schuld der Opfer wahrscheinlich so attraktiv. Hätten die Opfer sich nicht so blöd, so unvernünftig, so naiv, so xy verhalten – dann wäre ihnen auch nichts passiert! Und deswegen wird auch uns nichts passieren, weil wir uns niemals so blöd, unvernünftig, naiv oder xy verhalten werden. Der Faden, an dem die eigene Unversehrtheit gerade noch zu hängen schien, wird wieder zu einem dicken Seil, sobald wir den Opfern die Schuld geben können. Und umso besser, wenn sie selbst es sind, die als Erste den Finger heben, wenn es um die Verteilung der Schuld geht.«[186]

Obwohl Vergewaltigungsmythen in den letzten Jahrzehnten hinlänglich erforscht und x-fach widerlegt wurden, existieren sie weiterhin. 2021 hat die Schweizer Forschungsstelle sotomo 3500 Personen zum Thema Gewalt in Paarbeziehungen in der Schweiz befragt.[187] Neben den Gewalterfahrungen wurden auch Annahmen über Vergewaltigungen erfragt. Unter anderem kam dabei heraus, dass jede fünfte befragte Person der Ansicht ist, dass »sexy angezogene Menschen« mitverantwortlich seien, wenn sie belästigt würden (Mythos: Frauen provozieren sexualisierte Gewalt). Ein Drittel der Befragten traute einem Mann nicht zu, dass er zwischen Sex und Gewalt unterscheiden könne (Mythos: Er hat es nicht so gemeint), und entgegen allen Fakten glaubt jeder dritte Mann, dass Vergewaltigungsvorwürfe oft erfunden würden. (Wusstest du, dass es viel wahrscheinlicher ist, dass ein Mann vergewaltigt wird, als dass er zu Unrecht einer Vergewaltigung bezichtigt wird?)[188] In einer Umfrage der EU-Kommission[189] anlässlich des Internationalen Tags gegen Gewalt gegen Frauen 2016 war jeder vierte Mann der Auffassung, dass Geschlechtsverkehr ohne Einwilligung bei bestimmtem Verhalten der Frau – zum Beispiel Alkoholkonsum oder freizügiger Kleidung – gerechtfertigt sei (auch hier der Mythos, dass Frauen mitverantwortlich sind für die Übergriffe). Die Umfrage war zwar nicht repräsentativ, trotzdem sollte sie uns zu denken geben. Repräsentativ hingegen ist die Umfrage »Wie geht's, Schweiz?«, die SRG 2023 durchführen ließ. Die Ergebnisse, basierend auf den Antworten von knapp 60 000 Personen ab 16 Jahren, verdeutlichen, dass Misstrauen zwischen den Geschlechtern herrscht. Nicht zuletzt denken 78 Prozent der Befragten, dass Frauen mit einer Falschanzeige Männern erheblich schaden können (Mythen: Frauen lügen oft, wenn es um sexualisierte Gewalt geht, und das Leben von Männern wird durch die Vorwürfe zerstört).[190]

Mythen entlernen

Hast du dich beim Lesen dabei ertappt, dass du auch an den einen oder anderen Mythos glaubst? Das ist normal, denn auch du bist in einer Rape Culture aufgewachsen – so wie ich natürlich auch. Mythen bahnen sich den Weg in unsere Köpfe, in unser Wertesystem, ohne dass wir das merken. Das Einsickern der Mythen in unsere Köpfe hat nichts mit (fehlender) Bildung oder mit der politischen Gesinnung, aber sehr viel mit der Rape Culture zu tun. Kultur umgibt uns, Kultur prägt uns, ob wir wollen oder nicht, ob wir es uns bewusst sind oder nicht, ob wir es merken oder nicht. Ich sage immer: Wenn sich ein Mensch noch nie mit der Rape Culture, mit sexualisierter Gewalt, mit Machtmissbrauch auseinandergesetzt hat, dann ist davon auszugehen, dass er falsche und stereotype Bilder, namentlich Vergewaltigungsmythen, im Kopf hat.

Das heißt wiederum, dass wir diese Mythen zuerst *ent*lernen müssen, bevor wir uns neues, faktenbasiertes Wissen zu sexualisierter Gewalt aneignen können. Und leider ist es viel schwieriger, etwas Neues zu *er*lernen, wenn man zuerst Wissen *ent*lernen muss. Beispiel gefällig? Du warst sicherlich schon mal in der Situation, dass ein:e Kolleg:in nach der Heirat einen neuen Familiennamen angenommen hat. Du warst also gezwungen, den neuen Namen zu lernen und zu benutzen. Ich behaupte, das ist dir nicht so leichtgefallen. Weil du nicht nur einen neuen Namen lernen musstest (das an sich wäre nicht so schwierig), sondern weil du *zuerst* den alten Namen *ent*lernen musstest. Und das ist oft schwieriger. Aber, und das ist die gute Nachricht, es ist selbstverständlich möglich, es muss einem nur wichtig genug sein und man muss es wirklich wollen.

Im Übrigen nehme ich mich selbst da auf keinen Fall aus: Auch ich habe viele Jahre meines Lebens im Glauben verbracht, dass ich etwas über sexualisierte Gewalt wüsste, ohne dass mir bewusst war, dass mein vermeintliches Wissen auf Mythen basierte. Dem konnten auch eigene Gewalterfahrungen (die nicht meinen stereotypen Bildern sexualisierter Gewalt entsprachen) nichts anhaben. Ich glaubte weiter an Vergewaltigungsmythen, bis ich anfing, mich beruflich mit der Thematik auseinanderzusetzen und zu realisieren, dass mein vermeintliches Wissen auf keinerlei faktischer Evidenz basierte. Im Gegenteil. Und dass das meiste, was ich über sexualisierte Gewalt zu wissen meinte, Frauen und betroffene Personen abwertete, Männer und die Täter entlastete und sexualisierte Gewalt verharmloste.

Wenn du dich also selbst dabei ertappst, dass du immer noch an dem einen oder anderen Mythos festhältst, dann nimm das zum Anlass, dich noch eingehender zur Thematik zu informieren, bis du die Mythen als das erkennst, was sie sind: Stereotype oder falsche Annahmen über sexualisierte Gewalt, die dazu beitragen, ein System zu stärken, das es Männern erlaubt, in diesem Ausmaß sexualisierte Gewalt auszuüben.

Das Schweigen (brechen)

Nicht erst seit #MeToo wird über sexualisierte Gewalt geredet. Trotzdem wird über sexualisierte Gewalt nach wie vor auch viel geschwiegen. Wahrscheinlich so viel wie über keine andere Form von Gewalt oder Verbrechen. Die Rape Culture ist auch eine Kultur des Schweigens: Der Aufschrei gegen sexualisierte Gewalt ist angesichts des horrenden Ausmaßes immer noch marginal und außerhalb feministischer Kreise nahezu inexistent. Die immer wieder neu publizierten Zahlen zum Ausmaß unterschiedlichster Formen von sexualisierter Gewalt werden schulterzuckend entgegengenommen, einige erliegen womöglich dem Irrglauben, das Problem könne so groß nicht mehr sein im Jahr 2024. Das alles führt dazu, dass das Sprechen über sexualisierte Gewalt immer noch schwierig ist: Es ist nicht nur anstrengend, man läuft auch immer Gefahr, dass man durch die eigene Betroffenheit nicht ernst genommen oder dass einem die eigene Betroffenheit gar abgesprochen wird. Reden geht, insbesondere für diejenigen, die sich als Betroffene outen, immer auch mit dem Risiko einher, (erneut) gedemütigt, abgewertet und lächerlich gemacht zu werden. Mehr noch setzt man sich mit dem Reden oft auch neuem Hass und neuer Gewalt aus. Trotzdem gibt es Menschen, die reden – aus der Perspektive von Betroffenen, von Aktivist:innen, von Politiker:innen oder von Organisationen. Es gibt aber auch immer noch sehr viele, die schweigen. Die ganze Gesellschaft schweigt. Ich stimme denjenigen zu, die sexualisierte (und geschlechtsspezifische) Gewalt als stille Epidemie bezeichnen: allgegenwärtig, gefährlich, mit schwerwiegenden Folgen für die ganze Gesellschaft – aber trotzdem beschwiegen, verharmlost, ignoriert.

Sexualisierte Gewalt wird auch kaum zur Anzeige gebracht. Gemäß einer EU-weiten Erhebung aus dem Jahr 2014[191] schweigen 35 Prozent der Betroffenen von schwerwiegenderen Fällen sexualisierter Gewalt. Nur vier Prozent melden den Vorfall der Polizei, nur vier Prozent melden den Vorfall bei ihrer Arbeitsstelle und nur eine von hundert nimmt anwaltliche Unterstützung in Anspruch oder wendet sich an eine Beratungsstelle. Laut Zahlen des deutschen Bundeskriminalamts 2020 wird nur ein Prozent der Sexualdelikte, die innerhalb Deutschlands stattgefunden haben, angezeigt.[192] Noch weniger angezeigt werden sexueller Missbrauch oder Vergewaltigung in einer (Ex-)Partnerschaft: in gerade mal 0,6 Prozent der Fälle. Körperliche sexuelle Belästigung wird gerade mal in 2,2 Prozent der Fälle angezeigt, Exhibitionismus in 0,6 Prozent.

Laut einer Schweizer Studie aus dem Jahr 2019 vertraute sich nur die Hälfte der von sexualisierter Gewalt Betroffenen ihrem Umfeld an, nur elf Prozent wendeten sich an eine Beratungsstelle und nur acht Prozent erstatteten eine Strafanzeige bei der Polizei.[193]

In einer Rape Culture gibt es viele Gründe, über sexualisierte Gewalt zu schweigen, und kaum Gründe, sie offenzulegen. Das Schweigen zu brechen, kann dazu führen, dass wertvolle Beziehungen kaputtgehen, oder dazu, dass man jemanden trösten muss (und selbst keinen Trost erfährt). Es kann auch einfach zu viel Energie und Zeit kosten, das Schweigen zu brechen und über die eigenen Erfahrungen zu erzählen. Und während man kontrollieren kann, wie man über die eigenen Erfahrungen spricht, hat man keine Kontrolle darüber, wie andere darauf reagieren werden und wie sie darüber reden werden.

Einige dieser der Rape Culture inhärenten Gründe für das Schweigen möchte ich im Folgenden näher erläutern. Einige weitere werden auch in den anderen Kapiteln ersichtlich.

Schlimm genug

Die Sätze »Es war nicht so schlimm«, »Es war nicht schlimm genug« oder »Andere haben sicher viel Schlimmeres erlebt« habe ich in meinen

Jahren als Opferhilfeberaterin mit am häufigsten gehört. Wie schlimm muss ein sexualisierter Übergriff sein, damit man ihn selbst als »schlimm genug« einordnet? Als schlimm genug, um sich Unterstützung zu holen, schlimm genug, um den Übergriff zu melden, und schlimm genug, um sich berechtigt zu fühlen, den Vorfall überhaupt als sexualisierten Übergriff zu benennen? Die kurze Antwort: In einer Rape Culture wird ein Großteil der Fälle nie schlimm genug sein. Denn die Rape Culture versucht, sexualisierte Gewalt an angeblich objektiven Kriterien zu bemessen, die der Realität der Übergriffe nicht gerecht werden. Zudem wird sexualisierte Gewalt immer noch daran gemessen, wie viel Leid eine Tat ausgelöst hat, statt sie als das zu sehen, was sie ist: ein Unrecht und eine Menschenrechtsverletzung, die verhindert oder geahndet werden muss.

Grenzverletzungen und Gewalt als »nicht so schlimm« einzustufen, kann für Betroffene auch eine Form von Selbstschutz sein. Dies legte die deutsche Studie *Sexismus im Alltag*[194] aus dem Jahr 2020 dar: 40 Prozent der befragten Frauen stuften Alltagssexismus, zum Beispiel das Angestarrtwerden, als »nicht so schlimm« ein. Die Soziologin Franziska Schutzbach erklärt das in *Die Erschöpfung der Frauen* so: »Die Alltäglichkeit solcher Erfahrungen lässt sie [Frauen] mit der Zeit abstumpfen. Und das bedeutet auch: Wenn sich Frauen stets aufregen und verletzt fühlen würden, wäre für manche jeder Tag ein Tag der Verletzung und Herabwürdigung.«[195] In dieser Aussage Schutzbachs wird deutlich, dass das Nichtbenennen das Leben auch einfacher machen kann, zumindest vordergründig. Und gleichzeitig zeigt sie, wie erschöpfend es sein kann, Diskriminierung ständig als solche wahrzunehmen und zu benennen. Das gilt nicht nur für Alltagssexismus, sondern ebenso für andere Formen von Diskriminierung und auch für sexualisierte Gewalt. Das Herunterspielen von sexualisierter Gewalt führt oft dazu, dass Betroffene darüber schweigen. Die Autorin Roxane Gay hat 2018 unter dem Titel *Not That Bad* (die deutsche Übersetzung *Halb so schlimm* erscheint voraussichtlich im Herbst 2024) 29 Essays herausgegeben, die davon handeln, wie unsere Gesellschaft Betroffenen einredet, dass ihre Gewalterfahrungen ganz so schlimm nicht gewesen sein können. Gay schreibt, wie sie selbst lange ihre Gruppenvergewaltigung als nicht so schlimm einstufte und wie ihr das rückblickend mehr geschadet als geholfen hat. Denn es habe dazu geführt, dass sie eine unrealistische Sicht darauf entwickelte, welches Verhalten sie in Beziehungen, Freundschaften und zufälligen Begegnungen akzeptabel fand und welches nicht. Wenn eine Gruppenvergewaltigung nicht so schlimm ist, was ist denn dann schlimm genug? Ihre Sicht auf ihre Erfahrungen habe sich erst geändert, als sie verstand, dass *alle* sexualisierten Gewalterfahrungen *schlimm genug* sind.

Für das, was mir passiert ist, gibt es keine Worte

»Er sagte: Komm ins Bett, dann haben wir es wärmer. Ich habe mich dann zu ihm hingelegt und er hat es gemacht. Ich wusste gar nicht, was er macht. Dann hat er mir die Unterhose heruntergezogen, aber ich wusste immer noch nicht, was passiert. Dann hat er einfach begonnen. Er ist in mich eingedrungen, und das tat höllisch weh. Ich sagte: ›Hör auf, es tut weh.‹ Und er sagte: ›Nicht lange, nachher tut es dir gut.‹ Das war alles. Dann habe ich mich angezogen und bin nach Hause. Ich war wohl etwas dumm.« So erinnert sich Rita Schuler im Dokumentarfilm *Unser Vater* an die Vergewaltigung 65 Jahre zuvor durch einen katholischen Vikar.[196] Schuler war damals 21 Jahre alt.

Schuler war nicht dumm. Schuler wurde vergewaltigt. Sie wurde Opfer eines schweren Verbrechens, begangen an ihr durch einen Mann, dem sie vertraut hatte. Schuler wusste weder, was ihr geschah, noch konnte sie es in Worte fassen. Schuler war sexuell nie aufgeklärt worden und sie wusste auch nicht, was eine Vergewaltigung ist. Die Britin Miranda Fricker, eine der wichtigsten Philosophinnen unserer Zeit, nennt die Ungerechtigkeit, die durch fehlenden Zugang zu Wissen entsteht, epistemische Ungerechtigkeit.[197] In ihrem 2007 erschienenen Buch *Epistemische Ungerechtigkeit. Macht und die Ethik des Wissens* (auf Deutsch erst 2023 erschienen) zeigt sie auf, dass man, um Missstände überhaupt erst zu erkennen und vor allem anprangern zu können, erst mal über ein Sprachrepertoire verfügen muss. Im Kontext von sexualisierter Gewalt fängt das bereits bei Kindern an: Wenn Kinder keine Sprache für sexualisierte Gewalt haben, haben sie keine Chance, Übergriffe zu erkennen. (Genau diese Erkenntnis hat mich dazu bewogen, mein Kinderfachbuch *Ist das okay?* zu schreiben.) Und diese epistemische Ungerechtigkeit geht weiter bis ins Erwachsenenalter, solange nicht alle Menschen den gleichen Zugang zu Wissen haben. Diskriminierung und fehlende Privilegien hindern Menschen daran, Zugang zu epistemischen Gütern (gemeint sind Bildung, Information oder Beratung) zu erhalten. Menschen, denen der Zugang zu epistemischen Gütern verwehrt wird, sind von der Macht ausgeschlossen und dadurch verletzlicher. Hierbei stellt sich nicht nur die Frage, wer den Zugang zu epistemischen Gütern kontrolliert, sondern auch, wer den Inhalt der Güter bestimmt: Wer bestimmt, wie über Rassismus oder über sexualisierte Gewalt gesprochen wird? In einer patriarchal geprägten Gesellschaft waren das, historisch gesehen, jahrtausendelang Männer. Es waren Männer, die darüber bestimmten, ob über sexualisierte Gewalt überhaupt gesprochen wurde und was das war. Erst langsam ändert sich das.

Fricker schreibt in ihrem Buch darüber, wie wichtig es beispielsweise war, dass »Stalking« oder »sexuelle Belästigung am Arbeitsplatz« als Begriffe existierten, damit Betroffene endlich Worte dafür hatten, zu erklären, was ihnen geschah. Solange Begriffe fehlen, um eine Ungerechtigkeit zu beschreiben (Fricker beschreibt diesen Umstand als linguistische Lücke), ist diese Ungerechtigkeit nicht erklärbar, somit nicht sichtbar und folglich wird auch nichts gegen sie unternommen. Fricker beschreibt, dass *sexual harassment* (sexuelle Belästigung) als Begriff in den 1960er-Jahren in den USA noch nicht verbreitet war. Betroffene konnten diese Belästigung demnach nicht in Worte fassen und Täter waren sich keiner Schuld bewusst. Erst als der Begriff im Rahmen feministischer Protestbewegungen Anfang der 1970er-Jahre Verbreitung fand, wurde es für Betroffene möglich, diese für sie zum Teil alltäglichen Gewalterfahrungen sichtbar zu machen.

Fehlende Sprache heißt nicht unbedingt, dass eine Person nicht versteht, dass ihr Unrecht geschieht. Womöglich versteht sie es und kann es in ihren eigenen (feministischen) sozialen Kreisen auch erklären, aber nicht in anderen Kreisen, nicht gegenüber den Eltern, der Arbeitgeberin oder den Strafverfolgungsbehörden. Um Ungerechtigkeiten anprangern zu können, braucht es eine Sprache, die auch diejenigen verstehen, die das Unrecht erst mal nicht als solches erkennen. Die deutsche Autorin Kübra Gümüşay schreibt in ihrem Buch *Sprache und Sein*, dass ohne entsprechende Sprache Menschen sprach- und machtlos bleiben angesichts einer Ungerechtigkeit, die nicht in Worte gefasst werden kann. Erst durch die Sprache können ausreichend viele Menschen sie als Ungerechtigkeit begreifen. Bis es Worte gibt für das, was passiert, bleibt ihre Realität unsichtbar für die anderen. Und solange die Realität unsichtbar ist, hört die Gewalt nicht auf, bekommen Betroffene keine Unterstützung und übernimmt niemand Verantwortung. Und die Fälle bleiben Einzelfälle – Zufallstaten ohne strukturellen Zusammenhang.

Gerade deshalb sind Bewegungen wie #MeToo, aber auch #Aufschrei, #IBelieveHer, #TextMeWhenYouGetHome und viele weitere so enorm wichtig: Nicht nur wurde die Deutungshoheit über die Erfahrungen von den Betroffenen zurückerobert, aus individuellen Erfahrungen wurden darüber hinaus eine kollektive. »Indem Einzelne die Erfahrungen anderer Einzelner bestätigen […] verändert sich die Wahrnehmung in der Gesellschaft. Etwas, das zuvor nur für Betroffene sichtbar war, wird nun auch für Außenstehende sichtbar«,[198] so Gümüşay. Allerdings funktioniert diese Form der Ermächtigung nur für diejenigen, die sich auch repräsentiert fühlen. Und das war bei #MeToo, wie auch bei vielen anderen feministischen Diskursen, für viele nicht der Fall, unter anderem für Frauen of Color, trans Frauen, behinderte Frauen oder für Sexarbeiterinnen. »Freies Sprechen setzt voraus, dass die eigene Existenz, die eigene Menschlichkeit und Existenzberechtigung nicht zur Disposition steht, dass nichts zu verteidigen oder zu beweisen ist«, so Gümüşay. Solange Menschen befürchten müssen, dass ihnen ihre Gewalterfahrungen (noch stärker) abgesprochen werden oder dass sie zu viel riskieren mit einer Offenlegung, werden sie sich nicht im gleichen Maße über sexualisierte Gewalt äußern können wie privilegierte *weiße* Frauen.

2018 schrieb die junge Pakistanerin Sabica Khan auf Facebook, wie sie während der islamischen Pilgerfahrt nach Mekka, Saudi-Arabien, sexuell belästigt wurde.[199] Unter ihrem Beitrag teilten daraufhin Hunderte von muslimischen Frauen ähnliche Erfahrungen. Um die junge Frau zu unterstützen, startete die ägyptisch-US-amerikanische Journalistin und Autorin Mona Eltahawy den Hashtag #MosqueMeToo und teilte ihre eigenen Erfahrungen mit sexualisierten Übergriffen auf ihrer Pilgerfahrt (nachzulesen auch in ihrem Buch *Headscarves and Hymens*). Das Echo auf ihren Tweet war weltweit groß. Eltahawy schreibt immer wieder über die Schwierigkeiten für Musliminnen, über ihre Erfahrungen zu sprechen. Sie beschreibt das Dilemma, dass Menschen mit antimuslimischen Ressentiments bereitwillig die Erfahrungen muslimischer Frauen instrumentalisieren, um gegen muslimische Männer zu hetzen. Sie schreibt, wie Musliminnen von der eigenen Community unter Druck gesetzt werden, nicht zum Hass gegen die eigenen Leute beizutragen. Wie so oft gehe es keiner der beiden Seiten um die Betroffenen sexualisierter Gewalt oder um die Frage, wie das Ausmaß sexualisierter Gewalt verringert werden könnte. Eltahawy hat trotzdem entschieden, ihr Schweigen zu brechen, und sagt, sie werde sich niemals mit Islamophoben und Rassisten verbünden. Aber wenn sie die Wahl habe zwischen der muslimischen Community und den Frauen, werde sie sich immer für ihre »Schwestern«, die Frauen, entscheiden. Auch im deutschsprachigen Raum können wir davon ausgehen, dass muslimische Frauen sich deshalb nur zögerlich zu ihren Erfahrungen mit sexualisierter Gewalt äußern, weil sie nicht zum ohnehin schon starken antimuslimischen Rassismus beitragen wollen.

Tarana Burke schreibt in ihrem Buch *Unbound* ebenfalls über das Schweigen. Sie erklärt, dass die Kultur des Schweigens und Verschweigens bei sexualisierter Gewalt innerhalb der Schwarzen Community komplexer sei, da es nicht bloß darum gehe, den Schwarzen Täter zu schützen. Es gehe auch nicht nur um das schwierige Verhältnis zur Strafverfolgung und zu der langen Geschichte von Falschanschuldigungen gegen Schwarze Männer bei sexualisierter Gewalt. Es gehe auch um die Art, wie Schwarze Mädchen für ihre sexualisierten Gewalterfahrungen verantwortlich gemacht werden. Und darum, dass sexualisierte Gewalt von der Schwarzen Community oft als weniger wichtig empfunden wird im Vergleich mit dem strukturellen Rassismus, den Schwarze Menschen tagtäglich erfahren. Und dass nicht zuletzt auch Armut und damit die Angst vor den Kosten und vor möglichen Racheanzeigen dazu beitrügen, sexualisierte Gewalt nicht offenzulegen und nicht anzuzeigen.[200]

2015 erschien eine Schweizer Studie zu den Gewalterfahrungen von Jugendlichen in ihren ersten Paarbeziehungen.[201] Dabei kam heraus, dass viele Jugendliche Partnerschaftsgewalt erfuhren, die Gewalt jedoch nicht erkannten, weil sie nicht stereotypen oder falschen Bildern von häuslicher oder sexualisierter Gewalt entsprachen. So erzählten beispielsweise viele jugendliche Mädchen, dass sie eine App auf ihrem Handy installiert hätten, damit ihr:e Partner:in zu jeder Zeit wisse, wo sie sich aufhielten. Dass diese Kontrolle eine Form von häuslicher Gewalt sein kann, haben die wenigsten verstanden. Im Gegenteil: Sie interpretierten die Kontrolle durch die Beziehungsperson als große Liebe: »Er liebt mich so fest, er will immer wissen, wo ich bin.« Wenn wir Jugendliche nicht darüber aufklären, welche Formen Partnerschaftsgewalt annehmen kann, werden sie bloß diejenigen erkennen, von denen in ihrem Umfeld und in den Medien gesprochen wird: die Schläge und die brutalen Vergewaltigungen. Über alles andere werden sie schweigen.

Absprechen der Empfindung

Falls du weiblich sozialisiert wurdest, erinnere dich mal an deine Jugend zurück. An Situationen, in denen dir unwohl war: weil dein Onkel auf dem Familienfest zweideutige Bemerkungen machte, weil der Bauarbeiter dir hinterherpfiff, weil ein Mann im Fitnesscenter dich anstarrte oder weil dir dein Klassenkamerad abends im Club »aus Spaß« an den Hintern fasste. Ich kann mich an zahlreiche solche Situationen erinnern. Und ich kann mich auch erinnern, wie oft mir meine Empfindung dazu abgesprochen wurde. Die Sätze, die ich zu hören bekam, waren: »Sei nicht so empfindlich«, »Nun übertreib mal nicht«, »Das war doch nicht so schlimm«, »Sei nicht so kompliziert« oder auch »Sei doch nicht immer gleich so hysterisch«. Anders gesagt: Meine Empfindung wurde mir meist sofort abgesprochen, die Botschaft, die bei mir ankam, war klar: Wenn ich mich unwohl fühle, dann bin ich das Problem.

Wir leben in einer Gesellschaft, in der vor allem weiblich sozialisierten Menschen von klein auf beigebracht wird: Trau deiner Empfindung, deiner Wahrnehmung nicht. Denn du übertreibst, du bist zu kompliziert, du bist zu empfindlich. Diese gezielte Manipulation von weiblich sozialisierten Menschen, das Absprechen der eigenen Realität und wie diese wahrgenommen wird, nennt man Gaslighting. Das ständige Gaslighting prägt. Denn es führt dazu, dass diese Kinder beziehungsweise Jugendlichen tatsächlich anfangen zu glauben, dass sie ihrer Wahrnehmung nicht trauen können. Sie glauben, dass *sie* das Problem seien, wenn sie sich an einem Verhalten stören. Dass nicht das Verhalten grenzverletzend war, sondern *sie* überempfindlich. Gleichzeitig führt es dazu, dass die Deutungsmacht darüber, was sexualisierte Gewalt ist (oder eben auch: nicht ist), bei denen bleibt, die sexualisierte Gewalt ausüben, ermöglichen, verharmlosen, normalisieren oder ignorieren. Dabei sollte sie bei denjenigen liegen, die sie erfahren. Das Absprechen der Empfindung ist eine Strategie der Rape Culture, das patriarchale System aufrechtzuhalten. Und ganz ehrlich? Ich glaube, jedes Mal, wenn einer Person vorgeworfen wird, »zu empfindlich« zu sein, kann mit großer Wahrscheinlichkeit davon ausgegangen werden, dass sie gerade versucht hat, ihre Grenzen aufzuzeigen.

Schuld und Scham: Die besten Freunde des Täters

Ich kann mich erinnern, als wäre es gestern gewesen: Ich war in der siebten Klasse, die gesamte Schule hatte Sporttag. Gleich war ich an der Reihe mit Speerwerfen. Kurz bevor ich meinen Speer werfen musste, machte ich in die Hose. Nicht etwa vor Angst, sondern weil ich zu introvertiert und schüchtern war, um einer Lehrperson zu sagen, ich müsse zuerst auf die Toilette, und zu anständig, um einfach zu gehen, ohne etwas zu sagen. Lieber harrte ich aus, bis es dann nicht mehr ging. Ich hatte schwarze Hosen an, ich bilde mir bis heute ein, dass es niemand mitgekriegt hat. Aber bis heute kann ich die tiefe Scham nachempfinden, die ich damals empfunden habe. Es war mir nicht nur peinlich so wie im Musikunterricht, als ich die Töne nicht traf. Es war viel schlimmer. Ich schämte mich, weil mir bewusst war, dass man als 13-Jährige nicht mehr in die Hosen macht, und weil ich selbst schuld war, dass mir das passiert ist. Ich habe selbstverschuldet gegen eine gesellschaftliche Norm verstoßen. Meine Schuld beschämte mich.

Schuld- und Schamgefühle sind wohl die am häufigsten genannten Gründe, weswegen Betroffene entscheiden, über die erfahrene sexualisierte Gewalt zu schweigen. Wofür wir uns schämen, ist nicht genetisch bedingt, sondern unterliegt kulturellen und gesellschaftlichen Konventionen. Scham ist anerzogen: Wir schämen uns oder werden beschämt für Verhaltensweisen, die nicht den gesellschaftlichen Normen und Erwartungen entsprechen. Scham und Schuld sind eng miteinander verknüpft. Schuldgefühle entwickelt ein Mensch, gestützt darauf, was richtig oder falsch ist. Wer gegen seine moralischen oder ethischen Maßstäbe handelt, fühlt sich schuldig. Schamgefühle entwickelt ein Mensch, gestützt darauf, ob er dem entspricht, was von ihm erwartet wird, sei das von der Familie, von einer Gruppe oder gesamtgesellschaftlich. Ich finde es zuweilen selbst schwierig, Schuld und Scham auseinanderzuhalten – womöglich lassen sie sich auch nicht immer auseinanderhalten. Hilfreich finde ich den Gedanken der bekannten US-amerikanischen Autorin Brené Brown, die sich seit über zwanzig Jahren mit Vulnerabilität, Scham und Empathie auseinandersetzt. Brown sagt, Schuld heiße »Ich habe einen Fehler gemacht«, Scham heiße »Ich bin der Fehler«.[202]

Scham ist oft auch ein sehr diffuses Gefühl. In einer interkulturellen Studie[203] wurden Studierende gefragt, welche Emotion sie am besten verstehen. Mit Scham wurde am seltensten geantwortet (und am häufigsten mit Freude). Aber auch wenn wir Scham nicht verstehen, fühlen wir sie mit voller Wucht. »Scham ist sicher eines der mächtigsten Gefühle, die man empfinden kann. Man wird voll und ganz davon beherrscht«,[204] schreibt die französische Schriftstellerin Annie Ernaux und die Publizistin Andrea Köhler meint: »Jede Beschämung macht einen furchtbar allein, man fühlt sich mutterseelenallein auf der Welt. Und ich glaube, das ist doch das, warum die Scham ein so mächtiges Gefühl ist.«[205]

Wir leben in einer Gesellschaft, in der Betroffene für die sexualisierte Gewalt, die ihnen angetan wurde, beschuldigt werden. Die Internalisierung dieser Schuld, die Internalisierung des Victim Blamings, führt mitunter dazu, dass Betroffene sich für die Taten schämen. Gleichzeitig werden sie eben genau durch das Victim Blaming von ihrem Umfeld und der Gesellschaft beschämt.

Die Schuld- und Schamgefühle der Betroffenen tragen schließlich dazu bei, dass sie nicht über ihre Gewalterfahrungen reden, keine Unterstützung in Anspruch nehmen und dass die Täter nicht zur Verantwortung gezogen werden. Manchmal ist es auch einfacher, sich zu schämen, als zu akzeptieren, dass uns jemand in der intimsten Form Gewalt angetan hat und wir nichts dagegen tun konnten. Die Beschämung von Opfern sexualisierter Gewalt ist ein Machtinstrument der Rape Culture. Amerikanische Wissenschaftler:innen haben 2018 Scham in 15 unterschiedlichen Gemeinschaften weltweit untersucht.[206] Das Ergebnis: In allen Gemeinschaften, von Nordgriechenland bis Chile, war die Scham mit dem Verlust der sozialen Stellung verbunden. Wer häufig beschämt wurde, sank in der Hierarchie nach unten. Scham ist also nicht nur ein erniedrigendes Gefühl, sondern erfüllt auch einen gesellschaftlichen

Zweck: Sie festigt die Macht und Privilegien derjenigen, die andere beschämen.

Eine Gesellschaft, die Betroffene sexualisierter Gewalt beschuldigt und beschämt, trägt dazu bei, dass Betroffene über die Gewalt schweigen. Die deutsche Autorin Lilian Schwerdtner hat sich in ihrem Buch *Sprechen und Schweigen über sexualisierte Gewalt* intensiv mit dem Schweigen auseinandergesetzt. Sie schreibt: »[...] wer sich schämt, möchte sich nicht exponieren, nicht öffentlich sichtbar werden«.[207] Allerdings gibt sie den sehr wichtigen Hinweis, dass Scham nicht nur durch die internalisierte Schuldumkehr empfunden wird, sondern auch aufgrund verletzter Würde entstehen kann: »Das Recht hingegen, im zweiten Sinne aus Scham über eine erlittene Demütigung zu schweigen, um sich nicht immer wieder verletzt zeigen zu müssen und darauf womöglich reduziert zu werden, darf niemandem abgesprochen werden – erst recht nicht in einem gesellschaftlichen Klima, das Betroffene von sexualisierter Gewalt mit hoher Wahrscheinlichkeit weiter beschämen und alleinlassen wird.«[208]

Schweigen als rebellischer Akt

Ich mag mich an ein Apéro erinnern. In der Schweiz bezeichnet ein Apéro ein lockeres Zusammenkommen, vielleicht vergleichbar mit einer kleinen Cocktailparty. Vor dem Apéro waren wir in einer Theateraufführung, in der es unter anderem um sexualisierte Gewalt ging. Wir unterhielten uns in einer Gruppe angeregt über das Stück, als mich einer der Männer fragte, ob ich denn schon mal sexuell belästigt worden sei. Ich holte Luft, überlegte kurz, womit ich anfangen sollte, und machte mich bereit zum Antworten, da fügte er noch an: Also, er meine *so richtig* belästigt. Ich atmete aus. Und schwieg. Weil ich keine Lust hatte. Keine Lust, mich zu erklären, mich zu rechtfertigen, um die Berechtigung meiner Erfahrungen zu kämpfen. Ich weiß, was mir widerfahren ist, und ich brauche heute die Bestätigung anderer nicht mehr, damit meine Erfahrungen für mich eine Gültigkeit haben.

Die Entscheidung, über die eigenen Erfahrungen mit sexualisierter Gewalt zu schweigen, kann auch aus einer ermächtigten Position heraus getroffen worden sein. Viel zu oft wird das Bild heraufbeschworen, dass Betroffene schweigen, obwohl sie eigentlich darüber reden möchten. Ich denke, es gibt Betroffene, die gerne reden würden, und andere, die sich bewusst fürs Schweigen entscheiden. Denn es kann auch machtvoll sein, die eigene Geschichte nicht zu erzählen. Schwerdtner schreibt zum selbstbestimmt gewählten Schweigen: »Möglich ist auch, dass ein*e Betroffene*r nicht als traumatisiertes Opfer* behandelt werden möchte und sich durch das Schweigen den regulativen Normen des Opfer*diskurses entzieht. Das Schweigen selbst kann also auch ein schützender Ort der Ruhe sein, in dem Betroffene sich nicht exponieren müssen, oder sogar ein Ort des Widerstandes, wo Betroffene sich organisieren und Kraft für widerständiges Sprechen sammeln.«[209]

Schweigen oder Reden: Gründe für und gegen eine Strafanzeige

Auch mit der Anzeigeerstattung nach sexualisierter Gewalt haben wir als Gesellschaft einen sehr widersprüchlichen Umgang. Einerseits werden Betroffene zum Teil heftig dafür kritisiert, wenn sie nicht (unmittelbar) Anzeige erstatten. Als wäre es ihre Pflicht. Etwas, das sie der Gesellschaft schulden. Als wären sie und nicht die Täter diejenigen, die weitere Opfer verhindern könnten. Vielen Betroffenen wird mitunter mit großer Skepsis oder Unverständnis begegnet, wenn sie sich gegen eine Anzeige entscheiden. Andererseits wird auch der Entscheidung, Anzeige zu erstatten, häufig mit Ablehnung begegnet, erst recht, wenn sich Betroffene erst Jahre oder Jahrzehnte nach der Tat für eine Anzeige entscheiden. Häufig wird implizit die Frage gestellt, ob das nun wirklich nötig sei. Würden wir Folteropfer auch fragen, was sie mit einer Anzeige bezwecken wollen, wenn diese erst Jahre später gestellt wird? Ich glaube nicht. Frauen wird oft unterstellt, aus Rache oder aus Geltungssucht Anzeige zu erstatten. Die Philosophin Kate Manne schreibt, man sehe die betroffene Person als unversöhnlich an statt als Person, die mit einer Anzeige zur Aufrechterhaltung von Recht und Ordnung beitrage. Als wolle sie dem Täter etwas wegnehmen.[210] Wenn wir eine betroffene Person fragen, welchen Zweck sie mit der Anzeige verfolge, untergraben wir den Standpunkt, von dem aus die Person ihre Anzeige macht: nämlich als Person, an deren Körper eine Menschenrechtsverletzung verübt wurde und die Gerechtigkeit für die Verletzung fundamentaler Rechte will.

Kurzum: Egal, ob eine Person Anzeige erstattet oder nicht, in einer Rape Culture wird sie garantiert dafür kritisiert. Deshalb ist es kein Wunder, dass diese Entscheidung vielen Betroffenen sehr schwerfällt. Ein Argument, das für die eine Person für eine Anzeige spricht, kann für eine andere Person ein Grund gegen eine Anzeige sein: Jemand befürchtet, dass die Familie auseinanderbrechen könnte, wenn sie Anzeige erstattet, jemand anderes befürchtet, dass ohne Anzeige alles bleibt, wie es ist. Jemand befürchtet, dass der Täter ins Gefängnis kommen könnte, jemand anderes befürchtet das Gegenteil: dass das Verfahren mangels Beweisen eingestellt würde. Jemand befürchtet, dass ein Strafverfahren psychisch zu belastend wäre, jemand anderes ist überzeugt, dass die Anzeigeerstattung zu ihrem Weg dazugehöre. Es ist aber ebenso möglich, dass es zum Weg dazugehört, den Täter nicht (mehr) anzeigen zu wollen. So erzählt eine betroffene Frau in der *Berner Zeitung*: »Mein Vater hat mich während zehn Jahren missbraucht. Ich litt den Großteil meines Lebens an Panikattacken, war suizidal und verbrachte längere Phasen in Kliniken. Es hat sehr lange gedauert, bis ich die Macht meines Vaters über mich und mein Leben brechen konnte. Zeige ich ihn an, dann gebe ich ihm den Raum, den ich ihm nie wieder zugestehen werde.«[211] Werfen wir einen Blick in Studien: In einer Schweizer Studie aus dem Jahr 2019 nannten betroffene Frauen folgende Gründe für den Verzicht auf eine Anzeige:[212] Scham (64 Prozent); das Gefühl, keine Chance zu haben, dass es zu einer Verurteilung kommen würde (62 Prozent); Angst, dass ihnen nicht geglaubt wird (58 Prozent). 57 Prozent waren überzeugt, dass mit einer Anzeige alles noch schlimmer geworden wäre, und 51 Prozent waren unsicher, ob das, was ihnen angetan wurde, überhaupt strafrechtlich relevant war. In der Studie *Sicherheit und Kriminalität in Deutschland 2020* des deutschen Bundeskriminalamts gab ein Großteil der Opfer von sexueller Nötigung oder Vergewaltigung (71 Prozent) an, die Tat mangels Beweisen nicht zur Anzeige zu bringen.[213] Bei sexueller Belästigung wurde dieser Grund von 57 Prozent der Befragten genannt. 38 Prozent hatten Angst vor der Tatperson und fast ebenso viele (32 Prozent) hatten Angst vor dem Gerichtsverfahren. Etwa die Hälfte der befragten Opfer gab den Wunsch, die Tat zu vergessen, als Grund für die Entscheidung gegen die Anzeige an. Scham wurde im Gegensatz zu der Schweizer Studie weniger genannt: 12,8 Prozent begründete das Nichtanzeigen mit Scham- und Schuldgefühlen.

2012 gab es in Deutschland die groß angelegte Kampagne #Ichhabnichtangezeigt.[214] Betroffene sexualisierter Gewalt konnten anonym über die sozialen Medien oder die Website der Kampagne erzählen, wieso sie keine Anzeige erstattet haben. Es kamen insgesamt 1105 Statements zusammen, in denen Betroffene insgesamt 3319 Gründe nannten, die gegen eine Anzeige gesprochen hatten. Es zeigte sich, dass Scham und das Gefühl, selbst schuldig zu sein, für viele ein großes Hemmnis darstellten. Ausgelöst wurden Schuld und Scham häufig durch den Alkoholkonsum vor der Tat, durch das Gefühl, naiv gewesen zu sein, oder das Gefühl, sich nicht genug gewehrt zu haben. Sehr viele nannten auch die Angst, dass ihnen nicht geglaubt würde, und die Angst vor erneuter Demütigung durch ein Strafverfahren. Viele wollten mit dieser Entscheidung auch den Täter, der in 93 Prozent der Fälle aus ihrem Umfeld kam, schützen. Hier zeigt sich wieder, wie schädlich Vergewaltigungsmythen auch für die Betroffenen selbst sind: Sie sehen sich nicht als legitimes Opfer, erkennen sich selbst den Opferstatus ab und entlasten damit indirekt den Täter.

Betroffene, die durch öffentlich bekannte Männer sexualisierte Gewalt erfuhren, haben erst recht Angst vor dem, was nach einer Offenlegung folgt: öffentliche Demütigung und Abwertung, Victim Blaming, eine gewaltverharmlosende Berichterstattung und nicht selten Verleumdungsklagen. So ist es nicht weiter verwunderlich, dass die Frauen, die beispielsweise Till Lindemann sexualisierte Übergriffe vorwerfen, dies zwar gegenüber Journalist:innen, die ihnen Anonymität zusichern konnten, kundtaten, nicht aber gegenüber den Strafverfolgungsbehörden. Dies führte dazu, dass die Staatsanwaltschaft Berlin zwar ermitteln musste, weil in der Medienberichterstattung auch von Vergewaltigungen die Rede war (und die Staatsanwaltschaft bei Offizialdelikten von Amts wegen ermitteln muss). Zudem haben auch Drittpersonen Anzeige erstattet. Da aber keine der betroffenen Frauen bereit war, vor der Staatsanwaltschaft auszusagen, konnte der Sachverhalt nicht genügend aufgearbeitet werden, und das Verfahren musste eingestellt werden. Dies wurde den Opfern teilweise als Feigheit ausgelegt, teilweise sah man es auch als Beweis an, dass sie von vornherein gelogen hätten. Ihre Gründe für die Nichtaussage wurden kleingeredet.

Es gibt auch Betroffene, für die die Anzeigeerstattung der einzig richtige Weg ist. Sie wünschen sich, dass der Täter zur Rechenschaft gezogen wird, hoffen, dass sie damit weitere Taten und weitere Opfer verhindern können, oder sehen die Anzeige als aktivistischen Akt. Aktuelle Forschungsergebnisse[215] zeigen zudem, dass die Anzeigebereitschaft stark damit zusammenhängt, wie die betroffene Person die konkrete Tat und die Tatumstände einordnet. So erstatten Opfer eher Anzeige, wenn der Täter ein Fremder war, und umso eher, je schwerer die Verletzung durch die Tat war. Auch hier sehen wir: Je mehr die Tat den stereotypen Narrativen entspricht, desto eher wird Anzeige erstattet. Weiter hängt die Anzeigeerstattung davon ab, wie das private und professionelle Umfeld sich positioniert. Opfer erstatten eher Anzeige, wenn sie Vertrauen in die staatlichen Behörden haben, sich nach der Tat rasch jemandem anvertrauen und sie gute professionelle Unterstützung erhalten.

Sprechen muss *safe* sein

Wenn wir ganz genau zuhören, merken wir vielleicht, dass dieses Schweigen gar nicht unhörbar ist. Dass dieses Schweigen dröhnt und dass wir aufmerksam genug sein müssen, um das Dröhnen zu hören. Ich habe einmal den Satz gelesen: *If talking is healing, we have to make talking safe,* also »wenn Reden Heilung bedeutet, muss das Reden sicher werden« (leider kann ich keine Quelle nennen, da ich den Satz nie wiedergefunden habe). Solange wir als Gesellschaft nicht dafür sorgen, dass das Reden *safe* wird, werden sich Betroffene dafür entscheiden, zu schweigen. Sei es, weil ihnen die Sprache fehlt, sei es aus Angst, Scham- oder Schuldgefühlen – oder sie schweigen als eine Form von Rebellion gegen ein System, das ihre Gewalterfahrungen ignoriert und sie im Stich lässt.

Recht ≠ Gerechtigkeit: Gesetze und Strafverfahren bei Sexualdelikten

Ein Mann sorgte seit dem vierten Lebensjahr für seine Stieftochter, sie nannte ihn seit jeher Papi. Als sie 19 Jahre alt war, legte er sich zu ihr ins Bett und missbrauchte sie. Aus Angst wehrte sie sich nicht, sondern stellte sich schlafend und drehte sich mehrmals weg, um ihm zu signalisieren, dass sie die sexuellen Handlungen nicht wollte.

Es kam zu einem Strafverfahren. Der Stiefvater gab die sexuellen Handlungen mehrheitlich zu, sagte aber, sie seien einvernehmlich erfolgt. Die Staatsanwaltschaft glaubte aber der jungen Frau und hielt schriftlich fest, dass »nicht davon die Rede sein könne«, dass das Opfer zu den sexuellen Handlungen eingewilligt habe. Und weißt du, was dann passierte? Das Strafverfahren wurde eingestellt. Nicht, wie so oft bei Sexualdelikten, aus Mangel an Beweisen. Sondern weil das Verhalten des Beschuldigten zwar »verwerflich« gewesen sei, aber strafrechtlich nicht relevant.

Dieser Fall ereignete sich nicht etwa im letzten Jahrhundert, sondern irgendwann zwischen 2014 und 2019 in der Schweiz. Und er hätte sich vermutlich vor 2016 genauso auch in Deutschland oder in Österreich ereignen können. Er ist eines der Fallbeispiele aus der Schweizer Praxis, mit der die Juristin und Wissenschaftlerin Nora Scheidegger und ich im Rahmen einer Publikation im Jahr 2020 aufgezeigt haben, dass sich eine Person in der Schweiz wissentlich über den Willen des Opfers hinwegsetzen kann, ohne sich wegen Vergewaltigung oder sexueller Nötigung strafbar zu machen.[216] Eine ähnliche Fallanalyse mit dem gleichen

Ergebnis hat der bff (Bundesverband der Frauenberatungsstellen und Frauennotrufe in Deutschland) einige Jahre zuvor, 2014, veröffentlicht.[217] Beide Publikationen haben zur Debatte der Sexualstrafrechtsreformen beitragen, indem sie auf gravierende Schutzlücken und ihre systematische Verbreitung aufmerksam machten.

Um zu verstehen, wie der Stiefvater im obigen Beispiel freigesprochen werden konnte (und warum das bis 2016 auch in Deutschland oder Österreich so gewesen wäre), müssen wir einige Jahrzehnte zurückblicken.

Sittlichkeitsdelikt

Vergewaltigungen waren über Jahrhunderte hinweg und bis ins 20. Jahrhundert hinein keine Delikte gegen die sexuelle Selbstbestimmung, sondern gegen die Ehre einer Frau und ihrer Familie. Diese Haltung geht zurück auf eine Zeit, in der man davon überzeugt war, dass die Ehre einer Frau durch eine außereheliche sexuelle Handlung beschädigt würde und außerehelicher Sex Schande über die Frau und mehr noch über ihre Familie und ihren Ehemann brächte. Demnach war es für die Frau (und ihre Familie) sehr wichtig, dass der Nachweis erbracht werden konnte, dass sie sich gegen den »Sex« gewehrt hatte, und deshalb ihre Ehre noch intakt war. Weiter lag dem Sexualstrafrecht der Grundgedanke zugrunde, dass einer Frau mit einer Vergewaltigung etwas weggenommen würde: ihr Ansehen, aber auch ihre Jungfräulichkeit. Man ging also von der Prämisse aus, dass eine Vergewaltigung nicht die Selbstbestimmung der Frau gefährde, sondern das Fundament der Ehe an sich. Eine Frau war nach einer Vergewaltigung weniger wert, weshalb es im Strafverfahren auch häufig darum ging, diesen »Schaden«, den die Vergewaltigung hinterlassen hat, finanziell auszugleichen. »Man erwartete, dass eine Frau ihren größten ›Schatz‹, die unbefleckte Geschlechtsehre, unter Einsatz ihres Lebens verteidigt«, schreibt die Rechtsanwältin und Wissenschaftlerin Isabel Kratzer in einer historischen Einordnung des

Vergewaltigungstatbestands.[218] Vergewaltigung innerhalb der Ehe gab es per Gesetz nicht. Anders gesagt: Die Frau musste ihre eheliche Pflicht erfüllen und dem Mann für sexuelle Handlungen zur Verfügung stehen. Bis in die 1970er-Jahre hinein wurde das Strafrecht auch in Europa als moralisches Regelwerk verstanden, um einen Verstoß gegen die patriarchal geprägten sexuellen Moralvorstellungen sanktionieren zu können, und nicht etwa als Schutz der sexuellen Selbstbestimmung der Frau. So hieß denn auch der entsprechende Abschnitt im deutschen Strafgesetzbuch »Verbrechen und Vergehen wider die Sittlichkeit« (in der DDR war das bis 1968 der Fall, in der BRD noch fünf Jahre länger). Anders gesagt: Das Sexualstrafrecht schützte den Ehemann (oder den Vater) vor dem Übergriff eines anderen Mannes auf die »eigene« Frau oder Tochter und zementierte damit, dass die Frau der Besitz des Mannes sei und sie eine Mitschuld trage, wenn sie vergewaltigt werde. Erst im Rahmen der großen Sexualstrafrechtsreform 1973 wurde das Sexualstrafrecht in der Bundesrepublik maßgeblich modernisiert und man kam weg von manchen Moralvorstellungen. Sex zwischen gleichgeschlechtlichen erwachsenen Menschen wurde legalisiert, wie auch Sex vor der Ehe. Der Straftatbestand »Ehebruch« wurde abgeschafft und die Sexualstraftatbestände waren nicht mehr »wider die Sittlichkeit«, sondern »gegen die sexuelle Selbstbestimmung«. Im gleichen Jahr fand auch in Österreich die große Sexualstrafrechtsreform statt – auch hier wurden aus den Straftaten gegen die Sittlichkeit Straftaten gegen die sexuelle Selbstbestimmung und aus »unzüchtigen Handlungen« wurden »sexuelle Handlungen«. Wie so oft, dauerte es in der Schweiz etwas länger: Erst seit der Revision 1991 gilt die sexuelle Selbstbestimmung und nicht mehr die Sittlichkeit als das zu schützende Rechtsgut.

Vergewaltigung in der Ehe

Auch nach 1973 blieb allerdings bestehen, dass sich nur derjenige Mann der Vergewaltigung schuldig machte, der »eine Frau mit Gewalt oder durch Drohung mit gegenwärtiger Gefahr für Leib oder Leben zum *außerehelichen* Beischlaf mit ihm oder einem Dritten nötigt«. Das Zitat ist aus der Bundesrepublik Deutschland, der Sachverhalt war in der DDR, in Österreich und in der Schweiz derselbe.

Die Ehe war also ein beinahe rechtsfreier Raum. Wenn ein Mann gewalttätig wurde, um »Sex« mit seiner Ehefrau zu erzwingen, konnte er allenfalls für die körperliche Nötigung belangt werden, aber nicht für Vergewaltigung. Es ist erschreckend, dass es erst so wenige Jahre her ist, dass diese Prämisse gekippt wurde – was ohne den unentwegten Kampf der Frauenbewegungen und ohne den steigenden Anteil von Frauen in den Parlamenten nicht möglich gewesen wäre. Im wiedervereinigten Deutschland ist Vergewaltigung innerhalb der Ehe erst seit 1997 strafbar. In Österreich zwar »schon« seit 1989 und in der Schweiz seit 1992, allerdings in beiden Ländern erst seit 2004 (!) als Offizialdelikt, das heißt als ein Delikt, das von Amts wegen verfolgt wird. Vorher brauchte es eine Anzeige, um die Ermittlungen aufzunehmen. Faktisch hieß das, dass Ehemänner, die vergewaltigten, per Gesetz privilegierter behandelt wurden als außereheliche Täter.

Je nach deinem Alter fühlt es sich trotzdem als sehr lange her an, dass Vergewaltigung in der Ehe nicht strafbar war. Deshalb möchte ich diese Jahreszahlen doch noch mal in Relation setzen: Die Politiker:innen, die sich 1989, 1992 oder 1997 gegen die Strafbarkeit der Vergewaltigung innerhalb der Ehe eingesetzt haben (und das waren einige, denn in allen drei Ländern war die Reform umstritten), haben danach zum Teil noch Jahrzehnte weiterpolitisiert, wurden wiedergewählt und haben die politische Landschaft der Länder mitgeprägt. In Deutschland stimmten 1997 von den 643 Abgeordneten im Bundestag 138 fast ausschließlich männliche Abgeordnete aus CDU, CSU und FDP gegen die Strafbarkeit der Vergewaltigung in der Ehe.[219] Darunter waren unter anderem Horst Seehofer, 2008 bis 2019 Vorsitzender der CSU und heute deren Ehrenvorsitzender, sowie Friedrich Merz, heute Bundesvorsitzender der CDU und Vorsitzender der CDU/CSU-Bundestagsfraktion. Sowohl Seehofer wie auch Merz haben bis heute alle Fragen bezüglich dieser

Abstimmung und ihrer aktuellen Haltung ignoriert, was ich als höchst problematisch erachte. Denn entweder heißt das, dass sie auch heute noch gegen die Strafbarkeit der Vergewaltigung in der Ehe sind, was ich mir nicht vorstellen kann und was verheerend wäre. Oder, und das finde ich wahrscheinlicher, es liegt an einer fehlenden Fehlerkultur. Das heißt, dass sie nicht dazu stehen können, dass sie damals von falschen Annahmen ausgegangen sind, dazugelernt haben und heute selbstverständlich anders argumentieren und entscheiden würden. Wir werden die Rape Culture nie entkräften, wenn Männer nicht anfangen, Verantwortung zu übernehmen und frühere Fehler zuzugeben. Ganz ehrlich? Ich fände es sogar wichtig, dass sich diejenigen, die sich damals öffentlich gegen die Strafbarkeit in der Ehe aussprachen, dafür entschuldigen würden. Ich finde gar, das wäre das Minimum.

In der Schweiz war Vergewaltigung in der Ehe zwar seit 1992 strafbar, allerdings nur auf Antrag. Gegen die Ausgestaltung als Offizialdelikt stemmte sich 2003 einzig die rechtskonservative SVP. Die Ehe wäre damit mit Sicherheit zerstört, so der SVP-Tenor.[220] Interessanterweise wurde bei all diesen Debatten (bis hin zu den Reformdebatten zum Sexualstrafrecht der letzten Jahre) versucht, die Angst vor Falschanschuldigungen zu schüren. Diese Angst ist eine oft wirkungsvolle Taktik in einer Gesellschaft, die so von dem Mythos überzeugt ist, dass es zahlreiche Falschanschuldigungen von Frauen gegen Männer geben würde (mehr dazu am Schluss dieses Kapitels). Der Nationalrat J. Alexander Baumann argumentierte 2003 so: »Nicht von der Hand zu weisen ist schliesslich die Gefahr von falschen Anschuldigungen mit unübersehbaren Folgen für die angeschuldigte Person, wobei sämtliche Romankonstellationen denkbar sind, von der gutgemeinten Anzeige durch die liebe Freundin bis zur neu verliebten Ehefrau, die ihren Gatten mindestens für einige Zeit aus dem Haus schaffen will.«[221] Die Wahrheit ist: Falschanschuldigungen sind immer möglich, unabhängig davon, wie ein Straftatbestand ausformuliert ist und ob es ein Antrags- oder ein Offizialdelikt ist. Auch in der Schweiz sind einige der Gegner der Sexualstrafrechtsreform immer noch politisch aktiv: Christoph Blocher wurde später Bundesrat, Toni Brunner war bis 2018 im Nationalrat und Christoph Mörgeli war bis 2015 im Nationalrat und ist heute Journalist der rechtskonservativen Zeitschrift *Weltwoche*.

In Dänemark und Schweden ist Vergewaltigung in der Ehe im Übrigen schon seit 1960 beziehungsweise 1965 strafbar. Es gab also durchaus Vorbilder, die zeigten, dass durch die gesetzliche Änderung die Ehe nicht grundsätzlich beschädigt wurde (abgesehen davon, dass die Ehe natürlich nicht die einzig legitime Beziehungsform ist, sondern eher dazu beiträgt, das Patriarchat zu stabilisieren – aber das ist ein anderes Thema).

Nein heißt Nein

Am 11. Mai 2021 titelte die Schweizer *Neue Zürcher Zeitung (NZZ)* auf ihrer Frontseite »Sex nur noch mit Zustimmung?«.[222] Bitte lies diesen Satz noch mal.

Mit diesem Titel brachte die *NZZ* in unschlagbar entlarvender Klarheit auf den Punkt, worüber fünf Jahre zuvor in Deutschland und Österreich und nun endlich auch in der Schweiz debattiert wurde: Ist es wirklich notwendig, dass »Sex« nur noch mit Zustimmung legal sein soll, oder will man doch beim alten Gesetz bleiben, demgemäß sexuelle Handlungen gegen den Willen einer Person legal sind, solange der Täter keine Gewalt angewendet hat? Bis dato galt in der Schweiz der Grundsatz, der auch vom Kantonsgericht Basel-Landschaft 2014 in einem Urteil festgehalten wurde: »Zu ergänzen ist diesbezüglich allerdings, dass auch Sex, der gegen den Willen der Betroffenen erfolgt, noch nicht zwingend eine strafbare Handlung darstellt.«[223] Bitte lies auch diesen Satz noch mal.

In Deutschland waren es die Vorfälle sexualisierter Gewalt in der Silvesternacht in Köln 2015/16, die die Empörung groß genug werden ließen, dass man sich 2016 zu einer Gesetzesänderung durchringen konnte (leider nicht, ohne gleichzeitig rassistische Ressentiments zu schüren und einen Abschiebeparagrafen für Sexualstraftäter zu verabschieden).

Im gleichen Jahr entschied auch Österreich, das »Nein heißt Nein«-Prinzip (die sogenannte Vetolösung) in seinem Sexualstrafrecht einzuführen. Schließlich konnte auch die Schweiz den längst fälligen Paradigmenwechsel im Sexualstrafrecht vollziehen und entschied 2023, ebenfalls eine »Nein heißt Nein«-Regelung einzuführen (das neue Gesetz wird im Juli 2024 in Kraft treten). Dass es schlussendlich in allen deutschsprachigen Ländern gelungen ist, die »Nein heißt Nein«-Lösung durchzubringen, ist auch der breiten feministischen Basis zu verdanken. Ohne die feministischen Demonstrationen, ohne den größeren Frauenanteil in den Parlamenten, ohne Fachpersonen, die unermüdlich auf die Probleme, die das veraltete Sexualstrafrecht generierte, hinwiesen, und ohne die Politiker:innen, die dem Thema die Wichtigkeit einräumten, die es verdiente, wäre die Reform wohl erst Jahre später umgesetzt worden. Nicht zuletzt brauchte es Frauen, die den Mut und die Stärke hatten, öffentlich ihre Betroffenheit kundzutun. Und die dies immer wieder taten und weiterhin tun, obwohl ihnen deshalb Hass entgegenschlug und -schlägt. Es waren diese aus der feministischen Bewegung heraus entstandenen Allianzen zwischen Aktivist:innen, Betroffenen, Fachpersonen, Politiker:innen und Organisationen, die solidarisch, geschlossen und sehr gut vernetzt für eine Reform des Sexualstrafrechts kämpften.

Mit »Nein heißt Nein« wurden in allen drei Ländern einige sehr wichtige Verbesserungen vollzogen: Allen voran braucht es kein Nötigungselement mehr, damit eine Tat als Vergewaltigung oder sexuelle Nötigung eingeordnet werden kann. Das heißt, dass der Täter keine Gewalt androhen oder ausüben muss. Trotzdem muss der Kampf für die »Nur Ja heißt Ja«-Lösung (die sogenannte Zustimmungslösung) weitergehen, denn nur diese Lösung vermag alle Schutzlücken im Recht vollständig zu schließen. Diese Ansicht wird auch vom Europäischen Gerichtshof für Menschenrechte geteilt. Denn jede sexuelle Handlung ohne Einwilligung aller beteiligten Personen ist eine Verletzung von grundlegenden Menschenrechten. Nicht zuletzt haben sich Deutschland, Österreich und die Schweiz mit der Ratifizierung der Istanbul-Konvention zur Verhütung und Bekämpfung von Gewalt gegen Frauen und häuslicher Gewalt[224] verpflichtet, alle nicht einvernehmlichen Sexualkontakte umfassend und angemessen unter Strafe zu stellen.

Das Narrativ der stillschweigenden Zustimmung

»Nein heißt Nein« bedeutet, dass eine Tat nur dann als Vergewaltigung gilt, wenn eine Person ihre Ablehnung kundtut. Falls die Person dagegen sexuelle Handlungen über sich ergehen lässt, ohne in irgendeiner Weise zugestimmt zu haben – aber auch, ohne sie abgelehnt zu haben –, gilt das erst mal nicht als Vergewaltigung. Und das ist gefährlich, denn das heißt nichts anderes, als dass der große Graubereich zwischen einem Ja und einem Nein als Ja definiert wird: Solange man keine klare Ablehnung hört, wird impliziert, dass zugestimmt wird. Während ein Mensch exklusiv über das eigene Zimmer verfügt, ist seine sexuelle Selbstbestimmung immer noch nicht umfassend geschützt. Das »Nein heißt Nein«-Prinzip setzt die Vermutung voraus, dass per se Zustimmung zu sexuellen Handlungen vorliegt. Nur wenn diese »stillschweigende Zustimmung« vom Opfer aktiv widerlegt wird, wird davon ausgegangen, dass kein Konsens vorliegt. Mit Verlaub: Dieses Narrativ der stillschweigenden Zustimmung beruht auf längst überholten Geschlechterstereotypen, bei denen davon ausgegangen wird, dass der Mann als aktiver Part den Sex initiiert, während die Frau als passiver Part willig ist. Anders gesagt: Der Mann hat das Recht auf Sex, solange die Frau nicht Nein sagt. Mit der »Nein heißt Nein«-Lösung werden genau diese überholten toxischen Geschlechterrollen in Bezug auf Sexualität und Intimität zementiert und sexuelle Handlungen ohne Zustimmung als Sex definiert. Zudem werden mit dem »Nein heißt Nein«-Prinzip Vergewaltigungsmythen gefestigt, indem weiterhin das Verhalten des Opfers im Fokus steht, anstatt sich darauf zu konzentrieren, ob eine beidseitige Einwilligung vorgelegen hat. Statt davon auszugehen, dass die sexuelle Selbstbestimmung ein per se schützenswertes Gut ist, wird der Frau die Verantwortung dafür gegeben, ihre sexuelle Selbstbestimmung gegen den Mann zu verteidigen. Dadurch werden die Opfer abgewertet und die Vorwürfe, die sie sich ohnehin bereits selbst machen (»Warum habe ich mich nicht stärker gewehrt?«), werden institutionell noch verstärkt. Wenn eine Person nichts gesagt oder getan hat, um ihre Zustimmung mitzuteilen, heißt das nicht, dass die betroffene Person eingewilligt hat. Es darf nicht davon ausgegangen werden, dass Passivität und Schweigen Zustimmung bedeuten.

Es ist an der Zeit, dass wir gesamtgesellschaftlich – und dazu gehört die Rechtsprechung – mit Vergewaltigungsmythen und Geschlechterstereotypen aufräumen. Wir brauchen eine Rechtsprechung, die mit der Zeit geht und die den durch Wissen, Aufklärung und Sensibilisierung gewandelten sozialen Anschauungen über Sexualdelikte endlich Rechnung trägt. Dazu gehört anzuerkennen, dass Passivität und Schweigen während sexueller Handlungen keine Zustimmung sind. Mit der Zustimmungslösung würde klar zum Ausdruck gebracht, dass Sexualität nicht weiterhin ein Gut ist, das man nutzen kann, solange niemand widerspricht. Sondern dass man sich der Zustimmung der anderen Person versichern muss. Die Botschaft der Zustimmungslösung wäre klar und deutlich: Schweigen ist kein Ja. »Ich bin müde« ist kein Ja. »Ich bin mir nicht sicher« ist kein Ja. Beides ist: fehlender Konsens. Sex ist, wenn alle zustimmen. Alles andere ist sexualisierte Gewalt. Und nein, das geht nicht – wie immer mal wieder behauptet wird – auf Kosten der Erotik. Im Gegenteil: Was gibt es Erotischeres als ein Ja? Als ein »Ja, tu das«, ein »Ja, das turnt mich an« oder ein »Ja, ich will dich jetzt sofort«? Eben.

Die Realität in Europa sieht leider anders aus: In 18 von 27 EU-Mitgliedstaaten werden, Stand Anfang 2024, sexuelle Handlungen gegen den Willen einer Person erst dann strafbar, wenn der Täter Gewalt anwendet oder androht – unter anderem in Italien, Portugal und vielen mittel- und osteuropäischen Ländern. Leider wurden im Februar 2024 die Bestrebungen der EU verhindert, EU-weit das »Nur Ja heißt Ja«-Prinzip einzuführen – nicht zuletzt durch das deutsche Justizministerium. Dabei wäre es gerade für die Betroffenen sexualisierter Gewalt in denjenigen EU-Ländern, die immer noch am Nötigungsprinzip festhalten, von sehr großer Wichtigkeit gewesen. Wieder einmal wurde eine juristische Auseinandersetzung zuungunsten von Millionen von Betroffenen sexualisierter Gewalt entschieden.

Kaum Verurteilungen

Sexualisierte Gewalt ist nicht bloß deshalb ein risikoarmes Delikt, weil die meisten Taten nie zur Anzeige kommen, sondern auch, weil die Wahrscheinlichkeit, dass es nach einer Anzeige auch zu einer Verurteilung kommt, sehr niedrig ist. Nach wie vor werden die meisten Verfahren zu sexualisierter Gewalt mangels Beweisen eingestellt. 2009 wurde eine vergleichende Studie in elf europäischen Ländern durchgeführt (mit dabei waren Deutschland und Österreich).[225] Sie bestätigte die hohe Zahl der Verfahrenseinstellungen bei Sexualdelikten in allen elf Ländern. Zudem zeigte die Studie auf, dass paradoxerweise der Anstieg der Anzeigen in den untersuchten Jahren zu einer proportionalen Verringerung der Verurteilungen geführt hat. Zu diesem Ergebnis kommt auch eine Studie aus der Schweiz aus dem Jahr 2021: Obwohl die Zahl der Anzeigen gestiegen ist, wurde ein Rückgang der Verurteilungen festgestellt.[226] In der Schweiz werden im Schnitt 22,8 Prozent der Täter verurteilt, wobei es große Unterschiede zwischen den Kantonen gibt: Wer im Kanton Zürich einer Vergewaltigung beschuldigt wird, wird nur in knapp acht Prozent der Fälle verurteilt, im Kanton Waadt, am anderen Ende der Statistik, liegt die Quote von Verurteilungen bei Vergewaltigungsanzeigen bei 61 Prozent. Die großen Unterschiede zwischen den Kantonen seien gemäß dem Studienleiter ein Hinweis darauf, dass die Strafverfolgung nicht überall optimal verlaufe; wieso die Unterschiede derart groß sind, wird im Moment untersucht.

In einem Interview mit der *Braunschweiger Zeitung* bestätigte Ute Lindemann, die Leiterin der Sonderabteilung für Sexualdelikte bei der Braunschweiger Staatsanwaltschaft, dass 2022 im Vergleich zum Jahr 2015 die Zahl der Anzeigen zwar um 44 Prozent gestiegen sei.[227] Nach wie vor werde aber deutlich mehr als die Hälfte der Fälle eingestellt. Laut einem Bericht des Rundfunks Berlin-Brandenburg aus dem Jahr 2020 werden deutschlandweit 66 Prozent der Verfahren bei Sexualstraftaten von der Staatsanwaltschaft eingestellt.[228] Die Verurteilungsquote sei mit zehn Prozent in Deutschland seit 2015 gleichbleibend niedrig. Der deutsche Kriminologe und langjährige Leiter des Kriminologischen Forschungsinstituts Niedersachsen, Christian Pfeiffer, hat die Daten und Erhebungen von Sexualdelikten der Jahre 2014 bis 2016 ausgewertet und kam gar zu dem Schluss, dass gerade mal eine von hundert Frauen, die vergewaltigt werden, die Verurteilung des Täters erlebt: »Das liegt daran, dass 85 Prozent der Frauen keine Anzeige machen, und dann gibt es folglich auch keine Verurteilungen. Und von den 15 Prozent, die übrig bleiben, werden letztendlich nur 7,5 Prozent der Täter verurteilt. Das ist indiskutabel.«[229]

In Österreich erfasst das Justizministerium jedes Jahr die Anzahl der Anzeigen pro Straftatbestand und die Anzahl und die Art der Entscheidungen in dem entsprechenden Jahr. Diese Zahlen lassen sich zwar nicht direkt vergleichen, weil eine Vergewaltigung, die 2021 angezeigt wird, vielleicht erst 2023 vor Gericht verhandelt wird (vielleicht aber auch schon 2021 eingestellt wird). Da die Zahlen aber pro Jahr sehr ähnlich sind, lassen sich doch Aussagen treffen. Im Jahr 2021 wurden in Österreich 966 Entscheide in Vergewaltigungsfällen gefällt.[230] In fünf Prozent der Fälle konnte die Tat nicht nachgewiesen werden und die Tatperson wurde freigesprochen. Wenn man diese Zahl anschaut, könnte man für einen kurzen Moment denken, dass es in einem Großteil der restlichen Fälle zu Verurteilungen kam, aber dem ist nicht so: 77 Prozent der Fälle kamen gar nicht erst vor Gericht, sondern wurden von der Staatsanwaltschaft eingestellt, zu Verurteilungen kam es gerade mal in 13 Prozent der Fälle. Sehr ähnlich sieht es auch bei den anderen Straftatbeständen, die unter das Sexualstrafrecht fallen, aus – sagt die Rechtsanwältin Sonja Aziz gegenüber dem *Standard*.[231] Aziz kritisiert unter anderem, dass die Beweise von Amts wegen kaum erhoben würden. Oft würden sich Staatsanwaltschaften mit den Berichten über die Aussagen des Opfers beziehungsweise des Täters zufriedengeben, ohne sich einen persönlichen Eindruck der Personen zu verschaffen. Auch zusätzliche Zeugen würden kaum angehört, außer eine Anwaltsperson stelle proaktiv den Antrag dazu (dabei müssen wir bedenken, dass längst nicht alle Betroffenen eine anwaltliche Vertretung haben). Auch Aziz betont, dass das Hauptproblem nicht die mangelnden Ressourcen bei der Staatsanwaltschaft seien, sondern das mangelnde Wissen.

Das große Problem zeigt sich aber nicht nur in der generell tiefen Verurteilungsquote, sondern auch im Hinblick darauf, welche Täter eine Verurteilung zu befürchten und welche Täter wenig zu befürchten haben. In der aktuellsten Studie, die ich diesbezüglich finden konnte (veröffentlicht 2023), hat die Schweizer Soziologieprofessorin Marylène Lieber 631 Fälle sexualisierter Gewalt im Kanton Genf untersucht.[232] Sie kommt zu dem Schluss, dass die Wahrscheinlichkeit, dass ein Täter verurteilt wird, mehr als doppelt so groß ist (konkret 23,5 Prozent der untersuchten Fälle), wenn Täter und Opfer sich vor der Tat nicht kannten. Falls der Täter für die Betroffene kein Unbekannter war, kam es nur in zehn Prozent der Anzeigen zu einer Verurteilung. In denjenigen Fällen, in denen eine (Ex-)Partnerschaft zwischen Opfer und Täter bestand, wurden nur 5,5 Prozent der Täter verurteilt: »Die Justiz ist zwar relativ effizient, wenn es darum geht, sexuelle Gewalt zu verurteilen, die von einer dem Opfer unbekannten Person (deren Identität nachgewiesen werden konnte) begangen wurde, doch scheint sie weitaus hilfloser zu sein, wenn es Formen des Kennenlernens zwischen Tätern und Opfern gibt, was die Mehrheit der Fälle ausmacht.«[233] Diese starken Unterschiede bei den Verurteilungsquoten, je nachdem, ob das Opfer den Täter kannte oder nicht, seien nicht etwa eine Genfer Ausnahme, sondern werden auch in anderen europäischen Ländern bestätigt. Lieber weist zudem darauf hin, dass davon auszugehen sei, dass für Männer aus privilegierten Schichten ein kleineres Risiko bestehe, für sexualisierte Gewalt verurteilt zu werden, obwohl alle Statistiken zeigen, dass sexualisierte Gewalt in allen sozialen Schichten vorkomme. Umgekehrt würden Männer aus sozioökonomisch tieferen Schichten eher für diese Taten verurteilt: »Eine solche Analyse verdeutlicht die Verflechtung verschiedener hierarchischer Beziehungen, die sich aus den sozialen Positionen der einzelnen Personen ergeben und mit der Klasse, dem Migrationshintergrund oder dem Geschlecht zusammenhängen.«[234]

Aussage gegen Aussage – wirklich?

Angesichts dieser verheerend niedrigen Verurteilungsquoten drängt sich die Frage auf, wie das möglich ist. Stellt man diese Frage den Strafverfolgungsbehörden, dann kommt sehr schnell die Antwort, dass es sich bei Sexualstraftaten meist um Vier-Augen-Delikte handle, die deshalb so schwer zu beweisen seien. Während ich einsehe, dass Vier-Augen-Delikte per se schwieriger zu beweisen sind als Delikte, bei denen es mehr Beweismittel gibt, macht es mich stutzig, dass erstens bei keinem anderen Delikt die Verurteilungsquote derart niedrig ist und die niedrigen Verurteilungsquoten zweitens so reflexartig mit dem Fakt begründet werden, dass es sich um Vier-Augen-Delikte handle. Die Juristin Nora Scheidegger sagt dazu: »Die Justiz hat Methoden, wie mit Aussage-gegen-Aussage-Fällen umgegangen werden kann. Auch wenn keine objektiven Beweise vorliegen. Man muss rekonstruieren, was passiert ist. Wer hat was gesagt? Wann? Wie? Dann muss bewertet werden, wie glaubhaft diese Aussagen sind und ob ein Tatbestand erfüllt ist. Manchmal gibt es auch Zeugen, einen Chat-Verlauf, in dem das Geschehene thematisiert wird, oder Videomaterial, das ausgewertet werden muss.«[235]

Spannendes förderte eine deutsche Untersuchung der Kriminologischen Zentralstelle zutage,[236] die »Fälle sexueller Gewalt« untersuchte, die von der Staatsanwaltschaft eingestellt wurden, weil der Tatverdacht für nicht hinreichend gehalten wurde, um den Fall an das Gericht zu überweisen. Untersucht wurden 343 eingestellte Verfahren von 99 (der insgesamt 115) Staatsanwaltschaften in Deutschland. Unter anderem kommt die Untersuchung zu dem Schluss, dass häufig nicht bloß die Aussage-gegen-Aussage-Konstellation zur Einstellung führte, sondern zusätzlich Umstände genannt wurden, die die beschuldigte Person entlasteten. In einem Fall wurde der Umstand genannt, dass ein Zeuge gesehen habe, dass sich der Beschuldigte und die Geschädigte zum Abschied freundschaftlich umarmt hätten. In einem anderen Fall wurde erwähnt, dass die Betroffene kurz zuvor bereits eine Vergewaltigung angezeigt habe, die ebenfalls nicht zu beweisen gewesen sei. In einem weiteren Fall wird erwähnt, dass Mutter und Schwester der Betroffenen angaben, die 16-Jährige habe bei der Abreise des Tatverdächtigen am Morgen nach der Tat einen verliebten Eindruck gemacht und sich kaum von dem Beschuldigten lösen können. In einem weiteren Fall warf die Staatsanwaltschaft die Frage auf, ob der Tatverdächtige aufgrund seiner Alkoholisierung überhaupt körperlich in der Lage gewesen wäre, die von der Betroffenen angezeigte Straftat zu begehen.

Ich glaube es erst, wenn ich es sehe!

Wieso gar nicht unbedingt die mangelnden Beweise das Hauptproblem sind, zeigen mitunter auch diejenigen Fälle, in denen es tatsächlich einen Videobeweis gab, es aber trotzdem zu keiner Verurteilung kam. Denn letztlich ist die Frage immer, wie die zuständigen Personen die Handlungen im Video interpretieren.

Der diesbezüglich prominenteste Fall der letzten Jahre war der von Gina-Lisa Lohfink. 2012 tauchen mehrere Videos einer Nacht auf, in denen zu sehen ist, wie zwei Männer Lohfink mutmaßlich vergewaltigten. In dem Video liegt Lohfink teils teilnahmslos da, sagt unzählige Male »Hör auf« und »Nein, nein, nein«. Lohfink zeigte die zwei Männer an. Die Staatsanwaltschaft stellte die Ermittlungen ein und verurteilte die beiden Männer lediglich für die Verbreitung der Videos. Die Begründung? Es handle sich um einvernehmlichen Geschlechtsverkehr, das »Nein« und »Hör auf« von Lohfink beziehe sich auf das Filmen.[237] Das führte schließlich dazu, dass die Staatsanwaltschaft und später auch die beiden Männer Lohfink wegen falscher Beschuldigung anzeigten, wofür sie verurteilt wurde. Die Begründung der Richterin Antje Ebner: »Es ist [auf den Videos] kein Blümchensex zu sehen. Was man sieht, ist nicht jedermanns Geschmack. Aber nirgendwo ist zu sehen, dass Frau Lohfink sich nicht wohlfühlt.«[238] Die Journalistin Beate Hausbichler schreibt dazu im *Der Standard*: »Wer die Videos gesehen hat, dem dreht sich der Magen angesichts dessen um, dass das nicht als Vergewaltigung, als sexualisierter Übergriff galt, dass das ›Hör auf‹ nichts zählte.«[239] (Das tut zwar jetzt nichts zu dem geschilderten Fall, ich möchte aber trotzdem nicht unerwähnt lassen, dass die Ex-Freundin eines der beiden Männer ihn schon 14 Mal (unter anderem wegen Vergewaltigung) angezeigt hatte.[240] 2021 stand der andere der beiden Männer wieder vor Gericht, unter anderem wegen Vergewaltigung, Körperverletzung und Nötigung und wurde wegen Körperverletzung verurteilt.)[241]

Ein anderer Fall, über den die *Bild am Sonntag* 2022 berichtete, war der Fall der 28-jährigen Selina. Selina zeigte einen Freund wegen Vergewaltigung an, sie erinnerte sich schemenhaft, wie sie regungslos dalag und er sie sexuell nötigte und vergewaltigte. Ebenso erinnerte sie sich daran, dass der Täter die Tat filmte und fotografierte. Die Aufnahmen zeigen die regungslose Frau. Selina wurde von einer Polizeibeamtin gesagt, dass den Videos zu entnehmen sei, dass sie vaginal feucht geworden sei, weshalb sie davon ausgehe, dass der Verkehr gewollt gewesen sei. Was für eine verheerend falsche Aussage, diesen Schutzmechanismus des Körpers als Einvernehmlichkeit zu missinterpretieren. Schließlich wurde das Verfahren aus Mangel an Beweisen von der Staatsanwaltschaft eingestellt. Selina fehlte die Kraft, gegen die Einstellung vorzugehen.[242]

Die Professorin und Direktorin des Freiburger Max-Planck-Instituts zur Erforschung von Kriminalität, Tatjana Hörnle, findet ebenfalls klare Worte zu den niedrigen Verurteilungsquoten. Sie kritisiert gegenüber Rundfunk Berlin-Brandenburg, dass die tiefen Quoten von zehn Prozent mit der Unschuldsvermutung nicht vernünftig zu erklären seien: »Da gibt es sicher Spielraum für Verbesserungen bei den Methoden der Vernehmungen und bei den Ressourcen der Staatsanwaltschaften.«[243] Der Kriminologe Christian Pfeiffer sagt im gleichen Beitrag gar, die Situation für betroffene Frauen in einem Sexualstrafverfahren sei »eines Rechtsstaates nicht würdig«.[244] Fakt ist: Das Sexualstrafrecht war bis

2016 in Deutschland und Österreich und ist bis dato in der Schweiz rückständig und führt(e) dazu, dass sexualisierte Übergriffe ohne Nötigung strafrechtlich nicht als Vergewaltigung oder sexuelle Nötigung eingestuft und geahndet werden (konnten). Fakt ist auch: Die Beweislage bei sexualisierter Gewalt ist meist schwierig, was die Strafverfolgung ebenso erschwert. Zudem wissen wir, dass sexualisierte Gewalt häufig ein traumatisches Ereignis ist. Deshalb kann die Tat oft nicht detailgetreu wiedergegeben werden und das wiederum führt dazu, dass die juristische Verwertbarkeit der Aussagen weniger gegeben ist. Hinzu kommt, dass Vernehmungen für die Opfer retraumatisierend sein können, was ebenfalls dazu führen kann, dass ihre Aussagen nicht kohärent sind oder dass sie aus Sicht der Staatsanwaltschaft nicht gut kooperieren. Aber rechtfertigt das die Situation, dass Staatsanwält:innen in so vielen Fällen zu dem Schluss kommen, es liege keine strafbare Handlung vor? Rechtfertigt das die Situation, dass Richter:innen in so vielen Fällen zu dem Schluss kommen, der Beschuldigte sei freizusprechen? Nein. Vielmehr zeigt uns ein Blick in die juristische Praxis, was uns Untersuchungen bestätigen: Auch die Personen, die bei den Strafverfolgungsbehörden und Gerichten arbeiten, gehen von falschen oder stereotypen Annahmen über sexualisierte Gewalt, deren Opfer und Täter aus, was, gepaart mit mangelnden Fortbildungen zu dieser Thematik, regelmäßig zu Fehlurteilen führt.

Das Problem mit sexualisierter Gewalt ist nicht, dass sie sich nicht gut genug beweisen lässt. Das wirklich große Problem ist, dass wir in einer Gesellschaft leben, die sich zu wenig für sexualisierte Gewalt und ihre strafrechtliche Verfolgung interessiert.

(Un)typisches Opferverhalten im Gerichtsprozess

2018 wurde vor dem Landgericht Köln ein Mann überraschend von der Vergewaltigung seiner Ehefrau freigesprochen, obwohl er sogar ein Geständnis über die Taten abgelegt hatte. Den Freispruch begründete das Gericht mit der fehlenden Glaubhaftigkeit des Opfers. Wieso die 31-jährige Frau als nicht glaubhaft eingeschätzt wurde, erklärte das Gericht so: Sie habe zu detailliert, zu strukturiert und zu reflektiert ausgesagt und sie habe zu wenig Gefühle gezeigt. Das sei für ein Vergewaltigungsopfer »atypisch«. Weiter wurde ihr vorgehalten, dass sie ihren Ex-Mann erst Jahre später und im Rahmen des Sorgerechtsstreits angezeigt habe. Sein Geständnis wurde hingegen als wertlos eingestuft, da es zu pauschal sei und nicht genug Details enthalte.[245]

Hätten die zuständigen Richter:innen einen zeitgemäßen Kenntnisstand gehabt, wäre ihnen bewusst gewesen, dass es *das* typische Opfer- und Täterverhalten bei sexualisierten Übergriffen nicht gibt und dass traumatisierte Menschen unter Umständen anders aussagen als nicht traumatisierte Menschen (Stichwort traumatische Erinnerungen). Wie ich im Kapitel »Mythen: Der fremde Mann und das Mädchen im kurzen Rock« ausgeführt habe, gibt es mitunter eine große Diskrepanz zwischen erwartetem und tatsächlichem Verhalten von Opfern vor, während und nach sexualisierten Übergriffen. Das führt dazu, dass nicht nur die breite Öffentlichkeit, sondern auch Staatsanwaltschaften und Gerichte vermeintlich untypisches Opferverhalten als Begründung für die fehlende Glaubhaftigkeit der Aussagen heranziehen, obwohl die Opferforschung längst belegt hat, dass es das typische Opferverhalten bei sexualisierten Übergriffen nicht gibt.

Eine österreichische Studie[246] hat in diesem Zusammenhang wichtige Erkenntnisse zutage gefördert. Die Wissenschaftlerinnen Hannah Melcher und Gabriele Amann gingen der Frage nach, inwieweit die Glaubhaftigkeitsbeurteilung von Aussagen durch spezifisches psychologisches Fachwissen verbessert werden kann. (Gerade auch im Hinblick auf Traumata und traumatische Erinnerungen ist psychologisches Fachwissen unabdingbar.) Bei der Studie wurden konkrete Aussagen aus Strafverfahren sowohl Jurastudierenden, die keine Kenntnisse auf dem Gebiet der Aussagepsychologie hatten, wie auch aussagepsychologisch trainierten Psychologiestudierenden zur Beurteilung vorgelegt. Dabei zeigte sich, wenig überraschend, dass trainierte Psychologiestudierende in deutlich höherem Ausmaß fähig sind, glaubhafte Aussagen von nicht glaubhaften Aussagen zu unterscheiden.

Wenn man einen Blick in die Opferforschung wirft, wird ziemlich schnell klar, dass das, was Staatsanwält:innen, Strafverteidiger:innen und Richter:innen zuweilen als »kontraintuitives Opferverhalten« bezeichnen, in Tat und Wahrheit sehr typisches oder intuitives Opferverhalten ist. Zudem weisen viele Studien darauf hin, dass das Opfer umso glaubhafter eingeschätzt wird, je näher die tatsächliche Tat an den gängigen Vergewaltigungsnarrativen liegt. Entsprechend steigen die Verurteilungsquoten.[247] Dies wurde auch in der vorhin genannten Untersuchung von Marylène Lieber festgestellt.

Ich werde euch im Folgenden viele Beispiele nennen, in denen Opferverhalten, das die Opferforschung als typisch beschreibt, im Strafverfahren gegen das Opfer ausgelegt wurde.

Das alte Sexualstrafrecht fußt auf der Prämisse, dass es einen für Opfer »zumutbaren« Widerstand gibt, der vom Täter gebrochen werden muss. Ein zumutbarer Widerstand kann zum Beispiel körperliche Gegenwehr oder auch das Verlassen des Tatorts sein (zum Beispiel das Verlassen des Zimmers, wenn es nicht abgeschlossen ist und das Opfer nicht mit Gewalt zum Verbleib genötigt wird). Mit zumutbarem Widerstand argumentierte in einem Fall das Kantonsgericht Basel-Landschaft im Jahr 2014. Auch hier wurde der Mann freigesprochen: »So hat sie beispielsweise nach dem Vorkommnis die restliche Nacht im gleichen Bett wie der Beschuldigte verbracht, was bei einem sexuellen Gewaltdelikt eher nicht zu erwarten wäre.«[248]

Tatsache ist, dass das Verbleiben am Tatort sehr typisch ist. Von Betroffenen habe ich die unterschiedlichsten Begründungen dafür gehört: Einige blieben aus Überrumpelung und Überforderung, einige wollten nicht wahrhaben, dass sie gerade tatsächlich sexualisierte Gewalt erfahren hatten, einige waren in einem zu schlechten Zustand, um den Tatort verlassen zu können (sei es psychisch oder aufgrund von Alkohol- oder Drogenkonsum), einige fürchteten, dass der Täter aggressiv werden könnte, wenn sie den Ort verließen. Vor diesem Hintergrund ist es höchst problematisch, Frauen genau dieses typische und auch nachvollziehbare Verhalten als sogenannt kontraintuitiv vorzuwerfen und ihren Aussagen deswegen die Glaubhaftigkeit abzusprechen.

Im Kapitel »Mythen: Der fremde Mann und das Mädchen im kurzen Rock« habe ich ausgeführt, wieso körperliche Gegenwehr für viele Betroffene nicht möglich ist. Trotzdem nennt das Zürcher Obergericht in einem Urteil aus dem Jahr 2016 gar die Körpermasse des Opfers und des Beschuldigten und begründet damit, dass er ihr körperlich nicht überlegen gewesen sei: »Sodann war die Privatklägerin zum Tatzeitpunkt im Alter von 15 ½ Jahren 1,77 Meter groß und rund 65 Kilogramm schwer, der 16-jährige Beschuldigte ebenfalls ca. 1,77 Meter groß und von durchschnittlicher, schlanker Statur […]. Eine eigentliche ›körperliche Überlegenheit‹ des Beschuldigten drängt sich somit entgegen der Vorinstanz nicht zwingend auf.« Somit sei der Tatbestand einer Vergewaltigung nicht erfüllt, weil es für das Opfer zumutbar gewesen wäre, sich zu wehren.[249] Die Annahme, dass es einen »zumutbaren Widerstand« für Betroffene gibt, suggeriert, dass das Opfer und der Täter während der Tat gleichberechtigt handeln könnten und es bloß eine Frage der körperlichen Stärke sei, ob man sich wehrt. Damit lässt man die sozialen und psychologischen Dimensionen sexualisierter Gewalt außer Acht.

Eine weitere Fehlannahme ist, dass Betroffene sexualisierter Gewalt oft (relativ) unmittelbar nach der Tat Anzeige erstatten. In oben genanntem Urteil steht: »Dabei erfolgte die Anzeigeerstattung durch die Privatklägerin erst […] viereinhalb Monate nach dem inkriminierten Vorfall, was als auffällig zu qualifizieren ist.«[250] Eine späte Anzeigeerstattung ist nicht auffällig, sondern schlicht sehr typisch. Dies wurde 2021 auch vom Schweizer Bundesgericht unmissverständlich festgehalten: Es sei aus der richterlichen Praxis bekannt, »dass Opfer von Sexualdelikten aus verschiedenen Gründen, namentlich aus Angst und Scham, oftmals auf eine Anzeigeerstattung verzichten«. Außerdem befänden sich Betroffene nach einem traumatischen Erlebnis, wie etwa einer Vergewaltigung,

»nicht selten in einem Zustand des Schocks und der Erstarrung«. Insgesamt sei es »unhaltbar«, den Aussagen des Opfers die Glaubhaftigkeit abzusprechen, nur weil erst später Anzeige erstattet wurde.[251]

Genauso typisch wie eine späte Anzeige ist, dass Betroffene in ihrem Umfeld oder bei Beratungsstellen nicht von der erfahrenen Gewalt erzählen. Ein Gericht war anderer Meinung und befand, dass es »nicht ganz einsichtig« sei, »warum die Privatklägerin ihrem Hausarzt von körperlichen Übergriffen erzählt [habe], nicht aber von sexuellen«.[252] Dabei ist es hinlänglich bekannt, dass es für sehr viele Frauen noch schwieriger ist, über sexualisierte Gewalt (in einer Beziehung) zu sprechen als über körperliche Gewalt. Ich habe von Frauenhausmitarbeiterinnen schon oft gehört, dass sexualisierte Gewalt selten aktiv von den betroffenen Frauen angesprochen wird, sondern meist erst durch behutsames Nachfragen zur Sprache kommt. Häufig werde »nur« die körperliche und psychische Gewalt aktiv angesprochen.

Eine weitere vermeintlich kontraintuitive Verhaltensweise, der ebenfalls mit großer Skepsis begegnet wird, ist die erneute Kontaktaufnahme mit dem Täter in den Tagen oder Wochen nach der Tat. So irrational das erscheinen mag, ich habe oft von Betroffenen gehört, dass sie nach der Tat mit dem Täter Kontakt aufgenommen haben, in der Hoffnung, klären zu können, was in der Tatnacht geschehen ist. Natürlich ist nicht von der Hand zu weisen, dass ein Gespräch mit dem Täter kaum zur Klärung beitragen wird. Die Wahrscheinlichkeit, dass der Täter sagt: »Ja, du hast recht, ich habe dich vergewaltigt«, ist ziemlich gering. Ich glaube, hinter dem Bedürfnis, das Vorgefallene mit dem Täter zu klären, liegt vor allem der vielleicht irrationale, aber sehr nachvollziehbare Wunsch, das alles möge gar nicht so passiert sein, wie es passiert ist. Es möge sich klären und als Missverständnis herausstellen.

Viele Jurist:innen aus der Praxis bestätigen mir, dass Vergewaltigungsmythen auch von Staatsanwält:innen, Richter:innen und Strafverteidiger:innen bis heute genutzt werden, um Opfer zu diskreditieren und ihnen ihre Glaubhaftigkeit abzusprechen. In einem Interview mit der *Neuen Zürcher Zeitung* sagte Patrizia Krug, Erste Staatsanwältin des Kantons Basel-Landschaft, dass der Fokus in Gerichtsverfahren regelmäßig auf das Verhalten der Opfer gelegt werde. Oft sei das die Taktik der Strafverteidiger:innen, es sei aber auch eine Tendenz bei den Richter:innen, gewisse Verhaltensweisen von einem Opfer zu erwarten. Sie erzählte von einer jungen Frau, die von einem Mann im Auto nach Hause gefahren und auf einer einsamen Waldlichtung vergewaltigt wurde. Die Frau wurde vor Gericht eingehend dazu befragt, weshalb sie nicht die Zentralverriegelung geöffnet habe und geflohen sei. Schließlich wurde der Mann nicht zuletzt deshalb freigesprochen, weil sich das Opfer nicht gewehrt habe und nicht geflüchtet sei. Krug führt aus, dass es sehr problematisch sein kann, wenn das Opferverhalten das Urteil mitbestimme: Besonders störend sei dies, wenn es um sehr junge Frauen gehe. Plötzlich befänden sich diese mit einem Mann an einem unbekannten Ort und hätten kein Geld dabei. Oder sie seien mit Sexualpraktiken konfrontiert, die sie gar nicht kennen würden. Könne man in solchen Fällen ernsthaft Widerstand erwarten? Doch vor Gericht seien es leider immer noch oft die Opfer, die sich rechtfertigen müssen. Krug bejaht zwar die Frage des Journalisten, dass das Verhalten des Opfers eine Rolle spiele bei der Frage, wie der Täter die Situation wahrgenommen habe, also ob der Täter die Ablehnung erkennen konnte. Sie führt dann aber aus, und diese Präzisierung ist zentral, wie man das Opferverhalten auch berücksichtigen könne, ohne dieses zu qualifizieren: »Indem immer die Handlungen und Motive des Täters im Fokus bleiben: Wovon durfte der Täter ausgehen? Das Verhalten des Opfers soll nicht die zentrale Rolle spielen. Genau das aber geschieht, wenn man Frauen nach den Motiven für ihr Verhalten fragt […]. Bei anderen Straftaten wäre ein solches Vorgehen undenkbar. […] Niemand würde einen Einbrecher milder bestrafen, weil der Hauseigentümer große Fenster eingebaut hat und jeder die Wertgegenstände von außen sehen konnte. Oder den Bestohlenen vor Gericht fragen, weshalb er die Fensterläden nicht heruntergelassen hat.« Krug hält klar fest: »Wir müssen uns alle definitiv von der Vorstellung verabschieden, dass es ein stereotypes Opferverhalten gibt. Denn das gibt es nicht – weder vor, während noch nach der

Tat.«[253] Darin ist sie mit der US-amerikanischen Psychologin und ausgewiesenen Expertin für Opfer geschlechtsbezogener Gewalt Veronique N. Valliere einig, die sich in ihrem Buch *Understanding Victims of Interpersonal Violence* eingehend mit dem Opferverhalten auseinandersetzt. Auch sie hält abschließend fest, dass es kein kontraintuitives Opferverhalten gebe. Diese falsche Erwartung, wie sich ein Opfer zu verhalten habe, beruhe auf falschen Annahmen und der Akzeptanz von Mythen über sexualisierte Gewalt. Die Zürcher Opferanwältin Brigit Rösli sagt in einem Artikel der Zeitung *Tages-Anzeiger*, der Verfahrensausgang sei stark davon abhängig, wie sensibilisiert die involvierten Fachpersonen seien. Sie erwähnt einen Fall, bei dem eine Frau in einem Auto vergewaltigt wurde. Die Richter:innen hätten dazu gesagt, das sei gar nicht möglich, da es in einem Auto dafür zu eng sei.[254]

Auch die Angaben der Betroffenen, aus Scham während des Übergriffs nicht geschrien oder um Hilfe gerufen zu haben, werden immer wieder als nicht nachvollziehbar oder unglaubwürdig verworfen. Dabei ist, wie im Kapitel »Das Schweigen (brechen)« ausgeführt, die Entwicklung von Schamgefühlen bei Betroffenen sexualisierter Gewalt äußerst typisch.

Ich will keineswegs behaupten, die Staatsanwaltschaften und Gerichte hätten in allen oben genannten Fällen die Glaubhaftigkeit der Opferaussagen zu Unrecht verneint. Die Beweiswürdigung und insbesondere die Glaubhaftigkeitsbeurteilung von Aussagen bei Sexualdelikten sind bekanntlich eine herausfordernde Aufgabe. Wir müssen aber von den Strafverfolgungsbehörden und den Gerichten erwarten dürfen, dass bei der Beweiswürdigung die ganze Bandbreite möglicher Opferreaktionen berücksichtigt und mit Annahmen zu »typischem Opferverhalten« zurückhaltend umgegangen wird. Glaubhaftigkeitsbeurteilungen, die sich unter anderem darauf stützen, »es sei lebensfremd, dass die Privatklägerin nach der Vergewaltigung im Bett neben dem Beschuldigten liegen geblieben sei, zumal sie [...] gehen oder zumindest das Zimmer hätte verlassen können«,[255] sind unhaltbar. Nicht zuletzt wird der geforderte sensible Umgang mit angeblich typischem Opferverhalten auch im erläuternden Bericht zur Istanbul-Konvention gefordert.[256] Zudem wird im Bericht ausgeführt, dass die Strafverfolgung sich ebenso wenig von geschlechtsspezifischen Klischees und Gerüchten über männliche und weibliche Sexualität beeinflussen lassen dürfe. So dürfe nicht unterstellt werden, dass sich Frauen »gerne« von Männern (mit Gewalt) zu sexuellen Handlungen drängen ließen.

Zu guter Letzt möchte ich darauf eingehen, wie die psychische Verfassung der Opfer in Strafverfahren regelmäßig gegen sie ausgespielt wird. Einerseits kann es in einem Strafverfahren zuungunsten der Betroffenen ausgelegt werden, wenn sie in Therapie sind (vor allem, wenn sie schon länger in Therapie sind), gleichzeitig kann es auch zu ihren Ungunsten ausgelegt werden, wenn sie sich nach der Tat nicht in Therapie begeben haben, da dann der Schluss gezogen wird, dass die Schwere der Verletzung nicht so gravierend sei. So stehen Betroffene, falls sie die Tat anzeigen wollen, vor dem unlösbaren Dilemma, dass ihnen einerseits eine Therapie die benötigte Unterstützung bieten würde, sie sich andererseits aber mit dem Gang in die Therapie für das Strafverfahren schaden können. In einem mir bekannten Fall hat die betroffene Frau auf Anraten ihrer Rechtsanwältin zu Beginn des Strafverfahrens noch keine Therapie besucht, damit nicht suggeriert werden konnte, dass ihre Aussagen durch die therapeutische Arbeit verfälscht worden seien. Als sie später doch eine Therapie anfing, hat sie dies der Staatsanwaltschaft nicht mitgeteilt, damit es nicht gegen sie ausgelegt wurde. Das wiederum führte dazu, dass der Richter eine direkte Konfrontation der Frau mit dem Täter als zumutbar einstufte mit der Begründung, dass es der Frau psychisch gut genug gehe, um mit dem Beschuldigten im selben Raum zu sein. Der Anwalt der betroffenen Frau telefonierte diesbezüglich mit dem zuständigen Richter. Dieser habe ihm gesagt: »Machen wir daraus nichts Größeres, als es ist.« Was für ein Hohn für die Betroffene.

Strafverteidigung

Tessa Ensler ist eine aufstrebende junge Strafverteidigerin, die Männer aus Verfahren aufgrund sexualisierter Gewalt herausrettet. Strafverteidigung ist für sie ein aufregendes Spiel. Es geht nicht um Moral oder Schuld, es geht ums Gewinnen. Oder um es in Tessas Worten auszudrücken: »Du spielst hier nicht Gott, du entscheidest oder urteilst nicht.« Sie erzählt vom Credo der Strafverteidiger:innen, die nicht nach der Wahrheit suchen. Denn zu wissen, ob der Mandant ein Vergewaltiger ist, macht sie nicht etwa zur besseren Strafverteidigerin, sondern im Gegenteil zur schlechteren: »Das hier ist nicht das Leben. Dies ist das Gesetz.« Ein:e gute:r Verteidiger:in erzähle nicht die Wahrheit, sondern bloß die beste Version der Geschichte des Mandanten. Doch plötzlich ist Tessa auf der anderen Seite des Systems: Sie verbringt einen feuchtfröhlichen Abend mit ihrem Arbeitskollegen und Liebhaber Julian. Nach einvernehmlichem Sex vergewaltigt er sie. Die beiden haben nicht das erste Mal eine gemeinsame Nacht verbracht, zudem auch reichlich Alkohol konsumiert. Auch als juristischer Laie spürt man: eine äußerst ungünstige Ausgangslage für das Opfer.

Was ich hier beschreibe, ist keine wahre Geschichte, sondern der Ausgangspunkt für Suzie Millers grandioses und mehrfach ausgezeichnetes Theaterstück *Prima facie*, das im Jahr 2019 in Sydney uraufgeführt wurde und das ich Ende 2023 in Bern besucht habe. (Anfang 2024 erschien übrigens unter dem gleichen Titel Suzie Millers Roman, der auf dem Theaterstück basiert, auf Deutsch.) Tessa Ensler steht für alle Frauen, die sexualisierte Gewalt erfahren haben und ein Strafverfahren durchleben müssen.

»Diese verdammte Hand. Wo hatte er die, als er sie vergewaltigt hat? Auf ihren Mund gedrückt? Oder hat er damit ihr Handgelenk festgehalten? Das rechte? Das linke? Oder hat er beide Handgelenke mit nur einer Hand festgehalten? Tessa Ensler weiß es nicht mehr. Dabei weiß sie, dass sie das dringend wissen sollte, wenn sie auch nur den Hauch einer Chance haben will, hier vor Gericht, wo sie aussagt gegen

Julian.« So beschreibt Christiane Lutz in der *Süddeutschen Zeitung* eine der Szenen.[257] Die Anspannung im Theatersaal war, als ich das Stück live sah, spürbar. Nicht, weil wir im Publikum nicht wussten, worauf das Ganze hinauslaufen würde, sondern gerade *weil* wir es wussten. Und weil es kaum aushaltbar war, die Realität, an die wir uns schon viel zu sehr gewöhnt hatten, vor Augen geführt zu bekommen. Das Theater endet mit dem Freispruch von Julian. Denn, so sagt Tessa im Stück, die weibliche Erfahrung sexualisierter Gewalt passe in kein von Männern geprägtes System. Sie entspreche keiner juristischen Wahrheit und deshalb könne es auch keine Gerechtigkeit geben.

Prima facie ist (neben der eindrücklichen Performance der jeweiligen Schauspielerin – das Stück ist ein Monodrama, also ein Einpersonenstück) so erfolgreich, weil die Drehbuchautorin Suzie Miller genau weiß, wovon sie spricht: Die Australierin hat jahrelang als Strafverteidigerin gearbeitet, insbesondere spezialisierte sie sich auf die Verteidigung mutmaßlicher Sexualstraftäter. Eindrücklich lässt sie im Stück Tessa Ensler die Kaltblütigkeit der Strafverteidigung darstellen.

Ich gebe es unumwunden zu: Meine Beziehung zur Gilde der Strafverteidiger:innen ist, gelinde gesagt, belastet. Selbstverständlich ist mir bewusst, dass die Rolle der Verteidigung sehr wichtig ist. Ich streite in keiner Art und Weise ab, dass es rechtsstaatlich richtig und wichtig ist, dass beschuldigte Personen einen Rechtsbeistand erhalten. Mir ist zudem auch klar, dass der Job einer Strafverteidigung ist, die Mandant:innen bestmöglich zu vertreten. Sie sollen also entweder dafür sorgen, dass das Verfahren eingestellt wird, dass es zu einem Freispruch kommt oder dass bei einer erdrückenden Beweislage die Strafe so mild wie möglich ausfällt. Trotzdem weigere ich mich zu glauben, dass eine Strafverteidigung nicht auch möglich wäre, ohne das Opfer derart abzuwerten und zu erniedrigen. Für ausnahmslos jede betroffene Person, die ich während meiner Jahre bei der Opferhilfe in Strafverfahren begleitet habe, waren die Fragen der Strafverteidigung mit das Schlimmste des ganzen Verfahrens.

Das Verteidigungsskript der Strafverteidigung bei sexualisierten

Gewalttaten lässt sich sehr einfach erklären, es ist das Einmaleins der Rape Culture: Der Sex war einvernehmlich, die Frau lügt, weil sie sich rächen oder weil sie Aufmerksamkeit erhalten will. Sie hat so viel Alkohol konsumiert, dass sie sich falsch erinnert, er hat so viel Alkohol konsumiert, dass er enthemmt war. Sie hat sich an ihn herangemacht, er ging davon aus, dass ihr das alles gefalle; hätte es ihr nicht gefallen, hätte sie sich mit Händen und Füßen gewehrt.

Von folgenden Erfahrungen erzählte mir eine betroffene Frau persönlich: Sie hatte ihren Physiotherapeuten wegen eines sexuellen Übergriffes angezeigt. Er hatte für eine Massage zunächst die Tür abgeschlossen, damit sie sich »besser entspannen« könne. Während der Massage berührte er sie dann mehrmals im Intimbereich und drückte seinen Penis an ihren Kopf. Bei der Vernehmung wurde die Frau von der Staatsanwältin aufgefordert, die Massageliege zu zeichnen, was an sich nicht unüblich ist. Das Skript des Verteidigers ging folgendermaßen: Die Frau habe mit dem Physiotherapeuten geflirtet, sie seien sich nähergekommen, der Physiotherapeut habe ihr dann aber eine Abfuhr erteilt. Da sie nicht wusste, wie sie ihrem Mann die Annäherung beichten sollte, habe sie die Geschichte des sexuellen Übergriffs erfunden. Die Beziehung zu ihrem Mann sei ohnehin in der Krise gewesen, das sehe man daran, dass ihr Mann nicht der Erste gewesen sei, dem sie von dem vermeintlichen Übergriff erzählt hatte. Sie ließ sich dann von der Opferhilfe beraten. Diese habe sie zu einer Anzeige gedrängt, weshalb sie ihn dann angezeigt habe. Wäre wirklich ein Übergriff passiert, hätte sie ihn nicht erst einen Monat später angezeigt. Zudem – haltet euch fest – hätte sie als gelernte Schreinerin eine Massageliege genauer zeichnen können (!), wenn sie sich das mit der Liege nicht bloß ausgedacht hätte. Und sie habe selbst auch einen Massagelehrgang gemacht, dann wisse sie doch, wo die Grenzen einer Massage liegen, und hätte das mitteilen können, wenn ihr etwas zu weit gegangen wäre. Dann hätte sie einfach aufstehen und gehen können. Die Strategie ist leicht durchschaubar: Späte Anzeige, schlechte Zeichnung und fehlendes, obwohl zumutbares Wehrverhalten deuten darauf hin, dass die Geschichte entweder gelogen oder die sexuellen Handlungen zumindest einvernehmlich gewesen seien.

Wie abwertend die Strafverteidigung argumentieren kann, zeigt auch der Fall von Morena Diaz.[258] Die Schweizer Influencerin zeigte einen Mann, mit dem sie bis zur Tat befreundet gewesen war, wegen eines sexualisierten Übergriffes an. Die Strategie des Strafverteidigers war, Diaz einerseits als Influencerin zu verunglimpfen und andererseits den Mythos zu bedienen, dass Frauen sexualisierte Übergriffe erfinden, um Aufmerksamkeit und Ruhm zu erhalten. Diese Strategie schien ihm erfolgversprechend in einer Gesellschaft, in der junge Frauen, die als Influencerinnen arbeiten, per se abgewertet und lächerlich gemacht werden. So musste Diaz sich vor Gericht die Frage gefallen lassen, wie viele Follower:innen sie vor der vermeintlichen Tat gehabt habe und wie viele danach. Oder wie viel sie vor der vermeintlichen Tat verdient habe und wie viel sie nun verdiene. Der Strafverteidiger hatte offenbar auch Diaz' Arbeit auf Instagram aufmerksam verfolgt, denn er sprach sie auf einen Post an, in dem sie schrieb: »Ich mache mir langsam echt Sorgen um mein Gedächtnis. Es wird echt immer schlimmer.«[259] Dabei ging es darum, dass sie seit der Schwangerschaft immer wieder Sachen verlegte, wie beispielsweise ihre Schlüssel.

Sowohl im Falle des Physiotherapeuten als auch bei Diaz' Täter ging die Taktik der Verteidigung nicht auf und es kam schließlich zu Verurteilungen. Allerdings dürfen wir daraus nicht schließen, dass die aufgetischten Storys der Strafverteidigung keine große Gefahr für die Opfer darstellen. Vielmehr zeigen auch solche Fälle, dass es offenbar immer noch die gängigste Strategie der Strafverteidigung bei Sexualdelikten ist, Vergewaltigungsmythen zu bedienen und Täter-Opfer-Umkehr zu betreiben. Und auch wenn ein Täter schlussendlich doch verurteilt wird, sind die Fragen und Plädoyers der Strafverteidigung für viele Opfer sehr belastend und retraumatisierend.

Sabine Schmutz, Schweizer Rechtsanwältin für Strafrecht, bestätigte mir, dass sie eine derartige, oft bösartige Abwertung des Opfers als Gesamtperson hauptsächlich von Sexualstrafverfahren kenne. Häufig sei die Strafverteidigung unnötig herablassend und nutze aus, dass die Opfer sexualisierter Gewalt in den Strafverfahren oft sehr verletzlich seien. Schmutz ist überzeugt, dass eine gute Strafverteidigung auch ohne »Opfer-Bashing« möglich wäre – wie dies bei Verfahren zu anderen Tatbeständen durchaus der Fall sei.

Der Prozess nach einem Sexualdelikt stellt wie bei keinem anderen Verbrechen den intimsten Bereich des Opfers der Öffentlichkeit zur Schau, legt den nackten (Frauen-)Körper für alle sichtbar und vorstellbar frei. Die deutsche Rechtsanwältin für Familien- und Strafrecht Christina Clemm schreibt in ihrem Buch *AktenEinsicht*: »Immer noch werden in Gerichtsverhandlungen intimste Fragen zu allen Lebensbereichen gestellt, etwa zum gesamten Vorleben, zu sämtlichen Sexualpartner*innen und -praktiken, zu Freund*innen, Verwandten und Bekannten, einfach allem Erdenklichen, was irgendwie geeignet sein könnte, Zweifel zu säen. Immer wieder kommt es vor, dass Zeug*innen als Lügner*innen beschimpft, verlacht und verunsichert werden, sie werden verächtlich und herablassend befragt, oder es werden einfach Behauptungen in den Raum gestellt, die vor allem dazu geeignet sind, die Zeug*innen aus der Fassung zu bringen, wie etwa: ›Könnte es auch daran liegen, dass Sie häufig sexuelle Erlebnisse später bereuen?‹, oder: ›Wenn Sie schon lange keinen Sex mehr hatten, dann waren Sie womöglich einfach von der Situation überfordert, dass endlich mal einer ernst machte, oder?‹ Gern werden auch Fragen gestellt wie: ›Trinken Sie häufig zu viel?‹, ›Haben Sie sich oft nicht unter Kontrolle?‹, ›Bereuen Sie häufig etwas, was Sie noch kurz vorher wollten?‹.«[260]

Meine Erfahrungen bei den Opferbegleitungen in der Schweiz entsprechen denen von Christina Clemm. Betroffene erfahren bei der Polizei und vor Gericht häufig wenig Empathie und müssen oft irritierende Fragen zu ihrer Kleidung, zum Alkoholkonsum, zu ihrer Sexualität oder zum späten Zeitpunkt der Anzeige beantworten, ohne dass ihnen erklärt würde, wieso diese Fragen von Relevanz sein sollen. Ich war dabei, als eine Polizeibeamtin eine Frau fragte, ob sie denn die

Vergewaltigung hätte verhindern können; als ein Polizeibeamter eine Frau fragte, wieso sie denn mit dem Beschuldigten in die Wohnung gegangen sei, wenn sie ihn doch erst seit diesem Abend kannte; als ein Richter den Alkoholkonsum der Frau in den Fokus der Verhandlung stellte und als ein Staatsanwalt die Glaubwürdigkeit der Frau anzweifelte, weil sie ihm »zu emotionslos« über die Tat erzählte.

Eines Rechtsstaates nicht würdig

Wir dürfen nicht vergessen, dass das Justizwesen historisch von cis Männern kreiert und dominiert wurde. Dieser Mangel an Diversität und damit an diversen Perspektiven ist ein Problem. Denn es heißt in der Konsequenz, dass es schwierig wird, die nicht cis-männliche Perspektive einzubringen bei Themen, die Männer nicht in derselben Art und Weise betreffen wie Frauen, und das sind in einer patriarchal geprägten Gesellschaft ziemlich viele Themen. »Das Recht spiegelt immer die bestehende Gesellschaftsordnung wider. Also kann in einer gewaltvollen, vielfältig diskriminierenden und patriarchalen Gesellschaft auch das Recht nicht neutral sein«, schreibt die Rechtsanwältin und Autorin Asha Hedayati im Buch *Unlearn Patriarchy #2*.[261] Mehr Gerechtigkeit für Betroffene sexualisierter Gewalt kann nur erreicht werden, wenn Jurist:innen, die nicht nur die exklusive Macht über die Rechtsprechung haben, sondern auch überproportional in der Legislativen und der Exekutiven vertreten sind, sich mehr Wissen über sexualisierte Gewalt aneignen und lernen, eigene diskriminierende Vorurteile zu reflektieren und ihren eigenen Sexismus, ihre Misogynie, ihren Rassismus, Ableismus und Klassismus zu erkennen. Solange sie dies nicht tun, bleibt das Recht ein diskriminierender Ort für alle Menschen, die nicht der cis-männlichen Norm entsprechen.

Oft wird argumentiert, dass das Strafrecht kein wirksames Mittel sei, um die Haltungen in einer Gesellschaft zu ändern. Einige sind der Meinung, dass es nicht weitere Gesetzesreformen, sondern viel mehr Aufklärungskampagnen über sexualisierte Gewalt und Konsens brauche. Ich stimme nachdrücklich zu, dass Aufklärung enorm wichtig, notwendig und von großer Bedeutung ist. Gesetze allein reichen nicht aus, um einen Kulturwandel herbeizuführen. Nichtsdestotrotz ist das Strafrecht die Grundlage für die Durchsetzung von Mindeststandards in unserer Gesellschaft. Dass Strafverfolgungsbehörden Vergewaltigungsmythen in ihren Urteilen zementieren und Opfer im Rahmen des Strafverfahrens ein hohes Risiko tragen, retraumatisiert zu werden, ist unhaltbar. Gerne wiederhole ich die Aussage des Kriminologen Christian Pfeiffer: Die Situation für betroffene Frauen in einem Sexualstrafverfahren ist »eines Rechtsstaates nicht würdig«.[262]

Falschanzeigen

Noch Anfang des 20. Jahrhunderts haben englische Richter die Geschworenen darauf hingewiesen, dass die Quote von Falschbeschuldigungen bei sexualisierter Gewalt bei 80 bis 90 Prozent liege.[263] Nora Scheidegger schreibt in ihrer Dissertation dazu: »Unter Berücksichtigung der Tatsache, dass zu den Gewissheiten der damaligen Gerichtsmedizin die Erkenntnis gehörte, dass insbesondere Frauen als Hysterikerinnen zur Lüge, Falschaussage und Denunziation neigen, erstaunt dieser ›Befund‹ nicht.«[264] Dass diese Zahl nicht der Wahrheit entspricht, ist heute in der Forschung unbestritten. Trotzdem wird bei keinem Delikt so oft über Falschanzeigen gesprochen wie bei Sexualdelikten. Damit wird hier auch besonders oft das Stereotyp der lügenden oder rachsüchtigen Frau bedient. Ein Blick in diesbezügliche Untersuchungen zeigt, dass es gar nicht so einfach ist, eine »korrekte« Falschbeschuldigungsquote zu berechnen. Häufig anzutreffen sind folgende zwei Annahmen: Die Zahl der Falschbeschuldigungen sei wahrscheinlich höher als die Anzahl der Verfahren, die deswegen gegen das »Opfer« eingeleitet werden (zwischen vier und sieben Prozent),[265] und die Einschätzung zu Falschbeschuldigungen seitens der Strafverfolgungsbehörden wiederum ist tendenziell zu hoch. (Im Buch *Hast du Nein gesagt?* von Miriam Suter und Natalia Widla wird eine Polizeibeamtin zitiert, die sagt, dass in ihrem Polizeikorps von 60 bis 80 Prozent Falschanschuldigungen ausgegangen werde.[266] Ähnlich hohe Schätzungen finden sich auch in Untersuchungen.)

Falschanzeigen kommen vor und können für die Opfer einschneidende und gravierende Folgen haben. Sehr wichtig erscheint mir in diesem Zusammenhang der Hinweis von Scheidegger, dass, anders als gemeinhin vermutet, gezielte und geplante Falschanzeigen aus Rache eher die Ausnahme darstellen. Vielmehr seien massive psychische Störungen die häufigste Ursache von falschen Anschuldigungen.[267] Wichtig ist zudem, dass Falschanschuldigungen nicht mit Fehlurteilen verwechselt werden dürfen. Wie wir aus den Verurteilungsquoten ablesen können, sind Staatsanwaltschaften und Gerichte bekanntlich zurückhaltend in der Verurteilung von Beschuldigten bei Sexualdelikten und sind überdies zumeist auch geschult darin, falsche Anschuldigungen als solche zu erkennen.

Eine sehr wichtige Einordnung zu Falschanschuldigungen und Fehlurteilen nimmt die Philosophin Amia Srinivasan in ihrem Buch *Das Recht auf Sex* vor, das 2022 auf Deutsch erschienen ist: In England kam man im Rahmen einer sehr detaillierten Studie aus dem Jahr 2005 zu dem Schluss, dass drei Prozent der Vergewaltigungsanzeigen »wahrscheinlich« oder »möglicherweise« Falschanschuldigungen gewesen seien. Und doch, und hier wird's spannend, hatte die britische Polizei bei ebendiesen untersuchten Vergewaltigungsfällen (es handelte sich insgesamt um 2643 Anzeigen wegen Vergewaltigung über einen Zeitraum von 15 Jahren) mehr als doppelt so viele, nämlich acht Prozent dieser Anzeigen, als Falschanschuldigung eingeordnet. Diese Fehleinordnung entstand aufgrund von falschen Annahmen der Polizei. So habe es eine Tendenz gegeben, Anschuldigungen, bei denen keine körperliche Gewalt oder Waffen im Spiel waren, als haltlos einzustufen. Außerdem gaben mehrere Polizeibeamt:innen zu, dass sie einer Frau, die die beschuldigte Person persönlich kannte, eher keinen Glauben schenkten. Dabei kam die Studie genau zu dem umgekehrten Schluss: Je näher der Bekanntschaftsgrad zwischen Opfer und Täter, desto unwahrscheinlicher war es, dass es sich um eine Falschanschuldigung handelte.[268]

Eine andere Form der Falschanschuldigung betrifft die Opfer sexualisierter Gewalt, die Anzeige erstattet haben und zu Unrecht von einer Racheanzeige betroffen sind. Eine Racheanzeige ist eine Anzeige durch den Beschuldigten wegen falscher Verdächtigung (in der Schweiz falsche Anschuldigung genannt) und/oder Verleumdung. Racheanzeigen sind in der Tat relativ häufig und die Angst vor Racheanzeigen ist mit ein Grund, weshalb viele Betroffene keine Anzeige erstatten. »Ich habe Frauen begleitet, die das erlebt haben. Das ist eine Belastung, die man sich nur schwer vorstellen kann«,[269] sagt die Wiener Rechtsanwältin Christine Kolbitsch im feministischen Magazin *an.schläge*. Kolbitsch vertritt seit dreißig Jahren Frauen, die sexualisierte Gewalt erlebt haben. Sie sagt, in etwa 10 bis 15 Prozent der Fälle sei mit einer solchen Verleumdungsklage zu rechnen.

Falschanschuldigungen sind verwerflich und können gravierende Folgen für die Opfer haben. Sie rechtfertigen aber nicht das reflexartige und oft auf misogynen und sexistischen Annahmen beruhende Infragestellen der Glaubwürdigkeit jeder_ Frau, die sexualisierte Gewalt offenlegt.

Wie wir Frauen das Fürchten lehren

Stell dir vor, es gäbe im ganzen Land plötzlich gehäuft Fälle von alkoholisierten Autofahrer:innen, die Menschen auf dem Zebrastreifen anfahren. Als Reaktion darauf würde man Kurse anbieten, in denen die Teilnehmenden lernen, wie sie sicher die Straße überqueren können, ohne angefahren zu werden. Und wie sie am lautesten »STOPP!« schreien können, wenn sich ein Auto nähert. Absurd, oder? Ja, es ist absurd, aber genau nach diesem Prinzip wird seit Jahrzehnten in unserer Gesellschaft »Prävention« von sexualisierter Gewalt betrieben. Diese »Prävention« geht von der Prämisse aus: *Boys will be boys,* männliches Verhalten ist unveränderbar (und eigentlich wollen wir es gar nicht verändern, wir wollen ja Jungs nicht einschränken). Dadurch wird die Erwartung an jede_ Frau klar: Sie muss sich vorausschauend korrekt verhalten, dann erfährt sie keine sexualisierten Übergriffe. Wenn sie doch einen Übergriff erfährt, schicken wir sie in einen Selbstverteidigungskurs, kaufen ihr Pfefferspray, geben ihr Ratschläge wie »Sei im Dunkeln nie allein unterwegs« oder »Lass dein Getränk nicht aus den Augen« und erwarten im Gegenzug von ihr, dass sie sich künftig besser schützt.

Diese Handlungsanweisungen an potenzielle Opfer sind aus mehreren Gründen höchst problematisch: Sie stellen einen Zusammenhang her zwischen dem Verhalten einer Person und der Wahrscheinlichkeit, dass ihr Gewalt angetan wird, und beinhalten damit eine Schuldumkehr. Zudem flößen sie denjenigen, an die all die Ratschläge gerichtet sind, Angst ein, und Angst ist nie ein guter Begleiter. Zu guter Letzt entlassen sie cis Männer, die sich kaum als potenzielle Opfer fühlen, aus der Verantwortung.

Die alltägliche Angst

Jackson Katz, ein US-amerikanischer Soziologe, beschreibt in seinem 2006 veröffentlichten Buch *The Macho Paradox,* wie er in zahlreichen Workshops die Teilnehmenden fragt, was sie aktiv tun, um sich vor sexualisierter Gewalt zu schützen. Die Antworten hält er in einer Liste fest. Die Antwortenliste der Frauen ist lang, hier ein Ausschnitt: »Meine Schlüssel in der Hand halten als potenzielle Waffe«; »Immer mein Handy dabeihaben«; »Nicht im Dunkeln joggen gehen«; »Immer mit geschlossenen Fenstern schlafen«; »Nicht zu viel Alkohol trinken«; »Mein Getränk nicht unbeaufsichtigt lassen«; »Pfefferspray dabeihaben«; »Einen großen Hund haben«; »Nicht in einen Lift steigen mit einer fremden Männergruppe«; »Meine Garderobe dementsprechend auswählen«; »Keine Raststättentoiletten benutzen«; »Nie mit Kopfhörern joggen«; »Keine Parterrewohnung mieten«; »Nachts nicht allein unterwegs sein«; »Sich beim ersten Date immer im öffentlichen Raum treffen«; »Autotüren schließen, sobald ich im Auto bin«. Die Liste der Männer … leer.[270] Wobei ich gerne präzisieren würde: Ich denke mal, Katz meint mit »Männer« heterosexuelle cis Männer. Die machen sich in der Regel keine Gedanken darüber, dass sie Opfer sexualisierter Gewalt werden könnten, zumindest nicht in dem Maße, dass sie sich dadurch in ihrem Leben einschränken lassen würden. Katz arbeitet nur mit den binären Kategorien Mann/Frau. Würde man diese Übung ausdifferenzieren, bin ich überzeugt, dass trans Frauen die längste Vorsichtsmaßnahmenliste hätten. Leider.

Ich mache diese Übung auch immer wieder mit meinen Studierenden. Mein Ziel damit liegt auf der Hand: Ich möchte die anwesenden (heterosexuellen) cis Männer aufrütteln, ich möchte, dass ihnen bewusst wird, in welch anderer Realität weiblich gelesene Menschen leben. Und wie alltäglich es für jede_ Frau ist, dass ihre Gewalterfahrungen und die Angst vor Gewalt ihren Handlungs- und Bewegungsradius einschränken. Obwohl ich es mittlerweile wissen müsste, staune ich jedes Mal darüber, wie viele der anwesenden Männer sich das erste Mal in ihrem (jungen) Leben damit auseinandersetzen, wie sehr sich ihre Realität von derjenigen der Frauen unterscheidet und wie anders sie sich im öffentlichen Raum bewegen (können) als Frauen und queere Menschen.

Und was diese Übung ebenfalls eindrücklich aufzeigt: Männer kennen diese alltägliche Angst vor sexualisierten Übergriffen nicht. Frauen hingegen wachsen in einer Gesellschaft auf, die sie das Fürchten lehrt. Als weiblich sozialisierte Person wird dir von klein auf eingetrichtert, dass du Angst haben sollst. Bevor du überhaupt verstehst, wieso und wovor. »In einer Lebensphase, in der alles weit und offen sein sollte, in der vieles beängstigend, neu, überfordernd und riesengroß ist, haben wir die Welt für junge Frauen so eingerichtet, dass sie einfach noch mehr überfordert werden. Frauen dürfen in dieser Welt nämlich einiges sein, aber ganz gewiss nicht sicher. Auf keinen Fall unabhängig. Die Gleichung maximale Überforderung = maximale Manipulierbarkeit = maximale Verfügbarkeit gilt als Standardformel und Mann harrt freudig der Resultate«, so der deutsche Journalist und Autor Nils Pickert treffend in seiner Kolumne »Frauenverunsicherung« auf *Pinkstinks.*[271]

Die Angst vor sexueller Belästigung ist immer auch eine Angst vor massiveren sexualisierten Übergriffen. Somit verschwimmen auch die Grenzen zwischen den verschiedenen Formen sexualisierter Gewalt. Denn in einem Moment, in dem ich sexuell belästigt werde, schwingt immer auch die große Angst mit, dass es mit einer Vergewaltigung enden könnte. Dann bin ich schon fast erleichtert, wenn es dann »nur« bei der sexuellen Belästigung blieb.

»Männer kennen Vergewaltigung nur als spezifischen Vorgang, als abgrenzbares Ereignis mit Anfang, Mitte und Ende«, schreibt Soraya Chemaly in ihrem Buch *Speak Out! Die Kraft weiblicher Wut.* »Frauen dagegen begegnet Vergewaltigung in Gestalt von Tausenden Augenblicken, die wir im Lauf des Lebens verarbeiten müssen.«[272]

Wenn ich Angst habe im menschenleeren Parkhaus, dann ist meine Angst nicht bloß, dass mir jemand eine sexualisierte Beschimpfung hinterherrufen könnte. Meine Angst ist, dass ein Mann mich vergewaltigen könnte. Ich habe nicht Angst davor, auf meinem Nachhauseweg von einem Auto im Schritttempo verfolgt zu werden. Ich habe Angst davor, dass der Autofahrer aussteigt und mich vergewaltigt. Diese Angst vor sexualisierten Übergriffen ist bei vielen weiblich sozialisierten Menschen ein ständiger Begleiter, besonders in jungen Jahren. Gemäß einer Dunkelfeldstudie aus dem Jahr 2020 sagen etwas mehr als die Hälfte der Frauen, dass sie nachts nicht in öffentliche Verkehrsmittel steigen, weil sie sich unsicher oder sogar bedroht fühlen, und 58 Prozent von ihnen machen einen Bogen um bestimmte Plätze oder Parks in ihrer Umgebung.[273] Eine andere Studie kam 2020 zu dem Ergebnis, dass ein Viertel der Frauen ziemlich oder sehr stark beunruhigt sind darüber, Opfer einer Vergewaltigung zu werden. Zuweilen kommt es mir so vor, als ob es einfach hingenommen wird, dass Frauen mehr Angst haben. So wird kaum darüber gesprochen, dass die übersteigerte Angst und das Ständig-auf-der-Hut-Sein nicht nur einschränkend, sondern auch sehr erschöpfend sind.

Auch das ist Rape Culture: Statt endlich die notwendigen Maßnahmen zu ergreifen, um Sexismus und Misogynie in unserer Gesellschaft zu vermindern, Geschlechterstereotype zu entkräften, die Normalisierung und Verharmlosung von sexualisierter Gewalt zu verhindern und übergriffige Männer zur Verantwortung ziehen, übergibt man die Verantwortung den potenziellen Betroffenen. Und wenn die Frauen verantwortlich gemacht werden für ihren eigenen Schutz, dann sind sie nach dieser Logik auch mitverantwortlich, wenn sie sich nicht gut (genug) geschützt und deshalb Gewalt erfahren haben. Wenn du dich »richtig« verhältst, »richtig« kleidest, »richtige« Gesichtszüge präsentierst (»Lächel doch mal!«), »richtige« Charakterzüge hast, dich am »richtigen« Ort zur »richtigen« Zeit mit dem »richtigen« Alkoholpegel und den »richtigen« Menschen aufhältst, dein Getränk nie aus den Augen lässt, nie allein bist, dann, aber nur dann brauchst du keine Angst zu haben. Wenn du trotzdem sexualisierte Gewalt erfährst, dann bist du immerhin ein »legitimes« Opfer. Was wir heute »Prävention« nennen, ist in Tat und Wahrheit Victim Blaming in einer subtilen Verpackung.

Henriette Reker, Oberbürgermeisterin von Köln, hat nach den

zahlreichen sexualisierten Übergriffen auf Frauen am Kölner Hauptbahnhof in der Silvesternacht 2015/16 verlauten lassen, es brauche künftig »Verhaltensregeln« für junge Frauen und Mädchen, »damit ihnen solche Dinge nicht widerfahren«. Zu diesen Regeln gehöre es, »eine gewisse Distanz« zu fremden Männern zu halten, die »weiter als eine Armlänge betrifft«.[274] Diese Aussage, die Reker später im *Zeit Magazin* als »unglücklich«[275] bezeichnete, löste unter dem Hashtag #EineArmlänge zu Recht große Empörung aus. Was Reker empfahl, war nichts anderes als Victim Blaming: Sie übergab den Frauen die Verantwortung für das übergriffige Verhalten von Männern. Ich habe es so satt, dass Mädchen und Frauen ständig das Gefühl gegeben wird, sich in einer bestimmten Art und Weise verhalten zu müssen, damit von Männern ausgeübte sexualisierte Gewalt verringert werden kann. Zumal Mädchen und Frauen ja schon eine Liste voller Vorsichtsmaßnahmen befolgen, und trotzdem erfährt jede_ sexualisierte Gewalt. Welchen besseren Beweis braucht es dafür, dass eine solche »Prävention« nie funktionieren wird?

Schutzarmbänder und Selbstverteidigungskurse

Problematisch sind nicht nur die Ratschläge, sondern auch manche Produkte, die in den letzten Jahren auf den Markt geworfen wurden und Menschen vor sexualisierter Gewalt schützen sollen. Ich werde ab und zu angefragt, ob ich mithelfen würde, so ein Produkt zu bewerben. Zum Beispiel einen Armreif, der entweder einen lauten Ton auslöst, um einen Angreifer abzuschrecken, oder einen stillen Alarm, der Freund:innen, Familie oder auch die Polizei per SMS alarmiert und den Standort des Armbandes preisgibt. In gängigen Apotheken kann man sogenannte K.-o.-Tropfen-Schutzarmbänder kaufen. Das Armband lässt sich in das Getränk tauchen, um festzustellen, ob K.-o.-Tropfen darin enthalten sind. Oder die »Safe Shorts« einer deutschen Unternehmerin. Es handelt sich um Sporthosen, die so konzipiert sind, dass sie nicht heruntergerissen werden können (inkl. Zahlenschloss zur Sicherung!). Zusätzlich ist ein lauter Alarm eingebaut, falls doch jemand an der Hose reißen würde.

Die Rape Culture lehrt uns, dass frau sich den Schutz vor sexualisierter Gewalt kaufen kann. Diese Produkte, die sogenannten *anti-rape devices*, leben von der Angst der Frauen. Und sie leben vom und untermauern den mächtigen Mythos, dass Frauen etwas zu ihrem eigenen Schutz beitragen können (und sollten!). Zum Glück setzen sich die meisten Produkte nicht durch. Denn auch wenn ein ausgelöster Alarm, eine Übung aus dem Selbstverteidigungskurs oder die reißfeste Hose vielleicht in einem Fall helfen kann, einen Übergriff zu verhindern: Diese Produkte geben den Frauen eine Mitverantwortung, wo sie keine haben, und ändern nichts an den strukturellen Ursachen sexualisierter Gewalt. Die Rape Culture lässt sich weder mit Pfefferspray noch mit Selbstverteidigungskursen bekämpfen. Echte Prävention muss sich endlich denen zuwenden, die (potenziell) Gewalt ausüben, und auch an diejenigen richten, die die Gewalt ermöglichen, unterstützen, verharmlosen oder ignorieren.

Alkohol

In der Jugendzeitschrift *Bravo Girl!* Nr. 2 aus dem Jahr 2017 beschreibt ein Mädchen, wie sie »abgefüllt und vergewaltigt« wurde.[276] *Bravo Girl!* antwortet mit einer Liste, wie sich Mädchen vor Übergriffen schützen können. Der erste Punkt auf dieser Liste: »Trink keinen Alkohol oder nur so wenig, dass du die Kontrolle über dich behältst.« Mit keinem Wort steht geschrieben, dass das Problem nicht der Alkoholkonsum war, sondern der Junge, der sie vergewaltigt hat. Die Kantonspolizei St. Gallen schrieb 2020 in ihrem Onlineratgeber *Frauen alleine unterwegs:* »Es liegt auf der Hand, dass Sie ein leichteres Opfer sind, wenn Sie nicht bei klarem Verstand sind. Trinken Sie deshalb Alkohol nur in Maßen, so, dass Sie noch klar denken können.«[277] Würde sich der Ratschlag an (potenzielle) Täter richten statt an die (potenziellen) Opfer, würde er vielleicht etwas bringen. Er könnte beispielsweise lauten: »Es liegt auf der Hand, dass Sie keinen Sex haben sollten, wenn Sie nicht bei klarem Verstand sind.« Der Ratschlag in der Broschüre ist vor allem eines: eine Schuldumkehr. Die Kantonspolizei hat den Ratgeber im Übrigen nach einem öffentlichen Shitstorm offline genommen und sich dafür entschuldigt.[278]

In einer Studie der Universität von Nebraska und der Iowa State University wurde nachgewiesen, dass Alkohol trinkende Frauen ganz anders als Alkohol trinkende Männer wahrgenommen werden.[279] Schon der Untertitel der im Jahr 2019 durchgeführten Studie *(Dehumanization of Drinking Women in Social Contexts)* lässt nichts Gutes erahnen. Den Teilnehmenden der Studie wurden Fotos von jungen Menschen gezeigt, die an einer Bar standen und entweder eine Flasche Bier oder Wasser in der Hand hielten. Heraus kam, dass die Teilnehmenden der Studie die Frauen mit dem Bier in der Hand als sexuell verfügbar und unmoralisch, kalt, oberflächlich und weniger klug einstuften. Zudem fanden die Forscher:innen heraus, dass Menschen weniger gewillt sind, Frauen zu helfen, wenn sie offensichtlich alkoholisiert sind. Die Befragten gaben an, sie hätten den Eindruck, dass die Frau das Risiko möge oder es gut fände, von jemandem angefasst zu werden.

Das Narrativ, dass Alkohol trinkende Frauen sexuell verfügbar seien, wurde auch durch die Werbung der 1970er- und 1980er-Jahre[280] befeuert und wird nach wie vor zur Verteidigung von sexuell übergriffigen Männern eingesetzt. Alkohol ist das häufigste Suchtmittel, das mit sexualisierter Gewalt in Verbindung gebracht wird – egal, ob es vom Opfer oder vom Täter konsumiert wurde. Die Rolle des Alkohols ist dabei sehr unterschiedlich, je nachdem, wer genau alkoholisiert war.

Die Psychologin Veronique N. Valliere fasst in ihrem Buch unterschiedliche Studien zusammen, die den Zusammenhang von Alkohol mit sexualisierter Gewalt untersuchten. Alle legen den Schluss nahe, dass das Thema Alkohol im Zusammenhang mit Vergewaltigungsmythen viel mehr Beachtung erhalten sollte. Die wichtigsten Ergebnisse der Studien: Der Alkoholkonsum des Opfers macht es für den Täter einfacher, den

Willen des Opfers zu übergehen. Gleichzeitig zweifeln Opfer, die während der Tat alkoholisiert waren, ihre Wahrnehmung noch stärker an, als Opfer das ohnehin schon tun. Zudem haben Opfer, die während der Tat alkoholisiert waren, größere Schwierigkeiten, den Vorfall als sexualisierte Gewalt einzuordnen. Der Alkoholkonsum verstärkt ihre Schuldgefühle, dass sie »sich vergewaltigen ließen«, und auch ihr Umfeld beschuldigt sie stärker. Beim Täter hingegen kann der Alkoholkonsum den Willen zu vergewaltigen weiter verstärken, im Rahmen von Strafurteilen wird die »enthemmende« Wirkung des Alkohols oft zur Erklärung herangezogen. Das zeigt auch folgendes Zitat aus einem Gerichtsurteil des Appellationsgerichts Basel-Stadt: »Vielmehr dürfte es aufgrund des Alkoholkonsums und der sexuell aufgeladenen Stimmung dreier unreifer Männer zur Schändung und auch zu den weiteren Delikten gekommen sein.«[281] Darüber hinaus haben Studien dargelegt, dass ein sexualisierter Übergriff häufig weniger ernst genommen wird, wenn Alkohol im Spiel war – nicht zuletzt auch von den Strafverfolgungsbehörden. Das trifft sogar auf Fälle zu, in denen das Opfer zu alkoholisiert war, um seinen entgegengesetzten Willen kundzutun. Nicht zuletzt kommt eine Studie zu dem Schluss, dass es bei Betroffenen, die während der Tat alkoholisiert waren, unwahrscheinlicher ist, dass sie Anzeige erstatten werden.[282]

Ein Strafprozess, bei dem Alkohol eine sehr wichtige Rolle spielte und der für weltweite Aufmerksamkeit und Empörung sorgte, war der Fall von Brock Turner. Der damals 19-jährige Student und talentierte Schwimmer der Eliteuniversität Stanford vergewaltigte auf einer Party die 23-jährige Studentin Chanel Miller (die Jahre später in ihrem Buch *Know My Name* die Tat und was daraufhin folgte, verarbeitete). Turner wurde auf frischer Tat ertappt, wie er die bewusstlose Miller hinter einem Müllcontainer vergewaltigte. Trotzdem hat er die Tat nie gestanden. Die Verteidigungsstrategie war stattdessen, auf einvernehmlichen Sex zu plädieren und den »Sex« mit dem Alkoholkonsum der beiden zu begründen. Die Strategie hat funktioniert: Turner erhielt eine Haftstrafe von gerade mal sechs Monaten, möglich gewesen wären 14 Jahre. Miller veröffentlichte nach der Urteilsverkündung eine Erklärung, die innerhalb weniger Tage millionenfach gelesen wurde. Darin schrieb sie, frei übersetzt: »Alkohol ist keine Entschuldigung. Ist er ein Faktor? Ja. Aber es war nicht der Alkohol, der mich ausgezogen hat, der mich befingert hat, der meinen Kopf auf dem Boden schleifen ließ, während ich fast nackt war. Zu viel zu trinken war ein dummer Fehler, den ich zugebe, aber es ist nicht kriminell. [...] Wir waren beide betrunken, der Unterschied ist, dass ich dir nicht die Hose und die Unterwäsche ausgezogen habe, dich nicht unangemessen berührt habe und dann weggelaufen bin. Das ist der Unterschied.«[283]

Dem späteren Opfer Alkohol zu verabreichen und selbst auch zu trinken, scheint mir in einer Rape Culture eine erfolgversprechende Täterstrategie zu sein: Dem Opfer wird man aufgrund des Alkoholkonsums später absprechen, die Situation richtig eingeschätzt und erinnert zu haben, beim Täter erklärt man damit seine Enthemmtheit, zudem wird sich seine durch den Alkoholkonsum eingeschränkte Einsichts- und Steuerungsfähigkeit mildernd auf das Strafmaß auswirken, sollte er doch für schuldig befunden werden.

Ermächtigen statt Angst machen

Stellen wir uns vor, eine Mutter warnt ihre Tochter, nicht im Dunkeln zu joggen. Sie macht sich Sorgen, dass die Tochter Opfer eines (sexualisierten) Übergriffs werden könnte. Nun würde die Tochter tatsächlich mal während einer abendlichen Joggingrunde Opfer eines sexualisierten Übergriffs. Würde sie ihrer Mutter davon erzählen? Höchstwahrscheinlich nicht. Wieso? Weil sie (zu Recht) davon ausgeht, dass die Mutter ihr vorwerfen würde, im Dunkeln gejoggt zu haben (»Ich hab's dir doch immer gesagt!!« – wir kennen es alle). Wenn sie es doch erzählt und ihre Mutter wie vorausgesagt reagiert, würde sich die Tochter noch schlechter fühlen als ohnehin schon, weil sie das Gefühl hätte, der Übergriff wäre ihre Schuld (da sie im Dunkeln joggen ging).

Solche Ratschläge, die allesamt, und das will ich besorgten Eltern nicht absprechen, gut gemeint sind, bewirken leider vor allem eines: Sie machen Angst und geben Betroffenen das Gefühl, selbst schuld an einem Übergriff zu sein. Was sie bezwecken, aber leider nicht bewirken: einen Täter davon abzuhalten, sexuell übergriffig zu werden.

Es war im Sommer 2023. Ich war mit dem Auto auf dem Heimweg von einem Workshop, den ich für eine Präventionsfachstelle gehalten hatte. Die Fachstelle wollte sich mit ihren Präventionsbemühungen bei sexualisierter Gewalt auseinandersetzen: Sind die Botschaften noch zeitgemäß? Sind sie zielführend? Schützen sie vor sexualisierter Gewalt? Nach einem spannenden Workshop mit einigen kontroversen, aber sehr guten Diskussionen fuhr ich wieder los. Meine Hauptbotschaften an das Team waren die gleichen gewesen, die ich auch Eltern mitgeben würde: Fragt euch bei jedem Ratschlag, ob die Botschaft die angesprochenen Personen ermächtigt und stärkt oder ob sie bei ihnen (noch mehr) Angst auslöst. Falls Zweiteres der Fall ist, müsst ihr die Botschaft überarbeiten oder ganz streichen. Nehmen wir als Beispiel den Ratschlag »Sei nachts nicht allein unterwegs«. Ist dieser Ratschlag bestärkend? Nein. Er macht vor allem Angst. Angst, dass mir etwas zustoßen könnte, wenn ich allein unterwegs bin. Der Ratschlag gibt mir das Gefühl, selbst schuld zu sein, wenn mir etwas zustößt, während ich allein unterwegs bin, denn ich hätte es ja besser wissen müssen.

So bin ich also auf dem Heimweg. Über der Autobahn hängt ein großes Schild mit dem Text »Müde? Mach mal Pause!«. Unfallprävention. Wie gut, denke ich. Und frage mich dann, wie es wäre, wenn da stattdessen der Text stehen würde: »Sieht der Autofahrer vor dir müde aus? Wechsel die Spur!« oder »Angst vor Rasern? Meide die Autobahn!« Absurd, oder? Aber genau das wird beim aktuellen Ansatz zur Prävention sexualisierter Gewalt gemacht – und niemandem scheint es aufzufallen. Weil wir uns so daran gewöhnt haben.

In einer Rape Culture wird Frauen gesagt, sie sollten nicht zu viel trinken, wenn sie keine sexualisierte Gewalt erfahren wollten. Aber niemand sagt, man solle keinen Sex haben, wenn man zu viel getrunken hat. In einer Rape Culture wird Frauen eingetrichtert, sie sollten ihr Getränk nicht aus den Augen lassen. Aber niemand sagt, ich sollte meinen Kollegen nicht aus den Augen lassen, wenn ich merke, dass er sich abschätzig über Frauen äußert. In einer Rape Culture schicken wir Frauen in Selbstverteidigungskurse, während wir übergriffiges Verhalten von Männern mit *boys will be boys* entschuldigen.

Schau, es ist so: Wenn ein Selbstverteidigungskurs, das Tragen eines Alarmschlüsselanhängers oder der Verzicht auf Alkohol dazu beitragen können, dass sich eine Person (selbst)sicherer fühlt, dann ist das toll und unterstützenswert. Mein Anliegen ist, dass wir nicht der falschen und auch problematischen Annahme erliegen, dass sich sexualisierte Gewalt auf einer individuellen Ebene und mit Fokus auf die Opfer bekämpfen ließe. Sexualisierte Gewalt ist ein strukturelles Problem, das tief in unserem Miteinander verwurzelt ist. Dieses strukturelle Problem braucht wie alle strukturellen Probleme eine strukturelle Lösung.

Die Macht der Sprache

Wie machtvoll Sprache ist und wie stark sie unsere Wahrnehmung von sexualisierter Gewalt prägt, lässt sich sehr gut an der Medienberichterstattung über Fälle sexualisierter Gewalt aufzeigen.

Bei den MTV Video Music Awards 2003 küsste Madonna einvernehmlich während ihrer Performance auf der Bühne zuerst Britney Spears und dann Christina Aguilera und schlug damit vor allem in den prüden USA wochenlang hohe Wellen. In den Medien bezeichnete man den Vorfall als »Kuss-Skandal«. Zwanzig Jahre später wird der Präsident des spanischen Fußballverbandes Luis Rubiales während der Pokalübergabe der Fußballweltmeisterschaft sexuell übergriffig gegenüber der Spielerin Jennifer Hermoso, indem er ihr einen »Kuss« auf den Mund aufzwingt. Wieder überschlagen sich die Medien, und wieder titeln sie »Kuss-Skandal«.

Zwei völlig unterschiedliche Vorfälle, die aber mit dem gleichen Begriff »Kuss« beschrieben werden. Da liegt die Frage auf der Hand: Was ist ein Kuss? Hektor Haarkötter, Professor für Kommunikationswissenschaften, hat Anfang 2024 ein Buch über die Geschichte des Küssens[284] veröffentlicht, in dem er schreibt, Küssen sei eine intime Kommunikationsform und ein Kuss sei nur dann ein Kuss, wenn ihn beide Personen gleichzeitig wollen. Rubiales hingegen habe nicht geküsst, sondern »der Fußballerin nur seinen Mund ins Gesicht gedrückt«.[285]

Das Verhalten von Rubiales war nicht nur völlig inadäquat und unprofessionell, sondern auch übergriffig. Man küsst niemanden auf den Mund, bevor man sich nicht sicher ist, dass das Gegenüber das auch möchte. Was zwischen zwei Menschen, die privat und auf einer Augenhöhe miteinander in Beziehung stehen, schon gilt, ist in Anbetracht der

Machtasymmetrie zwischen dem Präsidenten eines Fußballverbands und einer Spielerin ganz klar Machtmissbrauch und zu verurteilen. Hermoso selbst schrieb in einer offiziellen Erklärung, sie habe sich verletzlich und als Opfer einer impulsiven, sexistischen und unangebrachten Handlung gefühlt, der sie nicht zugestimmt habe.[286]

Zurück zur Medienberichterstattung: Den Übergriff von Rubiales »Kuss-Skandal« zu nennen, ist problematisch: Es verharmlost die übergriffige Handlung und den Kontext, in dem sie stattfand – und verschleiert, was der eigentliche Skandal war: dass ein Mann vor den Augen der Weltöffentlichkeit eine Frau sexuell belästigt – und dafür später nicht von allen klar in die Verantwortung genommen wird.

Leider ist eine solche verharmlosende täterentlastende Medienberichterstattung kein Einzelfall, sondern immer noch in weiten Teilen der Medienlandschaft üblich. Ich habe vor einigen Jahren begonnen, problematische Titel und Aussagen in Artikeln über Fälle sexualisierter Gewalt öffentlich anzuprangern, zuerst auf Facebook, dann auf X und Instagram. Unzählige Follower:innen haben mir seither geschrieben, dass es ihnen früher nie aufgefallen sei, wie verharmlosend, opferabwertend und täterfreundlich über sexualisierte Gewalt geschrieben werde. Damit bringen sie ein wesentliches Merkmal der Rape Culture auf den Punkt: Wir haben gewaltverharmlosende Berichterstattung so stark verinnerlicht, dass sie uns gar nicht mehr als problematisch auffällt.

Begriffe wie »Sex mit schlafender Frau«, »Sex-Orgien mit Minderjährigen«, »Sex-Partys«, »Sex-Attacken«, »Gruppensex«, »Sex-Täter«, »Sex-Opfer«, »Familiendrama«, »Beziehungsdrama«, »Rosenkrieg« oder »Eifersuchtstaten« sind in der Medienberichterstattung alltäglich. Viele Menschen berühren diese Begriffe nicht sonderlich. Sie lösen im Gegenteil eher voyeuristisches Interesse aus. Und höchst wahrscheinlich denken viele beim Lesen auch nicht an sexualisierte Gewalt und Mord, an Machtmissbrauch, an sexuelle Belästigung und Vergewaltigung. Dabei behandelten alle Zeitungsartikel, die oben genannte Begriffe benutzten, Fälle sexualisierter oder häuslicher Gewalt an Kindern oder Erwachsenen.

Rape Culture umgibt uns wie die Luft zum Atmen. Und sie vergiftet unsere Gedanken und Haltungen unmerklich, so wie Abgas unsere Luft zum Atmen. Die gute Nachricht? Wenn man die Systematik der Verharmlosungen einmal erkannt hat, ist sie nicht mehr zu übersehen. Wenn man die Verharmlosungen nicht mehr übersehen kann, ist der nächste Schritt möglich: auf die Verharmlosungen aufmerksam machen – und den eigenen Sprachgebrauch ändern.

Die mediale Berichterstattung über geschlechtsspezifische (sexualisierte und häusliche) Gewalt hat sich im deutschsprachigen Raum in den letzten Jahrzehnten zwar stetig verbessert, sie bedient sich aber leider immer noch regelmäßig einer Sprache, die die Gewalt verharmlost, die Opfer abwertet und die Täter entlastet. Das ist höchst problematisch, denn Sprache formt unser Denken. Sprache schafft unsere Wirklichkeiten und hat die Macht, Emotionen und Wertvorstellungen zu vermitteln. Somit tragen die Medien eine große Verantwortung in Bezug auf unseren gesellschaftlichen Umgang mit und die Prävention von geschlechtsspezifischer Gewalt. Die Macht der Medien darf nie unterschätzt werden. Man spricht oft von der »Vierten Gewalt«, wenn es um die Medienberichterstattung geht, um zu betonen, dass die Medien durch die Art, wie sie berichten, einen starken kontrollierenden Einfluss auf das politische Geschehen nehmen. Genau deshalb ist die Pressefreiheit ein wesentlicher Bestandteil demokratischer Gesellschaften und das, was in autoritären Regimes oft als Erstes eingeschränkt wird – so geschehen nach der Machtübernahme durch Viktor Orbán in Ungarn, durch Wladimir Putin in Russland oder durch Recep Tayyip Erdoğan in der Türkei.[287]

Der Verein Gender Equality Media hat im Rahmen eines Medienscreenings alle Artikel deutscher Medien über geschlechtsspezifische Gewalt aus dem Jahr 2020 untersucht und kam zu dem Ergebnis, dass 93 Prozent der gescreenten Artikel Gewalt an Frauen verharmlosen. Von den 767 untersuchten Artikeln wurde sexualisierte oder körperliche Gewalt gegen Frauen in gerade mal 51 Artikeln auch als Gewalt benannt. In allen anderen Artikeln wurde die Gewalt verharmlosend beschrieben mit Begriffen wie denjenigen, die ich oben genannt habe. Am häufigsten verharmlost wurde in den Artikeln des regionalen Newsportals *Tag24*, in der *Bild* und im Kölner *EXPRESS*. Der Verein hält aber fest, dass die Verharmlosung auch in großen seriösen Blättern stattfinde.[288]

Die feministische Medienforscherin Brigitte Geiger und die Genderexpertin Birgit Wolf hielten schon 2014 fest, dass eine unsensible Berichterstattung den Betroffenen durch (implizite) Schuldzuweisungen zusätzlich erheblich schade.[289] Sie hindert Betroffene an der Bewältigung der Gewalterfahrung und reproduziert und zementiert Vergewaltigungsmythen in der Gesellschaft. Wie über geschlechtsspezifische Gewalt berichtet wird, hat einen großen Einfluss darauf, wie Leser:innen diese Gewalt wahrnehmen und einordnen und welche Einstellung sie gegenüber solchen Vorfällen entwickeln.

Man spricht in dem Zusammenhang von medialem Framing (»Rahmung«) und versteht darunter die Art und Weise, wie Informationen in einem Artikel dargelegt und strukturiert werden, um eine bestimmte Perspektive oder Interpretation zu fördern. Je nachdem, welche Worte, Sätze, Überschriften und Bilder für einen Artikel ausgewählt und wie sie präsentiert werden, vermitteln sie bestimmte Botschaften oder Haltungen. Wenn über Einwanderung geschrieben wird und die Worte »illegale Einwanderer« benutzt werden, erzeugt man bei den Leser:innen ganz andere Emotionen, als wenn man die Worte »Menschen ohne Papiere« benutzt.

Bevor ich mich eingehend der sprachlichen Medienberichterstattung zuwende, möchte ich noch einige Worte zu den Bildern verlieren. Auch Bilder transportieren Botschaften. Einfaches Beispiel: Wenn in einem Zeitungsartikel über den Klimawandel ein Bild von einem Eisbären auf einer schmelzenden Eisscholle gezeigt wird, kann dies dazu beitragen, den Klimawandel als existenzielle Bedrohung für Tiere zu rahmen, was wiederum eine ganz andere Reaktion zu erzeugen vermag als ein Bild von Klimaaktivist:innen, die sich auf einer Autobahn auf den Boden kleben – auch wenn der Artikel in beiden Fällen den gleichen Inhalt enthält. Bei der Bebilderung von Artikeln zu sexualisierter Gewalt (als

Test könnt ihr gerne eine Google-Bildersuche machen) fällt auf, dass häufig stereotype Gewaltsituationen gezeigt werden: eine Männerfaust, bereit zum Schlag, und im Hintergrund eine Frau, die am Boden kauert, wenn es um häusliche Gewalt geht. Eine Frau allein in einer dunklen Unterführung, wenn es um sexualisierte Gewalt geht. In beiden Fällen werden stereotype Narrative reproduziert: dass häusliche Gewalt vor allem körperliche Gewalt sei (falsch) und dass sexualisierte Gewalt vor allem im Dunkeln und durch Fremde ausgeübt werde (auch falsch). Ebenso problematisch ist, dass die Bilder meistens aus der Perspektive der Täter gemacht sind und dass sie Gewalt zeigen und damit reproduzieren. Weiter tragen solche Bilder dazu bei, dass Opfer einseitig als hilflos wahrgenommen werden statt als handelnde Subjekte. Die Kommunikationswissenschaftlerin Christine Meltzer empfiehlt Medien, nicht nur bedrohliche Situationen zu zeigen, sondern auch den Prozess der Aufarbeitung und Heilung zu betonen. Denn Bilder könnten eine positive Stimmung vermitteln und Betroffenen Mut machen, Strategien zur Überwindung von Gewalt zu entwickeln, und den Mut der Betroffenen vermitteln, dass sie Strategien zur Überwindung von Gewalt entwickeln konnten.[290]

Natascha Strobl, österreichische Politologin, bezeichnet das mediale Framing als eine rhetorische Technik, etwas sprachlich so einzurahmen, dass es immer zusammengedacht wird, ohne dass man den Zusammenhang explizit herstellen muss.[291] Das passiere etwa, indem Asyl und Flucht immer unter der Überschrift »Sicherheit« diskutiert würden. Strobl, die als Expertin für Rechtsextremismus auch den Sprachgebrauch Rechtsextremer untersucht, schrieb in diesem Zusammenhang auch über die Medienberichterstattung rund um die Kölner Silvesternacht von 2015/16. Damals war es, wie bereits erwähnt, zu zahlreichen sexualisierten Übergriffen gegen Frauen gekommen (500 Anzeigen wegen sexueller Belästigung, 16 wegen Vergewaltigung). Einerseits führten die Vorfälle dazu, dass die Debatten um den Reformbedarf des deutschen Sexualstrafrechts Fahrt aufnahmen und schließlich in die »Nein heißt Nein«-Reform mündeten. Andererseits stand die Silvesternacht plötzlich »sinnbildlich für vermeintlich importierte Frauenverachtung und gescheiterte Integration«,[292] wie Strobl in der *Frankfurter Rundschau* schrieb. Denn die Medienberichterstattung fokussierte sich vor allem auf die Herkunft der Täter, die als »nordafrikanische Männer« beschrieben wurden, statt auf den gesamtgesellschaftlichen Rahmen, in dem sexualisierte Gewalt entsteht. Die Meinungen schienen schnell gemacht: Sexualisierte Gewalt sei ein importiertes Problem und könne behoben werden, wenn die Zahl der Geflüchteten in Deutschland verringert werde. Die Zustimmung von rechts war groß. Die rassistische und einseitige Berichterstattung fiel auf fruchtbaren Boden. Die in weiten Teilen der Gesellschaft verbreiteten rassistischen und antimuslimischen Ressentiments fanden ihren Niederschlag in den Plakaten der AfD, die sich als feministische Fürsprecherin für *weiße* Frauen und gegen Geflüchtete zelebrierte. Aber auch Medien bebilderten höchst problematisch: *Focus*[293] und das *Süddeutsche Zeitung Magazin*[294] zeigten auf ihren Covern *weiße* Frauen, die von schwarzen Händen angefasst werden. Angetrieben durch die Medienberichterstattung, wurden plötzlich sexualisierte Gewalt und Sexismus lautstark von *weißen* Männern kritisiert – jedoch nicht der eigene Sexismus, sondern lediglich derjenige des »Islams«.

Das verwendete Framing, das auch die Hervorhebung oder Unterdrückung bestimmter Aspekte einer Geschichte beinhalten kann, beeinflusst die Wahrnehmung von Leser:innen in Bezug auf ein Thema und die darin enthaltenen Informationen erheblich. Mit dem Framing können Schreibende die Leser:innen in eine bestimmte Richtung lenken oder gewünschte Reaktionen hervorrufen. Ein Framing ist nicht unbedingt etwas Negatives, sondern eine Art, komplexe Situationen verständlicher zu machen. Gerade deshalb ist die Verantwortung der Schreibenden, Framing nicht zu missbrauchen, so groß.

Den Einfluss problematischen Framings in Artikeln über geschlechtsspezifische Gewalt hat auch eine deutsche Studie 2021[295] aufgezeigt. In dieser Studie wurden den Teilnehmenden einer Onlinebefragung jeweils vier Versionen eines Zeitungsartikels vorgelegt, in dem über Partnerschaftsgewalt von einem Mann gegen seine Frau berichtet wurde. Es stellte sich (wenig überraschend) heraus, dass zwischen den vier Gruppen deutliche Unterschiede bestanden in der Einschätzung des Falls als strukturell oder individuell begründete Tat sowie in der Bewertung der Verantwortlichkeit von Täter und Opfer. Die vier Versionen des Zeitungsartikels hatten einige Variablen: Einmal wurde das Tatmotiv aus der Täterperspektive beschrieben und ein Zitat einer Drittperson zugunsten des Täters beigefügt. In einer anderen Version stand ein Zitat einer Drittperson zugunsten der Betroffenen. Weiter wurde im Artikel entweder kontextualisiert, indem die Kriminalstatistik genannt und die Gewalttat als patriarchale Gewalt benannt wurde, oder es wurde nicht kontextualisiert. Die dritte Variable war das Wording: Entweder wurde die Gewalt präzise benannt oder sie wurde nur umschrieben.

Die Resultate der Studie: Je verharmlosender die Gewalt beschrieben wurde, desto eher machten Leser:innen die betroffene Frau mitverantwortlich für die Tat und desto weniger Mitgefühl hatten sie für sie. Je mehr im Artikel die Täterperspektive eingenommen wurde, desto mehr Mitgefühl hatten die Leser:innen mit dem Täter und desto weniger Verantwortung gaben sie ihm für die Tat. Und: Wenn die Tat kontextualisiert wurde, indem die Kriminalstatistik genannt und die Tat als patriarchale Gewalt eingeordnet wurde, hatten die Lesenden auch viel eher das Gefühl, dass der Täter für die Tat verantwortlich sei.

Verharmlosende Berichterstattung ist also höchst problematisch, weil sie auf struktureller Ebene Vergewaltigungsmythen in der Gesellschaft reproduziert und sie zudem auch für diejenigen normalisiert und zugänglich macht, die bis dahin die Mythen noch gar nicht gekannt oder nicht verinnerlicht hatten.

Dass die Medien einen großen Einfluss haben, ist aber auch eine gute Nachricht. Denn das heißt, dass sensible Berichterstattung über sexualisierte Gewalt unsere Gesellschaft positiv beeinflussen kann. Nicht zuletzt wird das auch von der Istanbul-Konvention explizit von den Medien gefordert: Sie sollen Richtlinien festlegen, um Gewalt gegen

Frauen vorzubeugen und die Achtung der Würde der gewaltbetroffenen Frauen zu erhöhen.[296]

2021 veröffentlichte die Otto Brenner Stiftung die Studie *Tragische Einzelfälle?*.[297] Darin untersuchte die Kommunikationswissenschaftlerin Christine Meltzer rund 3500 Artikel deutscher Tageszeitungen aus den Jahren 2015 bis 2019. Dabei zeigte sich, dass vulnerable Opfergruppen (zum Beispiel geflüchtete Frauen oder Frauen mit Behinderungen) in der Berichterstattung kaum erscheinen. Zudem sei Gewalt aus dem sozialen Nahfeld in der medialen Berichterstattung unterrepräsentiert und die Gewaltausübung von Fremden überrepräsentiert. Die Herkunftsnennung von Tatverdächtigen nehme stetig zu, vornehmlich wenn die Tatverdächtigen aus dem arabischen, afrikanischen und osteuropäischen Raum stammten. Explizite Nennung deutscher Nationalität hingegen sei selten. Spannend ist auch: Bei Berichterstattungen über Gewalt gegen Frauen durch nicht deutsche Tatverdächtige werden deutlich häufiger in den Artikeln (vor allem politische) Maßnahmen gefordert und die Gewaltausübung wird häufiger strukturell eingeordnet. Darstellungen der Taten von deutschen Tatverdächtigen sind daher eher Einzelfalldarstellungen. Dabei ist, statistisch gesehen, die gefährlichste Person für eine Frau in Deutschland immer noch ein deutscher Mann, schreibt Meltzer.

Weitere Erkenntnisse aus der Studie: Gewalt gegen Frauen werde insgesamt vor allem in Boulevardmedien thematisiert. Wenn überregionale Medien berichten, dann meist nur über besonders bekannte Fälle. Damit Fälle überhaupt in den Medien berichtet würden (also Nachrichtenwert besitzen), müssten sie eine extreme Form aufweisen. Sexualisierte Gewalt (wie auch Partnerschaftsgewalt) werde in den Medien vor allem dann aufgegriffen, wenn sie mit Mord in Verbindung stehe. Daraus ergebe sich ein stark verzerrtes Bild der Realität. »Mediale Berichterstattung, die [sich] lediglich auf die letzte und drastischste Eskalationsstufe der Gewaltausübung fokussiert, vernachlässigt die strukturellen Gründe für den Gewaltakt«[298], so Meltzer. Es fände kaum eine thematische Einordnung, ein Aufzeigen von Gründen für die Gewalt oder ein Aufzeigen von Lösungswegen und präventiven Maßnahmen statt. Nicht zuletzt kritisiert Meltzer, dass die betroffenen Frauen viel zu wenig Raum in der Berichterstattung bekämen, weshalb die zugewandte Perspektive auf das Opfer fehle, die es aber bräuchte, damit Menschen für mehr Opferschutz eintreten würden.

Die problematische Berichterstattung in deutschsprachigen Medien zeigt sich mitunter auch daran, dass beliebige Journalist:innen über sexualisierte Gewalt schreiben: Mal ist es der Sportjournalist (wenn der Beschuldigte ein Sportler ist), mal die Kulturjournalistin (wenn der Beschuldigte ein Künstler ist), mal der People-Journalist (wenn der Beschuldigte ein Promi ist), mal die Wirtschaftsjournalistin (wenn der Beschuldigte in Wirtschaftskreisen verkehrt). Das führt dazu, dass oft Journalist:innen über sexualisierte Gewalt schreiben, die zu wenig Kenntnisse von der Thematik haben.

Das Einmaleins der sensiblen Berichterstattung

Was konkret ist also problematisch in der medialen Berichterstattung und wie kann es besser gemacht werden? Das fasse ich hier zusammen:

Erstens: Es sollen keine verharmlosenden Umschreibungen für sexualisierte Gewalt benutzt werden. Gewalt muss beim Namen genannt werden, damit sie als Gewalt eingeordnet wird. Bill Cosby hatte nicht »Sex mit schlafenden Menschen« *(Bild)*, sondern hat Menschen sexuell missbraucht beziehungsweise vergewaltigt. Jeffrey Epstein oder Prinz Andrew haben keine »Sex-Orgien« *(oe24, Bild, 20 Minuten, OK! Magazin, Kölner Stadt-Anzeiger)* oder »Sex-Partys« *(Stern)* veranstaltet, sondern haben minderjährige Mädchen sexuell missbraucht und vergewaltigt. Luis Rubiales ist kein »Kuss-Präsident« *(Heute)*, sondern ein Mann, der sexuell übergriffig war; es handelt sich nicht um einen »Kuss-Eklat« *(ZDFheute)*, sondern um sexuelle Belästigung und Machtmissbrauch. Ein Mann, der eine Frau im Schlaf vergewaltigt hat, hat nicht »die Gelegenheit ausgenutzt« *(Berner Zeitung)* und »Sex mit Mädchen (13)« *(Blick)* sollte »Sexueller

Missbrauch eines Mädchens (13)« heißen. Der deutsche Staatsanwalt wurde nicht »wegen Sex mit Sohn (8) verurteilt« *(Blick)*, sondern »wegen Vergewaltigung des Sohnes (8)« und es war nicht die »Sexbomben-Mail« *(NZZ)*, die den Zürcher Stadtpolizeibeamten den Job kostete, sondern die sexuelle Belästigung einer Frau. Till Lindemann war nicht »wild« *(20 Minuten)*, sondern gemäß Schilderungen von mehreren Frauen sexuell übergriffig. Und wenn eine Studie feststellt, dass in Zürich neun von zehn Frauen im öffentlichen Raum schon mal sexuell belästigt wurden, dann offenbart das keinen »Genderkonflikt« *(20 Minuten)*, sondern wie sexistisch und misogyn Männer in Zürcher Straßen sind. Der »Gruppensex« *(Tagblatt)* war eine Gruppenvergewaltigung. Eine junge Frau »stirbt« nicht *(20 Minuten)*, sondern »wurde getötet«, Stalking ist nie ein »Beziehungsdrama« *(SRF)* und ganz generell ist Partnerschaftsgewalt nie ein Drama oder ein Streit. Sexualisierte Gewalt »Sex« zu nennen, ist so, als würde man Brandstiftung »Lagerfeuer« nennen, Verbrechen »sich einen Spaß erlauben« oder Sklaverei ein »Beschäftigungsprogramm«.

Zweitens: Auf keinen Fall sollen Medien die Täterperspektive übernehmen. Oft liest man, der (Ex-)Mann habe aus Leidenschaft, aus Liebe, aus Lust oder aus Eifersucht geschlagen, getötet oder vergewaltigt – und noch dazu, weil er von der Frau dazu provoziert wurde. Eifersucht, Liebe, Lust – Gefühle, die wir alle kennen und für die wir Verständnis aufbringen, oder? Werden nun diese »Gründe« für die Gewalt in der Berichterstattung übernommen (er stalkte sie, »weil er eifersüchtig war«; er tötete sie, »weil sie ihn verlassen wollte«), übernimmt man die Denkweise des Täters, sympathisiert mit seinen Gefühlen und unterschlägt, dass er bewusst Gewalt ausgeübt hat, weil er sich dazu berechtigt fühlte. Zudem betreibt man damit eine Täter-Opfer-Umkehr: Man impliziert, dass das Opfer durch anderes Verhalten die Gewalt hätte verhindern können, das Opfer also mitverantwortlich ist für die Gewalt. Es ist unabdingbar, dass Medien zwischen dem Auslöser einer Tat und ihrer Ursache unterscheiden. Trennungsabsichten können Auslöser für Gewalttaten sein, aber die Ursachen sind viel komplexer und liegen in misogynen, patriarchalen Besitzansprüchen. (Sonst müsste ja jede Trennungsabsicht zu Gewalt führen, und das ist nicht der Fall.) Und es gilt, klar zu benennen, dass allein die gewaltausübende Person für die Tat verantwortlich ist und die Gewalt durch nichts legitimiert wird.

Drittens: Betroffene sexualisierter Gewalt dürfen nie abgewertet werden und es ist wichtig, dass aus ihrer Perspektive berichtet wird. Dazu gehört auch, dass die Täter nicht unsichtbar gemacht werden. Die deutsche Linguistikprofessorin Hilke Elsen schreibt in ihrem Buch *Gender – Sprache – Stereotype*, dass sich ein Tatbestand sprachlich oft so darstellen lässt, dass bestimmte Verantwortlichkeiten verschleiert oder andersherum erst impliziert werden. Sie zeigt das an folgendem Beispiel auf: »Frau in rotem Minirock nach Discobesuch vergewaltigt«.[299] Alle Fakten in diesem Satz sind korrekt. Das Opfer bleibt aber ohne Namen, was die Frau, so Elsen, weniger wichtig erscheinen lasse. Der Minirock sei nicht nur eine tatirrelevante Information, im Zusammenhang mit dem Discobesuch impliziere er außerdem eine Mitschuld (»hätte sie sich anders gekleidet, wäre das nicht passiert«). Schließlich bemängelt Elsen, dass es in diesem Satz gar keinen Täter gibt. Auch beim Satz »In der Nacht zum Montag kam es zu einer Vergewaltigung« wirke die Tat abstrakt und unvorstellbar, ohne aktive Beteiligte, ohne Opfer. Die Aussage wirke dadurch harmloser. Es geht also bei einer verantwortungsvollen Berichterstattung nicht nur um korrekte Fakten und Begriffe, sondern auch darum, *wie* man formuliert. Der Soziologe Jackson Katz hielt 2012 einen TED-Talk[300] zu geschlechtsspezifischer Gewalt, der mittlerweile fast drei Millionen Mal angeschaut wurde und damit zu den populärsten TED-Talks gehört, die es je gegeben hat. Er geht in seinem Vortrag auch auf die Problematik der Unsichtbarmachung der Täter in der Sprache ein und zitiert dazu die US-amerikanische feministische Linguistin Julia Penelope. Dafür nimmt er ein Flipchart und schreibt, sinngemäß abgewandelt, folgenden Satz auf: »Jonas vergewaltigt Anna«. Jonas ist das Subjekt, »vergewaltigt« das Verb und Anna das Objekt. Dann folgt der zweite Satz: »Anna wurde von Jonas vergewaltigt«. Dieser Satz sagt das Gleiche aus wie der erste, einfach im Passiv. Trotzdem ist ganz viel passiert: In nur einem Satz haben wir unseren Fokus von Jonas zu Anna verlagert. Zudem ist Jonas an das Ende des Satzes gerutscht. Jackson Katz sagt dazu, in diesem Satz sei Jonas kurz davor, von der Landkarte unseres Bewusstseins zu verschwinden. Im dritten Satz verlieren wir Jonas dann ganz: »Anna wurde vergewaltigt.« Hier geht es nur noch um Anna, wir denken nicht einmal mehr an Jonas. Der letzte Satz lautet »Anna ist ein Vergewaltigungsopfer«. Das, was Jonas Anna angetan hat, wird zu Annas Identität, während Jonas das Geschehen (und unser Bewusstsein) schon längst verlassen hat. Achte mal darauf, wie häufig so wie in den letzten beiden Sätzen über sexualisierte Gewalt geschrieben wird, was unweigerlich dazu führt, dass wir uns als Leser:innen auf das Opfer und sein Verhalten konzentrieren und den Täter ganz vergessen. Genau das zeigt Katz mit dieser Übung auf simple, aber eindrückliche Weise auf. Solange in der Alltagssprache der Täter komplett unsichtbar gemacht wird, ist es nur noch ein kurzer Weg zu einer Täter-Opfer-Umkehr. Spannend diesbezüglich ist auch eine US-amerikanische Studie, die Elsen erwähnt.[301] Studierende mussten ihre Assoziationen zu den Begriffen *rape victim*, *rape survivor* und *person who has been raped* aufschreiben, auf Deutsch also etwa »Vergewaltigungsopfer«, »Vergewaltigungsüberlebende:r« und »Person, die vergewaltigt wurde«. Einem Vergewaltigungsopfer wurde viel eher eine Mitschuld an der Tat gegeben als einer:einem Vergewaltigungsüberlebenden oder einer Person, die vergewaltigt wurde. Bewusste oder unbewusste Schuldzuweisungen hängen also auch mit den genutzten Begriffen zusammen. Aus dem deutschsprachigen Raum ist mir keine ähnliche Studie bekannt, dabei wäre es sicherlich aufschlussreich, in Erfahrung zu bringen, wie unterschiedlich die Begriffe Opfer, Betroffene:r (oder auch Überlebende:r) oder »Person, die sexualisierte Gewalt erfahren hat«, wahrgenommen und bewertet werden.

Wenn Betroffene in der Berichterstattung zu Wort kommen, ist es wichtig, dass sie nicht auf ihre Gewalterfahrungen reduziert werden. Ich wünsche mir auch mehr Berichte über Betroffene sexualisierter Gewalt, die einen Weg aus der gewalttätigen Situation gefunden haben. Solche ermutigenden Schilderungen, mit denen Perspektiven für eine Heilung aufgezeigt werden können, sind enorm wichtig – nicht zuletzt für andere Betroffene, die diese Berichte ja auch lesen.

Viertens und zu guter Letzt: Sexualisierte Gewalttaten sind keine Einzelfälle! Sie als Einzelfälle zu beschreiben, reproduziert die Rape Culture. Es ist enorm wichtig, dass die Taten in einen größeren Kontext gestellt werden und sexualisierte Gewalt als gesellschaftliches Problem benannt wird. Dies muss auch dann geschehen, wenn es sich in einem konkreten Beitrag um einen spezifischen Fall handelt. Leser:innen muss jederzeit klar sein, dass sexualisierte Gewalt kein individuelles Problem ist, sondern ein gesamtgesellschaftliches, das uns alle etwas angeht. Das strukturelle Ausmaß lässt sich auch aufzeigen, wenn man nur wenige Zeichen zur Verfügung hat. Indem man beispielsweise nach der Beschreibung eines Falls hinzufügt, dass in Deutschland, Österreich oder in der Schweiz zwei von drei Frauen schon strafrechtlich relevante sexualisierte Übergriffe erfahren haben, oder schlicht, dass sexualisierte Gewalt jede_ Frau betrifft, weltweit. Mit nur einem Satz kann man aufzeigen, dass das Problem viel größer ist, als viele denken.

Medien sind nicht nur ein Abbild unserer Gesellschaft. Medien beeinflussen die Gesellschaft und unser Denken. Deshalb brauchen wir Medien, die mit ihrer Berichterstattung über sexualisierte Gewalt dazu beitragen, dass wir unsere gewaltverharmlosenden, sexistischen und misogynen Haltungen *ent*lernen, und die ein Umdenken in der Gesellschaft aktiv unterstützen und fördern.

Dazu gehört auch, dass es auf dieses Thema spezialisierte Journalist:innen gibt. Was passiert, wenn Hinz und Kunz über sexualisierte Gewalt berichten, hat Jolanda Spiess-Hegglin erfahren müssen. Sie ist zum Gegenangriff übergegangen und steht damit im Begriff, Mediengeschichte zu schreiben. Aber fangen wir von vorne an.

Ein Schweizer Medienversagen

Jolanda Spiess-Hegglin wachte im Dezember 2014, am Tag nach einem Fest der Regierung des Kantons Zug, in der sie damals als Kantonsrätin aktiv war, mit Unterleibsschmerzen, aber ohne Kater auf und realisierte, dass sie einen rund achtstündigen Filmriss hatte. Ihr Ehemann sagte später, sie habe bei ihrer Rückkehr morgens um drei apathisch gewirkt. Sie begab sich sogleich besorgt ins Spital, um sich wegen der Unterleibsschmerzen untersuchen zu lassen. Nicht nur befürchtete sie, Opfer sexualisierter Gewalt geworden zu sein, sondern auch, dass ihr K.-o.-Tropfen verabreicht worden waren. Sie hatte zwar an dem Abend Alkohol konsumiert, aber die drei Gläser Rotwein vom Vorabend konnte sie nicht mit dem Filmriss in Einklang bringen. Ihr Blut und Urin wurden erst abends untersucht, K.-o.-Tropfen konnten keine nachgewiesen werden (wie in 95 von 100 Fällen), der Alkoholwert lag bei 0,0 Promille. Jedoch wurden in ihrem Intimbereich DNA-Spuren von zwei Männern sichergestellt; eine wird später dem SVP-Politiker Markus Hürlimann zugeordnet, die andere ist bis heute unbekannt. Drei Tage später, am 24. Dezember 2014, veröffentlichte die Schweizer Zeitung *Blick* einen Artikel mit dem Titel »Sex-Skandal um SVP-Politiker: Hat er sie geschändet?«. Dazu zwei Bilder – und zwei volle Namen: der von Spiess-Hegglin und der von Hürlimann. (Das Obergericht Zug wird 2020 das Urteil der Vorinstanz bestätigen, dass der *Blick* mit diesem Artikel die Persönlichkeitsrechte von Spiess-Hegglin verletzt und in schwerwiegender Weise in ihre Intimsphäre eingegriffen hat.) Was danach folgte, ist, wie es die *Süddeutsche Zeitung* später nannte, eine »mediale Schmutzkampagne [...], die man in der Schweiz so noch nicht gesehen hatte«[302] – oder einer der größten Medienskandale der Schweiz. In den ersten Tagen, Wochen und Monaten nach dem Vorfall folgten Tausende (!) Artikel, welche die »Sex-Affäre«, den »Sex-Skandal«, den »Polit-Sexskandal« wieder und wieder zum Thema machten. Die Medien waren sich sofort einig: Spiess-Hegglin habe mit dem Politiker, dessen DNA in ihrem Intimbereich gefunden wurde (und der selbst einen Filmriss hatte – folglich konnte der Fall juristisch nie aufgeklärt werden), einvernehmlich Sex gehabt. Um ihre »Ehre« nach diesem außerehelichen Sex zu retten, soll sie die Geschichte mit den K.-o.-Tropfen erfunden haben. Die Titel der Medienartikel, einer schlimmer als der andere: »Das Klageweib« *(Tages-Anzeiger)*,

»Die Selbstentblössung des Jahres« *(Basler Zeitung),* »Sex-Skandal als Fasnachts-Hit« *(Blick)* oder gar »Zuger Affäre vergiftet das Klima zwischen den Geschlechtern« *(NZZ am Sonntag)* und »Jolanda ›Heggli‹ zeigt ihr ›Weggli‹« *(Blick am Abend).* Der rechtskonservative Politiker Christoph Mörgeli wetterte im *Blick am Abend:* »Das, was Frau Spiess-Hegglin macht, macht man einfach nicht.« Für »solche Frauen« gebe es ein Zürichdeutsches Wort: »Ein ausgekochtes Luder!« Denn obwohl sie Mittäterin sei, mache sie sich zum Opfer. »Für die Sache der Frau ist das schlecht und schlimm«, schrieb Mörgeli weiter. Jedes künftige Opfer werde weniger ernst genommen – »das ist eine Tragödie«. Und natürlich sparte man auch nicht mit Himpathy gegenüber dem Mann, dessen DNA gefunden wurde und gegen den schließlich ermittelt wurde. So titelte der *Blick am Abend:* »›Politisch tot‹ wegen dieser Frau – Die Sex-Affäre mit Jolanda Spiess-Hegglin gefährdet die Karriere des SVP-Manns«. Bezeichnend ist auch, dass der Wendepunkt in der öffentlichen Wahrnehmung 2017 mit einem Interview eingeläutet wurde, das nicht etwa Spiess-Hegglin gab, sondern ihr Ehemann.[303] Kaum redete ein Mann, hörte die Schweiz zu. 2020, nach dem Urteil des Obergerichts Zug, entschuldigte sich der *Blick* auf seiner Titelseite: »Entschuldigung, Jolanda Spiess-Hegglin«.[304] Und nun, da du das alles gelesen hast, möchte ich dir nochmals in Erinnerung rufen: Jolanda Spiess-Hegglin wurde dafür angegriffen, dass sie nach einem Filmriss mit Schmerzen im Intimbereich ins Krankenhaus fuhr. Und dass sie, als DNA-Spuren von zwei Männern gefunden wurden, davon ausging, dass sie vergewaltigt worden war.

Bis heute weiß Jolanda Spiess-Hegglin nicht, was in dieser Nacht passiert ist. Was sie weiß: Die schlimmen Konsequenzen, die das Schweizer Medienversagen für sie hatte, lässt sie nicht auf sich sitzen. Der Vize-Chefredaktor der *Weltwoche,* Philipp Gut, wurde nach ihrer Anzeige wegen übler Nachrede verurteilt,[305] die *Tages-Anzeiger*-Journalistin Michèle Binswanger wegen Verleumdung[306] und der Medienkonzern Ringier wegen Persönlichkeitsverletzung[307]. Zudem verlangt Spiess-Hegglin die Herausgabe des Gewinns, den der Konzern Ringier mit den über 180 Artikeln über ihren Fall erzielt hat.[308] Dies ist ein Novum. Sollte sie diesen Fall gewinnen, wird sie Schweizer Mediengeschichte schreiben. Ich drücke ihr die Daumen.

Verdachtsberichterstattung und Unterlassungsklagen

In einer Rape Culture werden nicht nur die Betroffenen beschuldigt und beschämt, sondern auch alle, die es wagen, sich gegen die Rape Culture aufzulehnen, nämlich die Aktivist:innen, Expert:innen und Journalist:innen, die die Rape Culture anprangern, Vergewaltigungsmythen entkräften, Victim Blaming aufdecken, Betroffene schützen und vor allem: Täter benennen und zur Rechenschaft ziehen. Sie sind nämlich für die Aufrechterhaltung der Rape Culture genauso gefährlich wie jede mutige Betroffene, die ihre Stimme erhebt und erzählt. Beleidigungen und Beschimpfungen per Mail oder in den sozialen Medien sind für Menschen, die sich wie ich zu diesem Thema exponieren, fast alltäglich – je größer die Reichweite einer Person, desto zahlreicher die Hassbotschaften. Nebst den misogynen und sexistischen Hassbotschaften lautet einer der häufigsten Vorwürfe, dass wir uns nur einseitig über sexualisierte Gewalt äußern würden. Abgesehen davon, dass es bei sexualisierter Gewalt nicht zwei gleichberechtigte Seiten gibt, frage ich mich jeweils, woher die Annahme kommt, dass cis Männer, die mit dem Selbstverständnis aufgewachsen sind, dass sexualisierte Übergriffe doch nur Spaß, ein Kompliment oder Missverständnisse seien, objektiv(er) wären. Das erinnert mich an ein Gespräch, das ich vor ein paar Jahren mit einer Journalistin führte. Sie erzählte mir, dass sie in der Redaktionssitzung angeregt habe, über sexualisierte Gewalt zu schreiben. Da sie selbst auch schon sexualisierte Gewalt erfahren hatte (wie im Prinzip jede_ Frau), habe das in der Redaktion zu Diskussionen geführt. Ihre Kollegen äußerten die Sorge, dass sie befangen sein könnte bei diesem Thema. Ganz ehrlich?

Das ist, als dürften sich Schwarze Menschen nicht mehr zu Rassismus äußern oder Juden nicht zum Holocaust. Gerade in der Medienberichterstattung herrscht zuweilen das Missverständnis, dass »ausgewogen« über Fälle sexualisierter Gewalt zu berichten, hieße, dass man der (mutmaßlichen) Täterperspektive genauso viel Platz einräumt wie der Opferperspektive. Allerdings ist man dann nicht mehr ausgewogen, sondern schlägt sich auf die Seite der Rape Culture und damit auf die Seite der Täter und Täterschützer:innen.

Eine besondere Form der Einschüchterung trifft in meiner Wahrnehmung seit #MeToo noch häufiger Journalist:innen, die im Rahmen einer Verdachtsberichterstattung (mutmaßliche) Täter benennen. Im Zusammenhang mit der Verdachtsberichterstattung in der Causa Lindemann mussten sich mehrere Medienhäuser mit Unterlassungsklagen großer Anwaltskanzleien herumschlagen. So zum Beispiel der *SPIEGEL*, der als erstes Medium einen vertieften Bericht über die Vorwürfe gegen Till Lindemann auf Basis von Gesprächen mit mehreren Frauen publizierte.[309] In großen Teilen wurde die *SPIEGEL*-Recherche als zulässig beurteilt und das Gericht entschied, dass die Intimsphäre von Lindemann mit der Berichterstattung nicht verletzt worden sei. Auch Luke Mockridges Anwaltskanzlei hat den *SPIEGEL* wegen unzulässiger Verdachtsberichterstattung verklagt, dieses Mal befand das Gericht die Berichterstattung in weiten Teilen als unzulässig, weil die Persönlichkeitsrechte von Mockridge verletzt worden seien.[310]

Der *SPIEGEL* nahm in einem Artikel Stellung zu seinen Verdachtsberichterstattungen und ließ verlauten: »Dass es Gegenströmungen und Medien gibt, denen diese Form der Berichterstattung sowie entsprechende gesellschaftliche Debatten drum herum ein Dorn im Auge sind, wird uns davon nicht abhalten. Die zunehmend unsachlichen Einschüchterungsversuche gegenüber Medien und insbesondere gegenüber Betroffenen sowie das teilweise erschreckende, unverhohlene ›Victim Blaming‹ sowie die vielfach misogynen Argumentationsmuster – auch im Rahmen der Rechtsverteidigung – haben allerdings inzwischen ein besorgniserregendes Ausmaß erreicht.«[311] Damit stellt der *SPIEGEL* unmissverständlich klar, dass er die Verdachtsberichterstattung nicht aufgeben wird. Sollte er auch nicht, denn es braucht differenzierte Verdachtsberichterstattungen, die, losgelöst von der Justiz, Missstände aufdecken und öffentlich thematisieren.

Rape Culture in der Popkultur: Happy End für den Täter

Die Popkultur (Abkürzung für Populärkultur) beschreibt Kulturgüter, die für die große Masse zugänglich sind und von ihnen auch wahrgenommen und gemocht werden, so wie Film, aber auch Musik und Kunst. Als fester Bestandteil des Lebens von sehr vielen Menschen haben Filme großen Einfluss darauf, wie wir über Dinge denken, welche Werte wir haben, wie wir uns verhalten, und vielleicht auch auf unsere Hobbys oder unsere Berufswahl. Kurzum: Sie dienen nicht nur der Unterhaltung, sondern haben einen Einfluss auf die Gesellschaft, der nicht unterschätzt werden darf. Denn mit Einfluss geht Macht und mit Macht Verantwortung einher.

Filme und Serien

Ich habe *Grease* (1978) in meinen jungen Jahren geliebt, ich kannte gefühlt den ganzen Film auswendig. Allem voran liebte ich die Musik, aber auch die Charaktere, die Kleider, natürlich John Travolta, ich liebte im Prinzip alles an dem Film. Irgendwann verschwand der Film aus meinem Bewusstsein, bis Hauptdarstellerin Olivia Newton-John 2022 verstarb und mein Instagram-Feed mich mit Ausschnitten aus dem Film beglückte. So habe ich *Grease* 2022 nach vielen Jahren noch mal angeschaut. Nun gut. Sagen wir es mal so: Der Film beschwor Erinnerungen an viele hormongeschwängerte Glücksmomente herauf. Andererseits tat der Film auch weh, denn er bedient leider alle Geschlechterstereotype, beinhaltet Body und Fat Shaming, zeigt Männer, die Frauen zu sexuellen Handlungen zwingen wollen, verharmlost sexualisierte Gewalt in »Witzen« und endet mit der Message: Wenn die Frau für einen Mann *alles* an sich ändert, wird sie für immer und ewig glücklich sein mit ihm.

Vielen erging es ähnlich wie mir, als sie in den letzten Jahren nochmals den Kassenschlager *Love Actually* aus dem Jahr 2003 anschauten, eine der erfolgreichsten romantischen Hollywoodkomödien der Nullerjahre. Bis heute kommt das deutsche Weihnachtsfernsehprogramm nicht ohne *Love Actually* aus. Ja, auch diesen Film haben meine Freundinnen und ich geliebt. Leider realisierte ich erst Jahre später, dass das, was uns als unendlich romantisch und erstrebenswert verkauft wurde, in Tat und Wahrheit Stalking und anderweitig belästigendes Verhalten war. Ach, und dann war da 2001 noch *Bridget Jones – Schokolade zum Frühstück,* vielleicht eine der schlimmsten Komödien, wenn es um die Verharmlosung sexualisierter Gewalt geht. Ja, auch diesen Film mochte ich sehr.

Leider sind auch zahlreiche neuere Filme problematisch in ihrer Darstellung von sexuell übergriffigem Verhalten. Da ist beispielsweise *Twilight* (2008), eine Geschichte über die Liebe einer jungen Frau und eines 120 Jahre alten Vampirs. Die Story geht so: Die 17-jährige Bella interessiert sich nicht etwa für diejenigen Jungs, die um ihre Aufmerksamkeit wetteifern, sondern für den geheimnisvollen Edward, der sich ihr gegenüber ziemlich feindselig verhält (Narrativ: Frauen interessieren sich für Männer, die sie schlecht behandeln). Bella gerät immer wieder in Schwierigkeiten, zum Beispiel, weil sie sich verläuft, und da taucht unerwarteterweise immer Edward auf und »rettet« sie (Narrativ: Frauen brauchen immer einen Mann, der sie beschützt). Kurzum: Edward stalkt sie, den Zuschauer:innen wird er aber als der ersehnte Retter in der Not verkauft. Dass Edward ein 120 Jahre alter Vampir ist, hält ihn nicht davon ab, sich in die 17-jährige Bella zu verlieben. Nachts taucht Edward ab und zu in Bellas Zimmer auf und beobachtet sie, während sie schläft (wie *creepy*). Später sagt er ihr, er würde sie am liebsten töten, weil er sich so zu ihr hingezogen fühle, worauf sie entgegnet, sie vertraue ihm (Narrativ: Ein Mann kann nicht anders, als der schönen Frau zu erliegen – *boys will be boys*. Und: Männer töten Frauen aus Liebe). Edward ist also in einer Doppelrolle Täter (Stalker) und Beschützer zugleich und bedient damit eines der mächtigen Skripte der Rape Culture.

Du stehst nicht auf Teenie-Schnulzen? Leider hört es damit nicht auf. *Game of Thrones* ist eine sehr erfolgreiche US-amerikanische Fantasyserie, deren erste Staffel 2008 und die letzte 2019 erschien. Bei *Game of Thrones* werden nicht nur Frauen vergewaltigt; es wird suggeriert, dass das ihrer Charakterbildung diene. Durch die Vergewaltigung finden die Frauen zu ihrer Stärke und werden zu Kämpferinnen. Die Protagonistin Sansa beispielsweise wird durch ihre Vergewaltigung erwachsen und zur Anführerin. Vergewaltigungen einzusetzen, um eine Protagonistin stärker zu machen, ist ausgesprochen problematisch. Frauen sind stark, man muss ihnen keine Gewalt antun, damit sie stark werden. Zudem ist es problematisch, wenn Vergewaltigungen nicht als strukturelle Gewalt dargestellt werden, die eingebettet ist in gesellschaftliche Denkmuster, sondern sie bloß Mittel zum Zweck sind, um eine Geschichte erzählen zu können. Ich habe darüber auch mit Sophie Rieger, der Gründerin des feministischen Onlinefilmmagazins *FILMLÖWIN*[312] gesprochen. Rieger bietet unter anderem Sensitivity Readings von Drehbüchern im Hinblick auf die Darstellung von Geschlechterstereotypen und sexualisierter Gewalt an. Sie lektoriert also Drehbücher und legt bei ihrer Beurteilung den Fokus darauf, inwieweit Geschlechterstereotype reproduziert werden und ob sexualisierte Gewalt sensibel dargestellt wird oder ob das Buch Rape Culture fortschreibt. Dabei, so erzählt sie mir, fordere sie immer dazu auf, dass sich die Filmemacher:innen überlegen, was sie eigentlich erzählen wollen und ob sie das, was sie erzählen wollen, auch anders erzählen könnten, ohne sexualisierte Gewalt. Rieger kritisiert, dass sexualisierte Gewalt sehr häufig als »Plot-Motor« benutzt werde. Der Klassiker sei, dass man eine Frauenfigur habe und man erzählen möchte, dass die Figur plötzlich eine wegweisende Lebensentscheidung trifft, die sie einen ganz neuen Weg einschlagen lässt. Also überlegt man sich, was passieren könnte, um die Erklärung für den neuen Weg der Figur zu liefern. Wenn das dann mit einer Vergewaltigung dargestellt wird, wird nicht zuletzt auch das Stereotyp bedient, dass eine Vergewaltigung in jedem Fall und für jede Person eine lebensverändernde Erfahrung ist. Das mag für einige Betroffene stimmen, für andere aber auch nicht.

Auch bei der erfolgreichen Netflix-Dramaserie *Narcos* (2015) hat man das Gefühl, dass die Vergewaltigungen bloß Lückenfüller und Unterhaltung sind, die Storyline aber genauso gut ohne die Vergewaltigungen funktionieren würde. Eine andere Art der Verharmlosung der sexualisierten Gewalt zeigt die erfolgreiche deutsche Fernsehtrilogie *Ku'damm 56, 59* und *63* (2016, 2018, 2021). Die Protagonistin Monika heiratet Joachim, jenen Mann, der sie in der ersten Folge vergewaltigt hat. Damit wird nicht nur das begangene Unrecht relativiert, sondern es verschwimmen auch die Grenzen zwischen Begehren und sexualisierter Gewalt. Die Geschichte ebnet den Weg für die Verharmlosung solcher Gewalttaten.

Es geht aber noch aktueller. Da ist beispielsweise *Kissing Booth* (2018), laut Netflix eine ihrer erfolgreichsten Teenie-Liebeskomödien weltweit. Der Hype um den Film war so groß, dass es mittlerweile drei Fortsetzungen gibt. Ich habe mir den ersten Teil angeschaut und *oh boy*... Die 17-jährige Protagonistin Elle und der Junge Lee sind seit ihrer Kindheit beste Freunde. Elle ist schon länger heimlich in Lees Bruder Noah, den Bad Boy der Schule, verliebt. Elle denkt, Jungs mögen sie nicht, weil sie noch nie zu einem Date eingeladen wurde. Was sie allerdings nicht weiß: Noah hat alle Jungs in der Schule angewiesen, sich von Elle fernzuhalten. Und was Noah sagt, gilt. Denn alle wissen, dass er auch vor körperlichen Auseinandersetzungen nicht zurückschreckt, wenn ihm etwas nicht passt. Lee hingegen besteht darauf, dass Elle nie etwas mit seinem Bruder anfangen dürfe. Nicht etwa, weil Lee in Elle verliebt wäre, sondern schlicht, weil er nicht will, dass Elle und sein Bruder zusammen sind. Was wir hier unter dem Deckmantel der Freundschaft und der Romantik präsentiert bekommen, sind zwei Jungs, die sich berechtigt fühlen, Regeln aufzustellen, um Elle zu kontrollieren. Dahinter steckt die Systematik, auf der die Rape Culture basiert: Kontrolle, eine Form sozialer Gewalt, wird normalisiert und als romantisches Interesse an einer Frau dargestellt. In einer anderen Szene trägt Elle ihren alten, zu kurzen Schuluniformrock. Man sieht ihre Unterhosen, was natürlich viel Aufmerksamkeit generiert. Später wird Noah ihr vorwerfen, dass sie null Erfahrung mit Jungs habe, sonst wüsste sie, dass ein solcher Rock eine Einladung sei, begrapscht zu werden. Genau so passiert es: Einer der Jungs, Tuppen, greift ihr beim Vorbeilaufen an den Hintern, Noah »rettet« sie (wieder ein Mann, der Täter und Beschützer zugleich ist) und fängt eine Schlägerei mit Tuppen an. Tuppen, Noah und Elle werden alle drei zum Nachsitzen verdonnert. Mit anderen Worten: Nicht nur der sexuell Übergriffige und der Gewalttätige werden bestraft, sondern auch das Opfer. Beim Nachsitzen flirtet Tuppen mit Elle, während Noah seinen Kopf schüttelt und sichtlich nicht damit einverstanden ist. Elle hat also die Wahl zwischen Tuppen, der zuvor sexuell übergriffig war, oder Noah, dessen Gewalttätigkeit und kontrollierendes Verhalten Elle gegenüber als attraktiv und »männlich« dargestellt wird. Sie erwidert den Flirt von Tuppen. Das Narrativ: Sexuelle Belästigung ist erstens nicht so schlimm und zweitens hat ein Junge, der einen sexuell belästigt hat, trotzdem eine Chance verdient – er hat es ja nicht böse gemeint.

Vielleicht fragst du dich, welche Filme wohl die allerersten waren, die bereits im Kindesalter unser Bild von heterosexueller Liebe geprägt haben: die Disney-Zeichentrickfilme. *Schneewittchen und die Sieben Zwerge* (1937) und *Dornröschen* (1971), in denen der Prinz die Prinzessin küsst, während sie in einem todesähnlichen Schlaf liegt. Angesichts der Tatsache, dass die Prinzessinnen in beiden Filmen sozusagen im Koma liegen, kann man definitiv nicht von einem konsensualen Kuss sprechen. In beiden Filmen heiraten die Prinzessinnen die Prinzen, die sie zuvor im Schlaf belästigt haben. (Kurzer Einschub: 2022 hat gfs.bern[313] im Rahmen einer Studie herausgefunden, dass jeder siebte Mann es in Ordnung findet, Sex mit einer schlafenden Person zu haben, wenn sie im wachen Zustand sonst immer zustimmt.) In *Aladdin* will der Bösewicht die Prinzessin heiraten, obwohl sie ihm gegenüber offen feindselig ist. Das hält ihn aber nicht von seinem Plan ab: Er steckt die Prinzessin in ein sexy Outfit und macht sie zu seiner Sklavin – Problem gelöst. In *Die Schöne und das Biest* belästigt der Dorfheld das schöne Mädchen und lässt sich auch durch ihr Nein nicht beirren. Die US-Amerikanerin Patricia Paulson hat in ihrer Masterarbeit[314] untersucht, inwiefern in den Disney-Zeichentrickfilmen die Merkmale der Rape Culture wie geschlechterstereotype Darstellung der Figuren und Verharmlosung beziehungsweise Normalisierung von (sexualisierter) Gewalt zementiert werden und ob sich die Darstellungen diesbezüglich im Laufe der Zeit verändert haben. Unter Einbezug weiterer Studien kommt sie zu dem Schluss, dass sich in den Disney-Filmen viele Merkmale der Rape Culture finden lassen. Nebst der Darstellung der Frau als schönes Objekt und des Mannes als jagendes und kontrollierendes Subjekt werden vor allem auch Gewalt wie die Einschüchterung, Nötigung und Isolation der Frau durch einen Mann wie auch sexualisierte Übergriffe unter dem Deckmantel der großen Liebe und Romantik normalisiert. Und dies gilt leider nicht nur für die älteren Disney-Filme, sondern beispielsweise auch für *Die Eiskönigin – Völlig unverfroren* (2013), in dem die Prinzessinnen gezwungen und bedroht und durch Isolation kontrolliert werden. Gleichzeitig kann man der *Eiskönigin* zugutehalten, dass die weibliche Figur durch die finale Rettung am Schluss des Filmes stark und ermächtigt dargestellt wird. Es ist bis dahin der erste Disney-Zeichentrickfilm, in dem die weibliche Figur im Finale durch eine weibliche Figur gerettet wird. Das klassische heterosexuelle Romantikskript, das Kinder aus Disney- (und anderen) Filmen lernen, ist höchst problematisch. Es zementiert die Idee, dass es das große (einzige) Ziel einer Frau ist, die große Liebe zu finden und zu heiraten. Dies erreicht sie, indem sie sich der sozialen Ordnung unterwirft: der Dominanz des Mannes. Das ultimative Glück findet sie, wenn sie die (sexuellen) Bedürfnisse des Mannes befriedigt.

Filme produzieren und reproduzieren die Rape Culture. Welchen Einfluss das auf junge Menschen hat, darf nicht unterschätzt werden, denn wenn es um heterosexuelle Liebe und Sexualität geht, dienen Filmfiguren und ihre Geschichten für viele junge Menschen als erste Orientierung. Problematisch sind dabei nicht nur Filme, die ohnehin viel Gewalt zeigen und deshalb häufig in der Kritik stehen, Heranwachsende negativ zu beeinflussen (wie gewisse Thriller, Krimis oder Horrorfilme), sondern vor allem auch das harmloseste aller Filmgenres: romantische Komödien.

Die problematischsten Narrative in Filmen beziehen sich auf die Hauptmerkmale der Rape Culture: Die Filme und Serien reproduzieren schädliche Geschlechterstereotype und Männlichkeitsbilder, die Verharmlosung, Normalisierung und Unsichtbarmachung von sexualisierter Gewalt und schließlich auch Vergewaltigungsmythen und Victim Blaming.

Rollen für Frauen und Männer sind häufig sehr klischeehaft: Frauen sind schwach, emotional und angewiesen auf den starken und rationalen Mann. Zudem haben Männer immer noch in vielen Filmen die wichtigen Rollen inne, während die Frauen meist nur als sexuelle Objekte dienen. Um diese Problematik aufzuzeigen, haben Feministinnen verschiedene Tests entwickelt. Der bekannteste ist der Bechdel-Test[315]. Er besteht aus drei einfachen Fragen: Gibt es mindestens zwei Frauenrollen? Sprechen sie miteinander? Unterhalten sie sich über etwas anderes als einen Mann? Können alle Fragen mit Ja beantwortet werden, gilt der Test als bestanden. Der aktuellste Film, der den Bechdel-Test nicht besteht, ist der hochgelobte *Oppenheimer* (2023), der große Gewinner der britischen Bafta-Filmpreise und Gewinner von sieben Oscars. Noch simpler als der Bechdel-Test ist der Sexy-Lamp-Test, den die Comicautorin Kelly Sue DeConnick erfand: *»If you can remove a female character from your plot and replace her with a sexy lamp and your story still works, you're a hack.«* (Zu Deutsch etwa: Wenn du eine weibliche Figur durch eine sexy Lampe ersetzen kannst und die Geschichte trotzdem funktioniert, bist du ein Stümper.)[316] Beispiel gefällig? Der *Superman*-Film aus dem Jahr 2013 besteht diesen Test nicht, Lois Lane tut nichts anderes, als aus dem Himmel zu fallen.

Kommen wir noch auf die beliebtesten und gleichzeitig problematischsten Filmnarrative in romantischen Komödien:

Filmnarrativ »Männer wollen immer Sex (mit Frauen)«: Dafür tun sie alles: Sie stalken, belästigen und bedrängen die Frauen, die für sie in erster Linie sexuelle Lustobjekte sind (*American Pie* und *Something about Mary*, aber auch viele Filme aus der *Bond*-Reihe, um noch weitere Beispiele zu nennen). Ihr Verhalten wird jedoch nie problematisiert, sondern im Gegenteil normalisiert und entschuldigt.

Filmnarrativ »Wenn Männer mal doch keinen Sex wollen, darf man sie dazu zwingen«: Es gibt zig Filme, in denen ein unbedarfter Junge auf ein selbstbewusstes, aggressives Mädchen trifft, das ihn sexuell belästigt. Die Szenen werden aber nicht etwa als sexualisierte Gewalt dargestellt, sondern dienen meist der lustigen Unterhaltung. So etwa in *Blockers* (2018), *The To Do List* (2013) oder auch im Film *Almost Famous* (2000), der 2016 von der BBC zu den hundert bedeutendsten Filmen des 21. Jahrhunderts gezählt wurde.

Filmnarrativ »Sexualisierte Gewalt wird als romantisches Begehren und Sex dargestellt«: Nebst den bereits genannten Filmen *Twilight, Grease, Kissing Booth* und *Bridget Jones* möchte ich noch einen weiteren sehr beliebten Film erwähnen: *Fifty Shades of Grey* (2015). In dem Film ist der Unternehmer und Milliardär Christian derart besessen von der jungen Studentin Anastasia, dass er sie bis in einen Club verfolgt, obwohl sie ihm absichtlich nicht gesagt hat, in welchem Club sie ist. Er ist dann aber der Retter in der Not und betritt den Club genau in dem Moment, als Anastasia von einem Freund bedrängt wird, der ihr Nein ebenfalls ignoriert. Wieder ist der Stalker gleichzeitig auch der Retter.

Filmnarrativ »Frauen wollen von Männern erobert werden«: Das ist wohl der Klassiker unter allen Narrativen und das wirkmächtigste von allen (wie ich schon im Kapitel »Männlichkeit und sexualisierte Gewalt: Zum Täter erzogen« aufgezeigt habe). In Filmen geht das Erobertwerden häufig Hand in Hand mit Stalking und sexueller Belästigung – denn, so will es das Skript, anfangs sträubt sich die Frau meist gegen die Annäherungsversuche des Mannes (und das heißt in einer Rape Culture nicht etwa »Hör auf«, sondern »Gib dir mehr Mühe«). Dieses Verhalten wird als romantisches Begehren eingeordnet. Das ist höchst problematisch, weil Frauen abgesprochen wird, dass ihre Ablehnung auch wirklich eine Ablehnung ist. Mehr noch wird das Narrativ bedient, dass Frauen nicht wüssten, was sie wollen – deshalb muss sich der Mann einer Frau aufzwingen, bis sie dann endlich merkt, was sie will (ihn natürlich). Heißt: Er weiß besser als sie selbst, was sie will und was ihr guttut.

Filmnarrativ »Männer als Beschützer«: Es gibt unzählige Filme, in denen ein Vater (oder ein Bruder) seine Tochter (oder seine Schwester) vor der bösen Männerwelt beschützen will. Auch dies wird nicht als Kontrolle und Eingreifen in die sexuelle Selbstbestimmung von Frauen problematisiert, sondern als meist liebevolle Überbesorgtheit eines liebenden Vaters (oder Bruders).

Filmnarrativ »Die Verwandlung der Frau«: Ein Klassiker in vielen romantischen Komödien, aber auch Kinderfilmen ist die wundersame Verwandlung einer weiblichen Hauptfigur. Sie verwandelt sich vom vermeintlichen »hässlichen Entlein« in den »schönen Schwan«, und erst dann realisiert der Mann, wie toll und schön sie eigentlich ist. So geschehen in *Pretty Woman* (1990), *Clueless* (1995), *Hunger Games* (2012), *Harry Potter und der Feuerkelch* (2005), aber auch *Aschenputtel (1950)* oder *Plötzlich Prinzessin* (2001) und unzähligen weiteren Filmen. Alles an dieser Storyline ist problematisch. Die Botschaft ist klar: Der Wert einer Frau hängt von ihrem äußeren Erscheinungsbild ab und der Mann ist so oberflächlich, dass er sich erst dann für die Frau interessiert, wenn sie normschön ist. Das Narrativ dahinter: Die Frau ist dankbar für die Umwandlung, die sie eigentlich selbst gar nicht wollte, denn es zählt vor allem, wie andere dich sehen, und nicht, wie du dich selbst siehst. Diese Umwandlungsszenen sind nichts anderes als die Darstellung patriarchaler Kontrolle, wobei der Wert der Frau daran bemessen wird, wie attraktiv der Mann sie findet.

»Film schafft Realität und entsteht gleichzeitig aus ihr«,[317] schreibt der Erziehungswissenschaftler Jochem Kotthaus im Buch *Sexuelle Gewalt im Film*. Der Film bildet nicht nur gesellschaftliche Realitäten ab, sondern schafft diese auch. Das wiederum heißt, dass Filmemacher:innen in der

Verantwortung sind, mit ihren Werken die Rape Culture zu problematisieren, statt zu (re)produzieren. Wir sollten alle ein sehr großes Interesse daran haben, dass nicht zuletzt Kinder und Jugendliche in Filmen realitätsnahe, gesunde und konsensuale Formen von Begehren, Liebe und Sexualität sehen.

Was jetzt? Empfehle ich dir, keine Filme mehr anzuschauen, die die Rape Culture produzieren und reproduzieren? Nein. Aber ich bitte dich, die Filme mit anderen Augen zu sehen. Frag dich bei romantischen und sexuellen Filmszenen vermehrt, ob du wirklich Liebe und konsensuales Begehren siehst oder ob du einer Person zuschaust, die bedrängt, gestalkt, belästigt oder vergewaltigt wird. Und frag dich bei lustigen Szenen, ob die Szenen wirklich lustig sind oder ob sie sich über Diskriminierung und sexualisierte Gewalt lustig machen.

Eine fantastische Idee hatten die zwei Australierinnen Angie Wan und Joyce Yu mit ihrem gemeinnützigen Kollektiv Consent Labs, das nicht nur in Schulen und am Arbeitsplatz Aufklärungsarbeit zu Konsens leistet, sondern auch die Kampagne Classify Consent[318] ins Leben gerufen hat. Mit Classify Consent rufen sie unter dem Motto *what we normalise on screen, we normalise in life* (»Was wir auf der Leinwand normalisieren, normalisieren wir auch im Leben«) dazu auf, Filme nicht nur aufgrund von inhaltlichen Merkmalen wie Gewalt, Drogen, Schimpfwörtern oder Sex zu klassifizieren, sondern auch aufgrund von fehlendem Konsens. Dabei gehe es ihnen nicht darum, Inhalte zu canceln, sondern darum, aufzuklären mit dem Ziel, dass Zuschauer:innen fehlenden Konsens auf dem Bildschirm erkennen. Auslöser für ihre Kampagne war eine Umfrage aus dem Jahr 2022, die zeigte, dass drei von fünf Australier:innen nicht konsensualen Sex im Film nicht erkennen.

Ich habe leider keine Umfrage mit dieser Fragestellung aus dem deutschsprachigen Raum gefunden, sehe aber keinen Anlass, davon auszugehen, dass die Situation in unseren Breitengraden besser ist. Zumal im deutschen Fernsehen Gewalt gegen Frauen omnipräsent ist. Zu diesem Schluss kam eine Studie[319] der MaLisa Stiftung zur Darstellung geschlechtsspezifischer Gewalt im deutschen TV und liefert damit die ersten repräsentativen Daten für das deutsche Fernsehen. Analysiert wurde eine repräsentative Stichprobe der Programme von acht TV-Sendern (Das Erste, ZDF, RTL, RTL2, Vox, ProSieben, SAT1 und Kabel Eins), die 2020 zwischen 18 und 22 Uhr ausgestrahlt wurden. Insgesamt wurden über 450 Stunden Material ausgewertet. Die wichtigsten Resultate in Kürze: Geschlechtsspezifische Gewalt gegen Frauen kommt in einem Drittel der Sendungen vor, am häufigsten in Krimiserien und Spielfilmen, aber auch in Informations- und Unterhaltungssendungen (inklusive Kinder- und Familienfilmen). Die Betroffenen selbst kommen aber nur in gerade mal acht Prozent der Darstellungen ausführlich selbst zu Wort und die Folgen der Gewalt werden in bloß einem (!) Prozent der Fälle dargestellt. Aber nicht nur die Betroffenenperspektive fehlt. Es fehlt auch die Einordnung, dass die Gewalt eingebettet ist in gesellschaftliche und strukturelle Machtverhältnisse. Und die Täter sind meistens Fremde. Geschlechtsspezifische Gewalt ist im deutschen Fernsehen omnipräsent, wird aus der Täterperspektive dargestellt und bei der Darstellung werden Stereotype bedient. Dabei könnten und müssten (!) Filme zu einer Sensibilisierung über sexualisierte Gewalt als gesellschaftliches Problem beitragen.

Darstellung sexualisierter Gewalt im Film

Kann man etwas grundlegend Falsches richtig darstellen? Diese Frage stellt Sophie Rieger in einem Artikel[320] und meint die explizite Darstellung von sexualisierter Gewalt im Film. Wie soll man (und soll man überhaupt) sexualisierte Gewalt auf der Leinwand darstellen? Diese Frage sei nicht einfach zu beantworten, schreibt sie, und es brauche eine ehrliche Auseinandersetzung damit, sonst bleibe der Anspruch, aufklären zu wollen, auf der Strecke, auch in der Kunst.

Das Problem mit sexualisierter Gewalt im Film ist nicht nur, wie eingangs aufgezeigt, dass die Gewalt verharmlost und normalisiert wird. Problematisch sind auch diejenigen Filmszenen, die tatsächlich sexualisierte Gewalt darstellen sollen, weil sie sich sehr häufig stereotyper und falscher Bilder bedienen. Ich wage zu behaupten, dass wohl die meisten von uns schon Vergewaltigungsszenen in Filmen gesehen haben und dass in diesen Szenen der Täter meistens körperliche Gewalt angewendet hat, um eine Person zu überwältigen und zu vergewaltigen. Der Täter ist oft ein Fremder, die Taten geschehen oft zu später Stunde. Sehr häufig werden gleich mehrere Vergewaltigungsmythen reproduziert, was wiederum dazu führt, dass sich die Mythen in den Köpfen der Zuschauer:innen weiter festigen. Falls die Vergewaltigung von Protagonist:innen für die Storyline tatsächlich wichtig ist, muss man sich die Frage stellen, ob man die Vergewaltigung wirklich in einer Szene explizit zeigen muss oder nicht.

Besonders problematisch wird es, wenn Vergewaltigungsszenen derart erotisiert dargestellt werden, dass man als Zuschauer:in zuweilen das Gefühl hat, einer Sexszene beizuwohnen. Das geschieht sowohl in *Narcos* als auch in *Game of Thrones* und unzähligen weiteren Filmen – ich würde gar behaupten, dass die allermeisten Vergewaltigungsszenen, die ich in Filmen gesehen habe, erotisiert dargestellt wurden. Das Problem beginnt damit, dass die meisten Filme und damit auch die Vergewaltigungsszenen aus der Perspektive eines *(weißen)* heterosexuellen cis Mannes gefilmt werden. Diesen Male Gaze hatte ich im Kapitel »Männlichkeit und sexualisierte Gewalt: Zum Täter erzogen« schon ausführlich behandelt. Der Grund liegt in der systematischen Untervertretung und Diskriminierung von Frauen in der Filmindustrie, die auch in Studien immer wieder dargelegt wird. (Gemäß einer europaweiten Studie[321] aus dem Jahr 2023 sind gerade mal 22 Prozent der Filmemacher:innen und bloß acht Prozent der Kameraleute Frauen, um nur zwei Beispiele zu nennen. Aber nicht nur Frauen sind unterrepräsentiert, sondern noch viel stärker trans und non-binäre Personen – im Übrigen sowohl vor als auch hinter der Kamera.)

Male Gaze ist der cis-männliche Blick auf Frauen. Die Filmemacherin Nina Menkes beschäftigt sich in ihrem sehenswerten Dokumentarfilm *Brainwashed* damit, wie Frauen im Film seit Beginn des

Filmzeitalters durch den Male Gaze visuell entmachtet werden und wie der sexualisierende und objektifizierende Blick auf Frauen mit der Bildsprache verwoben ist. Dies geschehe beispielsweise, indem die Körperteile von Frauen oft fragmentiert dargestellt würden (Nahaufnahmen von einzelnen Körperteilen), durch die Bewegungen der Kamera, durch die Lichtgestaltung und nicht zuletzt durch die Storyline. Menkes sagte einmal in einem Gespräch, dem ich beiwohnte, einen Satz, der mir in Erinnerung blieb: »*If the camera is predatory, then the film is predatory as well*« – also in etwa: »Wenn die Kamera übergriffig agiert, ist auch der Film übergriffig.«

Was heißt der Male Gaze, bezogen auf die Darstellung von sexualisierter Gewalt im Film? Darüber habe ich mit Barbara Rohm gesprochen. Rohm ist deutsche Filmemacherin und setzt sich mit dem *culture change hub*[322] dafür ein, dass weibliche Perspektiven Einzug erhalten in Filme. Rohm sagt, beim Male Gaze werde von einem cis-männlichen Zuschauer ausgegangen, der sich einen Film anschaut, den ein cis-männlicher Regisseur inszeniert und ein cis-männlicher Kameramann gefilmt hat. Dieser Male Gaze setze sich auch bei Vergewaltigungsszenen fort, indem aus der männlichen Täterperspektive heraus gedreht werde. Man tauche in das Innenleben der Figuren ein, und wenn die Kamera auf der Frau ist, gehe es darum, dass die Zuschauer:innen die Angst und die Ohnmacht sähen. Rohm schlägt vor, das Ganze mal umzudrehen: Wieso nicht aus der Opferperspektive filmen, wieso nicht mal sein Gesicht zeigen, wieso nicht mal zeigen, wie ein Vergewaltiger aussieht, während er vergewaltigt. Ich höre ihr zu und merke, dass ich noch keinen Film gesehen habe, der die Vergewaltigung aus dieser Perspektive zeigt.

Wenn wir uns für die Opfer interessieren, dann ist es ein voyeuristisches Interesse und deshalb werden die Gewaltszenen erotisiert. Rohm sagt, dass dieser voyeuristische Blick im Film oft auch fortgesetzt werde, wenn die Opfer bereits tot sind, indem die Kamera über ihren nackten Körper schwenkt, damit man sieht, wie ihr Körper zugerichtet ist. Das erinnert mich an einen Satz aus dem Buch *Das Leiden anderer betrach-*

ten der US-amerikanischen Filmemacherin und Autorin Susan Sontag: »Alle Bilder, die die Verletzung eines anziehend wirkenden Körpers darstellen, sind bis zu einem gewissen Grade pornographisch.«[323]

Es gibt aber auch berechtigte Gründe dafür, eine Vergewaltigung wirklich explizit zu zeigen. Ein Film, der genau das tut, ist *The Tale* (2018). In *The Tale* erzählt die US-amerikanische Filmemacherin Jennifer Fox ihre eigene Geschichte von sexuellem Missbrauch in ihrer Kindheit und zeigt dabei Szenen mit expliziter sexualisierter Gewalt an diesem Mädchen. (Die Szenen wurden mit einem erwachsenen Körperdouble gedreht, nicht mit der Kinderdarstellerin.) Fox wurde häufig gefragt, wieso sie die Gewalt derart explizit dargestellt habe. In einem Interview[324] sagte sie, sie habe dies getan, weil sie der Meinung sei, dass dies die einzige Möglichkeit sei, die Wahrheit darzustellen. Ihr sei es im Film darum gegangen, dass die Gesellschaft nicht mehr wegsehen dürfe bei sexualisierter Gewalt an Kindern. An genau dem Punkt, an dem in den meisten Filmen weggeblendet werde oder sich die Türe schließe, wollte sie, dass die Zuschauer:innen die Wahrheit sehen, denn die Wahrheit sei schrecklich und schmerzhaft.

Die Motive von Fox sind nachvollziehbar, und es wäre auch anmaßend, sie dafür zu kritisieren, dass es ihr ein Bedürfnis war, den Horror ihrer Geschichte explizit darzustellen. Ist es also doch okay, eine Vergewaltigungsszene explizit zu inszenieren? Sophie Rieger erzählte mir, dass sie das immer wieder gefragt werde, wenn sie Filmemacher:innen berate. Sie sage jeweils: Im Kontext der Kunstfreiheit *dürfe* man sexualisierte Gewalt natürlich auch explizit zeigen, wie man eben im Grunde genommen alles zeigen dürfe, man müsse dann aber auch aushalten, wenn man dafür kritisiert werde. Zum Beispiel dafür, dass die Szene für viele Menschen (re)traumatisierend sein kann. Sie erwarte von Filmemacher:innen, dass sie sich im Vorfeld darüber Gedanken machen, was sie mit so einer Szene auslösen, in welchem Kontext diese Szene stehe und in welchen gesellschaftlichen Diskurs die Szene eingebettet sei – um dann die Entscheidung zu treffen, wie sie die Szene darstellen wollen.

Fassen wir zusammen: Das Problem in vielen Filmen ist, dass sexualisierte Gewalt instrumentalisiert statt problematisiert wird. Das geschieht, wenn die Gewalt erotisiert wird, wenn sie bloß dazu dient, eine Figur als beschädigt darzustellen oder einer Figur eine Hintergrundgeschichte zu geben, die ihre Handlungen erklären soll. Instrumentalisiert wird die Gewalt auch, wenn sie im Film keine wirklichen Konsequenzen hat oder wenn sie als Romantik oder Sex verharmlost und normalisiert wird. Sexualisierte Gewalt darf im Film nicht als etwas dargestellt werden, was unglücklicherweise *passiert*, sondern muss als ein Verbrechen gezeigt werden, als Gewalt, die aus einer misogynen sexistischen Gesellschaft heraus entsteht.

Grundsätzlich kann ich nachvollziehen, dass der Fokus von vielen Filmemacher:innen, insbesondere denjenigen, die für den Mainstream produzieren, eher darauf liegt, einen möglichst spannenden und unterhaltsamen Film zu erzeugen, als darauf, über schwierige Themen wie sexualisierte Gewalt aufzuklären. Aber dann erwarte ich, dass schwierige Themen eben nicht zum Thema gemacht werden und andere Wege gesucht werden, um die Geschichte zu erzählen.

Der Erziehungswissenschaftler Jochem Kotthaus schreibt, dass die Art, wie sexualisierte Gewalt im Film dargestellt werde, einen Bezug habe zur sozialen Wirklichkeit.[325] Die Darstellung spiegelt uns, wie wir als Gesellschaft über sexualisierte Gewalt denken, und dies nicht nur über das Verbrechen an sich, sondern auch über seine Beteiligten, seine Täter, seine Opfer, ihre Rollen, ihre Zuschreibungen oder auch über die Notwendigkeit zu Gerechtigkeit und Rache. Sophie Rieger beendete unser Gespräch mit der Aussage, dass wir Filme über Rape Culture statt über sexualisierte Gewalt machen sollten. Und ich gebe ihr recht und freue mich, dass sich Menschen trauen, genau diesen Schritt zu gehen, zum Beispiel mit den Serien *Unbelievable* von 2019 und *I may destroy you* (2020) sowie dem Film *Promising Young Woman* (2020).

Sexismus am Filmset

Damit in Filmen Sexualität oder sexualisierte Gewalt dargestellt werden können, braucht es … Schauspielende, und die dürfen wir meines Erachtens nicht außen vor lassen, wenn wir über sexualisierte Gewalt im Film diskutieren. Ein:e Filmemacher:in muss sich auch mit der Frage auseinandersetzen, was es für Schauspielende, die selbst auch schon Erfahrungen sexualisierter Gewalt machen mussten, heißt, sexualisierte Gewalt auf der Leinwand darzustellen. Darauf gibt es nicht die eine richtige Antwort, wichtig ist aber, dass man sich mit dieser Frage auseinandersetzt angesichts der Tatsache, dass so gut wie jede_ Frau in irgendeiner Form schon sexualisierte Gewalt erfahren hat.

Gleichzeitig ist es die Pflicht von Arbeitgebenden, die Mitarbeitenden vor sexualisierter Gewalt zu schützen. Das betrifft auch Schauspielende auf dem Set. Bei einer Befragung des Bundesverbandes Schauspiel (BFFS) aus dem Jahr 2022[326] zu den Erfahrungen von Schauspielenden (vor allem aus dem Filmbereich) mit Nacktheit und simuliertem Sex kam heraus, dass ein Großteil der 417 befragten Schauspielenden auf dem Set Erfahrungen mit sexualisierten Übergriffen gemacht hat. 80 Prozent der weiblichen und etwa die Hälfte der männlichen Schauspielenden waren betroffen. Weitere Ergebnisse der Befragung: Gerade mal fünf Prozent der Schauspielerinnen und vier Prozent der Schauspieler haben laut Umfrage noch nie eine Szene gespielt, die die Darstellung von Nacktheit, Intimität oder sexualisierter Gewalt enthält. Gleichzeitig haben 80 Prozent der befragten Schauspielenden während ihrer Ausbildung keine Angebote gehabt, um ihre persönlichen Grenzen für die Darstellung von Intimität, Nacktheit und sexualisierter Gewalt herauszufinden – und das ist sehr pikant. Es verwundert also nicht, dass fast 70 Prozent der Schauspielerinnen und gut ein Drittel der Schauspieler Angst haben, als schwierig zu gelten, wenn sie bestimmten Darstellungen von Intimität, Nacktheit oder sexualisierter Gewalt nicht oder nur unter bestimmten Bedingungen zustimmen würden. Weiter zeigt die Befragung, dass im Rahmen der Darstellung von Intimität, Nacktheit oder sexualisierter Gewalt über die Hälfte der Schauspielerinnen und über 20 Prozent der Schauspieler mindestens einmal Grenzverletzungen erfahren haben – ein Drittel der Schauspielerinnen und etwas mehr als ein Sechstel der Schauspieler bereits während der Ausbildung. Trotzdem äußern sich viele nicht dazu, aus Angst, keine Arbeit mehr zu bekommen.

Jede dritte Schauspielerin sowie fast jeder vierte Schauspieler wurde mindestens einmal beim Casting gebeten, ohne vorherige Absprache ihre:n Spielpartner:in zu küssen. Und bei der großen Mehrheit der Befragten gibt es keinerlei vertragliche Regelungen für die Darstellung von Sexualität oder sexualisierter Gewalt. Da frage ich mich: Wie soll Konsens auf der Leinwand dargestellt werden, wenn diejenigen, die ihn darstellen sollen, sich nicht in konsensualen Situationen wiederfinden? Es scheint, als wäre die Idee, dass auch Schauspielende Menschen mit Grenzen sind und ihre Integrität gewahrt werden muss, ein neuer und noch relativ unbekannter Ansatz in der Schauspielerei. Wenn die Einwilligung zu einer Szene aus Angst erfolgt, ansonsten als schwierig zu gelten oder keine weiteren Jobs mehr zu bekommen, dann ist das kein konsensuales Ja, sondern ein Ja aus Angst und Machtungleichkeit – und das ist kein Ja, sondern eigentlich ein Nein.

Häufig, so erfahre ich von Barbara Rohm, werden Schauspieler:innen aufgefordert, Sexszenen so zu spielen, als wäre es echter Sex. Oder sie sollen beim Casting ihr Gegenüber küssen, um die »Chemie« zwischen den beiden zu testen. Das sei verheerend und falsch. Niemand würde bei einer Gewaltszene Schauspielende auffordern, jemanden wirklich zu schlagen, sagt Rohm. Man müsse intime Szenen unbedingt desexualisieren und mit Choreografie arbeiten, dabei können auch sogenannte Intimitätskoordinator:innen helfen. Sie sind das Bindeglied zwischen Regie, Produktion und Schauspielenden und stellen sicher, dass eine Szene ohne Grenzverletzungen gedreht werden kann.

Wie auch auf gesellschaftlicher Ebene geht es in der Schauspielbranche darum, die Sprache der Macht auf dem Set zu ändern. Nur dann wird auch ein Filmset zu einem sicheren Ort – was mir die Grundbedingung dafür erscheint, dass verantwortungsvolle und gute Filme, die Intimität, Begehren, Sexualität und sexualisierte Gewalt beinhalten, gedreht werden können.

Auch in der Schauspielbranche gilt: Solange Filmcrews zu wenig divers sind, im Speziellen in den leitenden Positionen, wird diesen Problemen nicht genügend entgegengewirkt. Dabei ist bekannt, dass in diverseren Teams meist mehr Sensibilität gegenüber Diskriminierung und übergriffigem Verhalten vorhanden ist. Ende Mai 2024 wird übrigens der deutsche Kamerapreis 2024[327] an den besten Kameramann verliehen. Unter den 18 Nominierten sind 18 Männer.

Porno

Ich habe früher bei dem Verein zischtig.ch gearbeitet, der sich dafür einsetzt, dass Kinder und Jugendliche eine gute Medienbildung erfahren. Es ist mittlerweile über zehn Jahre her, dass ich mit diesem Thema in Schulklassen unterwegs war, aber schon damals konnte man davon ausgehen, dass in einer Klasse von 13- bis 14-jährigen Kindern alle schon mindestens einmal einen Porno gesehen hatten. Auf einem eigenen Gerät, auf dem Gerät des Kumpels oder sonst wo. Das entspricht auch den Ergebnissen einer englischen Studie[328], die im Januar 2023 veröffentlicht wurde: Das Durchschnittsalter für den Konsum des ersten Pornos liegt demnach bei 13 Jahren, zehn Prozent haben schon mit neun Jahren einen Porno gesehen, ein Drittel im Alter von elf. In Deutschland geht man davon aus, dass 95 Prozent der Männer, 79 Prozent der Frauen und 60 Prozent der Jugendlichen schon einmal Pornos geguckt haben. »Längst sind Pornos Teil unserer Alltagskultur geworden und zugleich ein Tabuthema geblieben«,[329] schreibt Deutschlands bekannteste Pornowissenschaftlerin Madita Oeming, die das 2023 erschienene Buch *Porno. Eine unverschämte Analyse* geschrieben hat. So weit, so wenig erstaunlich. Denn dass sich bereits Jugendliche für nackte Haut und Sex interessieren, ist an sich nichts Neues: Während sich Jugendliche früher freuten, wenn sie irgendwo ein Magazin wie *Playboy*, *Penthouse* oder *High Society* fanden, können sie heute auf einen Klick eine Masse an mitunter sehr gewalttätiger Pornografie finden. Aber auch diejenigen Pornos, die nicht gewalttätig sind, sind problematisch: Sie sind von Männern für Männer gemacht: Aus cis-männlicher Perspektive wird das Objekt der Begierde für das cis-männliche Publikum gefilmt, alles ausgerichtet auf die stereotypen Bedürfnisse des Mannes. In Pornos, die heterosexuellen Sex darstellen, kommt das Wort »Nein« nicht vor oder es wird, als wäre das normal und in Ordnung, übergangen. Aber nicht nur das Nein fehlt; auch wie Konsens hergestellt wird, wird selten gezeigt. Du möchtest jetzt womöglich entgegnen, dass es doch Pornos für alle Bedürfnisse gebe: Pornos mit dominanten Frauen oder queere Pornos. Ja, das stimmt, aber auf den größten Gratisplattformen ist immer noch das *weiße*-cis-heterosexuelle Sexualitätsskript die Norm. Alles, was davon abweicht, ist eine Pornokategorie für sich und wird damit als Fetisch ausgelagert. Ja, es gibt feministische Pornos, queere Pornos, die nicht den Male Gaze bedienen, die unter guten Arbeitsbedingungen entstehen und bei denen Konsens unter den Darstellenden Grundvoraussetzung ist. Aber auf diese Pornos werden die Kinder und Jugendliche nicht stoßen, nicht zuletzt, weil sie kosten. Kinder und Jugendliche stoßen auf den Mainstream. Laut der oben genannten englischen Studie kommen 79 Prozent der Jugendlichen vor ihrem 18. Geburtstag in Berührung mit gewalttätigen Pornos: Sexszenen, die Zwang, Erniedrigung und Schmerzen beinhalten. Die Studie kommt ebenso zum Schluss, dass Menschen, die häufig gewalttätige Pornos schauen, eher auch gewaltvollen Sex haben wollen. Und sie macht deutlich, dass sich Jugendliche, vor allem Mädchen, zunehmend unter Druck fühlen, gewaltvolle Praktiken wie Würgen oder Geschlagenwerden in ihren jugendlichen Beziehungen praktizieren zu müssen.

Pornografie ist ein großes Thema, dem ich hier in aller Kürze niemals gerecht werden kann. Grundsätzlich finde ich es wichtig, Mainstreampornos, die den Male Gaze bedienen, auch als Reproduzenten der Rape Culture zu sehen: Geschlechterstereotype werden reproduziert, sexualisierte Gewalt normalisiert, Konsens nicht thematisiert. Allerdings bin ich sehr vorsichtig, wenn gesagt wird, dass der Konsum von Pornos zu mehr sexualisierter Gewalt führe. Madita Oeming geht in ihrem Buch auf diese Frage näher ein und legt dar, dass die Studienlage sehr unterschiedliche, zum Teil gegenteilige Resultate auf diese Frage hervorbringt. Ihr Fazit: »Bei allen Unstimmigkeiten geht allerdings niemand davon aus, dass Pornos Gewalt *induzieren* – also die Ursache für aggressives Verhalten sind. Wenn, dann kann Pornokonsum bereits vorhandene aggressive Verhaltenstendenzen verstärken.«[330]

Comedy

»Wissen Sie, was ich will? Ich will das (zeigt auf Foto von Luis Rubiales und Jennifer Hermoso). Ich will so gut küssen können, dass mich die halbe Welt dafür hasst«[331] – ein *rape joke* (Vergewaltigungswitz) der österreichischen Komikerin Lisa Eckhart. Witze über sexualisierte Gewalt werden Rape Jokes genannt. Sie verharmlosen die sexualisierte Gewalt, entlasten Täter und verletzen und demütigen Betroffene. Rape Jokes reproduzieren die Rape Culture. Sie sprechen Betroffenen ihre Erfahrungen ab oder stellen sie zumindest infrage, indem sie sie ins Lächerliche ziehen. Rape Jokes sind nicht nur bei Eckhart, sondern auch bei vielen anderen deutschsprachigen Comedians und leider auch Comediennes, also Frauen, beliebt. Komiker Dieter Nuhr sagte auf der Bühne: »Ich rede über Sexualität nur noch in Gegenwart von Juristen und steige auch nicht mehr alleine mit einer fremden Frau in einen Aufzug, ich bin ja nicht verrückt«,[332] und erntete Lacher dafür, dass er sich über die (wichtigen) Diskussionen rund um sexualisierte Gewalt und Konsens lustig machte. Ein lustig gemeinter Spruch, der große Diskussionen auslöste, kam von der Komikerin Joyce Ilg. Ilg postete im April 2022 zu Ostern auf Instagram ein Foto von sich und Luke Mockridge, wie sie nebeneinander auf dem Sofa lagen und in die Kamera lächelten. Dazu schrieb sie: »Hat hier irgendwer von euch Eier gefunden? Ich hab nur ein paar K.o.-Tropfen bekommen. Frohe Ostern! #FreedomOfHumour«.[333] Postwendend kam die berechtigte Kritik von sehr vielen ihrer 1,6 Millionen Follower:innen, dass sie sexualisierte Gewalt und die Verabreichung von K.-o.-Tropfen verharmlose, bebildert mit einem Foto mit Luke Mockridge, dem versuchte Vergewaltigung vorgeworfen wurde[334] (das Verfahren wurde mangels Beweisen eingestellt). Einer der Kommentare unter Ilgs Post stammt von der YouTuberin Silvi Carlsson. Sie schrieb: »Bin fast mal an K.o.-Tropfen gestorben. Nicht cool, Joyce.«[335] Woraufhin der Komiker Faisal Kawusi ihr antwortete: »Das nächste Mal werde ich die Dosis verstärken, versprochen.«[336]

Zuweilen weisen Comedians und auch Comediennes jegliche Verantwortung für diskriminierende Witze mit der Aussage von sich, dass ein Witz »ja bloß Spaß« sei und man doch unter dem Deckmantel des Humors alles sagen dürfe. Wer es nicht verstehe, habe halt keinen Humor. Aber die Wahrheit ist: Auch Satire darf nicht alles, schon gar nicht »nach unten treten« – was so viel heißt, wie sich über diskriminierte Menschen oder diskriminierende Situationen lustig machen. Denn damit trägt Satire dazu bei, dass die sozialen Unterschiede zwischen Gruppen von Menschen verstärkt und Vorurteile gefestigt werden. Satire soll gesellschaftliche Missstände anprangern, indem sie die Machtverhältnisse umdreht und »gegen oben tritt«. Gegen diskriminierte, marginalisierte oder gewaltbetroffene Menschen zu treten, ist indes nicht nur nicht lustig, es ist eine Form sprachlicher Gewalt. Ein rassistischer oder sexistischer Witz ist … sexistisch oder rassistisch.

»Witze spiegeln die gesellschaftlichen Machtverhältnisse wider. Sie zeigen deutlich, wer die Definitionsmacht hat, also wer es sich leisten kann, einen Witz auf Kosten anderer zu machen, und wer nicht. Eine Gruppe, die gesellschaftlich gegenüber einer anderen Gruppe benachteiligt ist, kann sich nur schwer gegen die höhergestellte Gruppe behaupten, weil es ihr an Macht, Einfluss oder Solidarität und Unterstützung fehlt. Machthierarchien werden somit aufrechterhalten und reproduziert«, schreibt @rise.and.revolt (ein »gesellschaftswissenschaftlicher Account aus feministischer Perspektive«) auf Instagram.[337]

2014 las man gar in der *Bild*-Zeitung unter der Rubrik »Lachen mit ›Bild‹« einen Rape Joke: »Zwei Freunde unterhalten sich: ›Wieso bist du so zerkratzt?‹ - ›Ich habe letzte Nacht um die Ehre einer Frau gekämpft!‹ – ›Und?‹ – ›Sie wollte sie behalten!‹« Zu Recht löste der Witz Empörung aus, woraufhin ein Springer-Sprecher auf Anfrage von *SPIEGEL ONLINE* mitteilte: »Die ›Bild‹-Witze leben davon, auch ab und an ein bisschen an der Grenze des guten Geschmacks zu kratzen, und das darf Humor ja bekanntlich auch.«[338] Und die Rape Culture lebt davon, dass sexualisierte Gewalt bloß ein bisschen an der Grenze des guten Geschmacks kratzt und nicht gesellschaftlich geächtet ist.

Ganz subtil tragen auch Rape Jokes seit Jahrzehnten dazu bei, dass sexualisierte Gewalt normalisiert und verharmlost wird, weil die humorvolle Verpackung das Publikum dazu verleitet, nicht ernsthaft über das Gehörte nachzudenken und die Stereotypen und Mythen, die bedient werden, einfach wegzulachen. Eine Studie[339] aus dem Jahr 2016 zeigt auf, dass Männer, die einen sexistischen Humor haben, sexualisierte Gewalt eher verharmlosen und eher an Vergewaltigungsmythen glauben. Eine weitere Studie[340] kam zu dem Schluss, dass Männer, die regelmäßig sexistische Witze hören, Frauen eher mitverantwortlich machen für einen sexualisierten Übergriff. Zudem tolerieren diese Männer auch eher sexuelle Grenzverletzungen und finden sexualisierte Gewalt nicht so schwerwiegend.

Ich vermute mal, dass Rape Jokes vor allem von denjenigen Menschen erzählt werden, für die sexualisierte Gewalt (vermeintlich) so weit weg von ihrer Realität ist, dass sie absurd und lächerlich genug erscheint, um darüber Witze zu machen. Und dass Rape Jokes so verbreitet sind, hat mitunter auch damit zu tun, dass die Comedyszene nach wie vor sehr männlich ist.

Können Rape Jokes denn auch witzig sein, ohne dass sie Betroffene demütigen und sexualisierte Gewalt verharmlosen? Ja, sagen Emma Cooper und Heather Jordan Ross, kanadische Comediennes – und Betroffene sexualisierter Gewalt. Cooper und Ross ärgerten sich nicht nur über die plumpen und verletzenden Rape Jokes, sie bemerkten auch, dass Rape Jokes vor allem von Comedians gemacht wurden, die selbst höchstwahrscheinlich nie sexualisierte Gewalt erfahren haben. Und so brachten die beiden, zusammen mit weiteren von sexualisierter Gewalt betroffenen Menschen, eine Show auf die Bühne und bewiesen, dass die Gratwanderung zwischen dem Reden über sexualisierte Gewalterfahrungen einerseits und dem Anspruch, Menschen zum Lachen bringen, andererseits funktionieren kann. Einige Videos ihrer *Rape is Real & Everywhere*-Tour findet man noch online.[341]

Ein Beispiel gefällig? Cooper erzählt dem Publikum von einem Liebesbrief, den ihr derjenige Mann hinterlassen hat, der nach einvernehmlichem Sex heimlich das Kondom entfernte und sie erneut penetrierte. Im Brief hatte er das Wort *beautiful* falsch geschrieben. Da sei ihr klar geworden, dass sie sich Standards zulegen muss, Vergewaltigerstandards. Sie wolle einen intelligenten Vergewaltiger, der schwierige Wörter wie ›Kommunikation‹, ›Konsens‹ und ›Nötigung‹ verstehen und buchstabieren könne.[342] Dass Comedy auch sexualisierte Gewalt thematisieren kann, haben auch Hannah Gadsby mit *Nanette*[343] (laut *ZEIT* das »beste Comedyprogramm aller Zeiten«) und Cameron Esposito mit *Rape Joke*[344] bewiesen. Beide Shows kann ich dir wärmstens empfehlen.

Kunst und Künstler trennen

»Ich schlafe gerne mit dir, wenn du schläfst / Wenn du dich überhaupt nicht regst / […] / Kann dich überall anfassen / Kann mich völlig gehen lassen / […] / Etwas Rohypnol im Wein (etwas Rohypnol ins Glas) / Kannst dich gar nicht mehr bewegen / Und du schläfst / Es ist ein Segen.« Das schreibt Till Lindemann in seinem Gedicht »Wenn du schläfst«[345]. Er beschreibt die Vergewaltigung einer sedierten, wehrlosen Frau aus Sicht des Täters.

2020 löste Lindemann mit diesem Gedicht nicht nur große Empörung aus, sondern eine erneute Debatte über die Frage, ob sich Kunst und Künstler trennen lassen. In diesem Fall heißt das: Kann man davon ausgehen, dass Lindemann in diesem Gedicht nicht seine eigenen Fantasien beschreibt, sondern bloß Kunst macht und diese Kunst eben von ihm als Künstler zu trennen ist? In einer ersten Stellungnahme verteidigte ihn der KiWi-Verlag und erklärte: »Die moralische Empörung über den Text dieses Gedichts basiert auf einer Verwechslung des fiktionalen Sprechers, dem sogenannten ›lyrischen Ich‹, mit dem Autor Till Lindemann. […] Dass der im Gedicht dargestellte Vorgang unter moralischen Gesichtspunkten zutiefst verwerflich ist, ist eine Selbstverständlichkeit und erlaubt keine persönliche Diffamierung des Autors.«[346] Als die Kritik daraufhin noch größer wurde, krebste der Verlag eine Woche später ein bisschen zurück, erklärte aber immer noch, es sei die Freiheit der Kunst, »auch moralisch verwerfliche, abgründige Gefühls- und Gedankenwelten auszuloten und zum Ausdruck zu bringen«. Zugleich stellten sie in Aussicht, die Perspektiven und Argumente der Kritiker*innen sehr ernst zu nehmen.[347]

Es ist unstrittig, dass dieses misogyne Gedicht sexualisierte Gewalt verherrlicht und verharmlost. Damit reproduziert es die Rape Culture – und ich schreibe es nicht zum ersten Mal: Jedes Mal, wenn die Rape Culture reproduziert wird, wird dazu beigetragen, dass sie aufrechterhalten wird. Ob man nun also den Künstler Lindemann von seinem »lyrischen Ich« trennen kann, ist in diesem Zusammenhang eine irrelevante Frage (obwohl ich es durchaus streitbar finde, einen Künstler losgelöst von seiner Kunst zu sehen – wäre das möglich, dann würde man keine Künstler:innen verehren, sondern nur die Kunst). Dieses »lyrische Ich« erinnert mich auch an Rape Jokes: Unter dem Deckmantel der künstlerischen Ausdrucksfreiheit wird sexistische, misogyne Kunst produziert – es ist ja schließlich nicht ernst gemeint. Ist die Sache vielleicht viel banaler als der dazu stattfindende Diskurs? Meines Erachtens verteidigt der KiWi-Verlag nicht die Kunstfreiheit, sondern die Freiheit, die Rape Culture zu reproduzieren – auf Kosten von Betroffenen sexualisierter Gewalt.

Darf man denn die Filme, in denen Gérard Depardieu eine Hauptrolle spielt, noch schauen? Nicht nur laufen gegen Depardieu mehrere Strafverfahren wegen Vergewaltigung und anderen sexualisierten Übergriffen. Seit der Veröffentlichung eines Videos wurde er definitiv als sexistischer, misogyner Mensch entlarvt (nebst dem bereits erwähnten

Kommentar sagt er in dem Video[348] zu der Dolmetscherin, dass er einen Balken in der Unterhose habe, er wiege 124 Kilogramm ohne Erektion, mit Erektion seien es 126. Und dann fantasiert er noch über ihre pelzige Muschi). Sollte man also davon absehen, seine Filme zu schauen?

Der Westschweizer Fernsehsender RTS hat für sich eine Antwort auf die Frage gefunden: Er strahlt vorerst keine Filme mehr aus, in denen Depardieu in einer Hauptrolle zu sehen ist. Das Nachrichtenportal *Watson* zitiert einen RTS-Sprecher, der am 31. Dezember 2023 bestätigte, dass dies eine »pragmatische Entscheidung« gewesen sei, die je nach Entwicklung der Situation überprüft werde. Ein Werk werde punktuell aus dem Programm entfernt, wenn »wir das Gefühl haben, dass sich das Publikum durch ein Werk oder eine Persönlichkeit mehrheitlich verletzt fühlen könnte«, sagte der Sprecher weiter, und zwar auch, wenn es noch kein juristisches Urteil gebe. Denn: Es sei die Aufgabe eines öffentlich-rechtlichen Senders, mit der Stimmung des Publikums mitzugehen.[349] Über die Causa Depardieu habe ich mit Valérie Vuille gesprochen. Vuille ist Direktorin des Instituts décadréE[350], das sich für Gleichstellung in den Medien einsetzt. Vuille sagte mir, Kunst und Künstler:in könne man nicht trennen und es wäre auch nicht fair, diese Trennung nur für solche Fälle vorzunehmen. Einerseits speise sich die Kunst ihrem Wesen nach aus den Erfahrungen und dem Leben der Künstler:innen. Nicht umsonst studiere man, wenn man ein Werk studiert, auch die Biografie der Künstler:innen. Andererseits unterscheidet die Gesellschaft nicht zwischen Künstler:in und dem Menschen dahinter – das sei die Grundlage des Starkults. Ob in sozialen Netzwerken oder in People-Magazinen, Künstler:innen seien auch in ihrem Privatleben sichtbar. Und noch etwas ergänzt Vuille: Warum sollte eine solche Trennung nur für Künstler:innen gelten? Es gibt heute viele Berufe, in denen man ein Vorbild sein müsse, in denen man einen leeren Strafregisterauszug vorweisen oder für das geradestehen müsse, was man in der Öffentlichkeit sagt oder schreibt. Warum sollten Künstler:innen eine Sonderbehandlung genießen?

Schlussendlich ist es so: Niemand kann für dich die Frage beantworten, ob du die Musik von Till Lindemann, Bushido, Gzuz oder R. Kelly noch hören sollst, ob du Filme von Weinstein, Filme mit Depardieu oder mit Johnny Depp schauen sollst, ob du dein Neymar- oder Ronaldo-Shirt noch anziehen oder die Shows von Mockridge besuchen sollst. Fakt ist: Gegen all diese Männer haben mehrere Personen Vorwürfe schwerwiegender sexualisierter Gewalt erhoben. Manche Taten konnten nachgewiesen werden, manche werden nie nachgewiesen werden können.

Wenn übergriffigen Menschen eine Plattform entzogen wird (wie beispielsweise bei Depardieu durch die Entscheidung von RTS) oder die Forderung laut wird, ihnen die Plattform zu entziehen, ruft die Rape Culture (heißt: diejenigen, die Täterschutz betreiben) in letzter Zeit sofort: »Cancel Culture!«, und will damit zum Ausdruck bringen, dass es ungerechtfertigt sei, jemandem aufgrund der Anschuldigungen die Plattform zu entziehen. In Tat und Wahrheit ist dieser Ausruf nichts anderes als eine Täter-Opfer-Umkehr und die Abwehr der berechtigten Kritik. Die Debatte über die »Cancel Culture« bezeichnet Valérie Vuille als Scheindebatte: Es gehe nicht darum, etwas auszulöschen, sondern im Gegenteil darum, anzuerkennen, dass viele Künstler:innen und Menschen ihren Erfolg auf der Grundlage von eigenen Privilegien und der Diskriminierung anderer aufgebaut haben. Das bedeute anzuerkennen, dass die fortgesetzte Aufwertung eines Künstlers das Leiden der Betroffenen verleugne oder gar legitimiere.

Das eine ist also anzuerkennen, dass diese Künstler (wahrscheinlich) ihre Macht missbraucht und sexualisierte Gewalt ausgeübt haben und ihre Opfer womöglich lebenslange Folgen davongetragen haben. Das andere ist, und ich glaube, darauf läuft diese Debatte schlussendlich hinaus, ob man diese Künstler weiter unterstützen will. Denn damit ermöglicht man ihnen, weiterhin eine gesellschaftliche Position innezuhaben, in der sie ihre Macht missbrauchen können. Und wenn du nun noch mal fragst, ob du denn diese Kunst noch konsumieren darfst? Natürlich darfst du das, aber du musst auch damit umgehen können, wenn dich Menschen dafür kritisieren und Betroffene sexualisierter Gewalt sich dadurch nicht ernst genommen und erneut abgewertet fühlen.

My Story

Es ist schon einige Jahre her. Ich war damals Beraterin bei der Opferhilfe und sie meine Klientin. In einer der Beratungen sagte sie plötzlich zu mir: »Frau Lavoyer, Sie haben noch nie sexuelle Gewalt erfahren. Sie haben nicht diese Aura …« Ich war für einen Moment sprachlos. Ich fühlte mich auf eine diffuse Art angegriffen. Als würde sie mich ausschließen wollen aus einem Club, zu dem ich gar nie gehören wollte. Es war komisch und es machte mich auch wütend. Kurz überlegte ich, ob ich ihr widersprechen sollte. Dann dachte ich, es geht hier nicht um mich, sondern um sie und darum, dass ich sie bestmöglich berate. Ich sagte nichts. Aber ihr Satz hallte noch lange nach und kommt mir manchmal noch heute in den Sinn.

Vor einigen Jahren las ich das Buch *Sprechen und Schweigen über sexualisierte Gewalt* von Lilian Schwerdtner. Sie schreibt zu Beginn über ihre Beobachtung, dass das Themenfeld sexualisierte Gewalt in der überwiegenden Mehrheit von nicht betroffenen oder nicht als Betroffene geouteten Expert:innen bespielt werde. »Sexualisierte Gewalt erscheint damit als etwas, was womöglich nur von Nichtbetroffenen mit Abstand objektiv besprochen werden kann, während Betroffene vermeintlich zu tief involviert, eben zu *betroffen* sind, um sich an wissenschaftlichen oder politischen Debatten beteiligen zu können.«[351] Ich fühlte mich ertappt. Ich fragte mich, ob ich wohl auch als eine dieser nicht geouteten »Expertinnen« wahrgenommen würde. In meiner Öffentlichkeitsarbeit habe ich nie einen Hehl daraus gemacht, dass ich auch jede_ Frau, »auch so eine« bin, zu den erfahrenen Übergriffen habe ich mich aber nicht konkret geäußert. Manchmal war es eine bewusste Entscheidung, getragen von der Befürchtung, dass ich nach einem Outing auf die erfahrene Gewalt reduziert werden könnte oder dass ich nicht mehr gleich ernst genommen werden könnte. Oft war es einfach so, dass es nicht um meine Erfahrungen ging. Ich hatte das Gefühl, es tue nichts zur Sache. Als ich Schwerdtners Zeilen las, fragte ich mich, ob ich mit meinem Nichtouting zum Bild beitrage, dass man nur dann eine ernst zu nehmende »Expertin« sei, wenn man selbst nichts Traumatisches erfahren hat. Ob ich dazu beitrug, die paternalisierende Haltung zu zementieren, dass Betroffene zu traumatisiert, zu stark involviert seien, um als Expert:innen angesehen werden zu können. Ich habe keine klare Antwort auf diese Frage. Was ich aber mit Sicherheit weiß: Wir müssen Betroffenen zuhören. Niemand kann uns so viel über sexualisierte Gewalt erzählen wie die Menschen, die sexualisierte Gewalt erfahren haben. Das soll nicht heißen, dass es die Aufgabe von Betroffenen ist, über sexualisierte Gewalt aufzuklären, aber wenn sie es tun – dann müssen die Gesellschaft und die Politik zuhören. Denn wenn du sexualisierte Gewalt erfahren hast, weißt du und verstehst du Dinge, die andere womöglich nicht einmal ahnen.

Auch ich bin jede_ Frau. Ich weiß nicht, inwiefern die sexualisierte Gewalt, die ich in meinem bisherigen Leben erfahren habe, mich zu dem Menschen gemacht hat, der ich bin. Weil ich nicht weiß, wer ich in einer gleichberechtigten, gewaltfreien Gesellschaft wäre. Ich bin mir auch nicht sicher, ob meine Erfahrungen meinen beruflichen Werdegang beeinflusst oder mich dazu gebracht haben, dieses Buch zu schreiben. Vielleicht. Vielleicht auch nicht. Was ich aber weiß: Lange Jahre dachte ich, dass meine Erfahrungen mit sexualisierter Gewalt eine Reihe von verschiedenen unglücklichen Einzelfällen waren, bei denen ich zu viel getrunken hatte, naiv war, zu viel nackte Haut gezeigt und mich zur falschen Zeit mit den falschen Männern am falschen Ort aufgehalten hatte. Diese Überzeugungen machten es mir lange unmöglich, die Vorfälle als strukturelles Problem zu sehen, als ein Problem, das weniger mit mir und sehr viel mehr mit der Gesellschaft zu tun hatte, in der ich aufgewachsen war.

In meinem Umfeld redeten wir in meiner Jugend und in den Jahren als junge Erwachsene nicht über sexualisierte Gewalt. Ich war schon knapp dreißig, als ich anfing, über all diese Ereignisse in meinem Leben nachzudenken und mit meinen Freundinnen über ihre Erfahrungen zu reden. Erst nach und nach verstanden wir, dass wir keine Einzelfälle waren. Dass wir alle unsere eigenen Erfahrungen gemacht und dass wir unsere eigenen Wege gefunden hatten, mit ihnen umzugehen, aber dass unsere Geschichten zu der gleichen großen Geschichte gehören.

Meine Erfahrungen gehören zu meinem Leben und es fühlt sich richtig an, sie hier mit euch zu teilen. Die Erfahrungen sind beschämend. Aber nicht mehr für mich. Sondern für die Täter.

Ich war 13, als Männer anfingen, mir auf der Straße nachzupfeifen, nachzurufen, mich anzustarren, meinen Körper zu kommentieren und mich aufzufordern zu lächeln. Ich war 14, als es alltäglich wurde, dass mich Jungs und Männer ohne Einvernehmen »beiläufig« berührten – im öffentlichen Raum, in der Schule, am Strand, im Bus oder im Club. Ich war 15, als ein Schüler mir im Gymnasium monatelang Botschaften in meinen Spind steckte, in denen er beschrieb, wie er mich beobachtete. Wie aufregend, riefen meine Freundinnen. Irgendwie komisch, dachte ich, konnte es aber nicht in Worte fassen. Ich war 17, als der Tätowierer meinte, er würde mich nur tätowieren, wenn ich meinen BH auszöge. Und dass es üblich sei, dass sein Freund ihm beim Tätowieren zuschaute. Ich fand's komisch, wollte aber kein Aufheben machen und vor allem wollte ich mir das Tattoo stechen lassen.

Ich war 17 Jahre alt und auf der Suche nach Abenteuer. Ich war mit einem Schulfreund unterwegs, wir hatten getrunken, er wollte, dass ich mitkam zu ihm nach Hause. Ich wollte aber nicht. Nicht mit ihm. Als wir uns verabschiedet hatten, hatte ich mir in meinem jugendlichen Wahnsinn bereits in den Kopf gesetzt, dass ich an dem Abend Sex haben würde. Ich wusste nur noch nicht, mit wem. So setzte ich mich auf eine Bank auf einer großen Wiese, die zu später Stunde immer sehr belebt war. Kurze Zeit später sprach mich ein Mann an und eine halbe Stunde später vereinbarten wir, dass wir in ein Hotel gehen würden. Ich wusste weder seinen Namen noch sonst viel von ihm. Das Einzige, woran ich mich erinnere, ist, dass er sagte, er spiele gerne Basketball. Und ich schätze, er war ungefähr 15 Jahre älter als ich. Ich musste aber zuerst nach Hause, da meine Eltern mich erwarteten. Wir nahmen also ein Taxi, ich sagte meinen Eltern, die schon im Bett waren, ich sei jetzt zu Hause – und schlich dann wieder nach draußen, ins Taxi, ins Hotel. Wir checkten ein, er bezahlte. Wir waren also im Hotel und hatten einvernehmlich Sex. Es war nicht gut und ich war froh, als es vorbei war. Ich stand vom Bett auf und fing an, mich anzuziehen. Ich wollte heim. Er sagte, er wolle noch mal. Ich sagte, ich wolle nach Hause. Er sagte: »Wir haben jetzt noch mal Sex.« Da dämmerte mir, dass ich auf ihn angewiesen war: Er hatte mir versprochen, mir ein Taxi nach Hause zu zahlen, weil zu mir nach Hause keine Busse mehr fuhren. Ich hätte nie im Leben meine Eltern darum gebeten, mich abzuholen. Schließlich dachten sie, ich sei schon längst zu Hause und schliefe. Zudem fragte ich mich, was passieren würde, wenn ich jetzt einfach das Hotelzimmer verließ? Würde er gewalttätig werden? Ich spürte eine diffuse Angst und entschied, mich wieder neben ihn ins Bett zu legen. Den »Sex« ließ ich über mich ergehen. Danach zahlte er mir das Taxi und ich fuhr heim. Zu Hause angekommen, ging ich nicht wie sonst immer ins Bett. Sondern duschte. Eine gefühlte Ewigkeit lang. Sein Geruch wollte einfach nicht weichen. An den Innenseiten meiner Oberschenkel hatte ich blaue Flecken. Es war halt wilder Sex – erzählte ich später meinen Freundinnen. Das war 1998.

Ich war 18, als mein Deutschlehrer anfing, mich »beiläufig« zu berühren, wann immer sich ihm die Gelegenheit bot, und mich regelmäßig vor der ganzen Klasse abzuwerten, indem er Sachen sagte wie: Ich hätte nur deshalb ein Trägershirt an, weil ich wolle, dass er mir auf die Brüste schaue. Meine Klassenkameraden amüsierten sich. Ich hasste ihn. Dass das, was er tat, sexuelle Belästigung war, geschweige denn, dass ich das hätte melden können, kam mir damals, 1999, nicht mal in den Sinn.

Ich kann mich nicht erinnern, dass sexualisierte Gewalt in meinem Wortschatz oder dem meiner Freund:innen in irgendeiner Form je aufgetaucht wäre. Wir hatten kein Konzept davon und haben auch nie darüber nachgedacht, was konsensualer Sex wirklich ist (wir wussten bloß, dass, wenn ein fremder Mann dich im Park überfällt, überwältigt und zu Sex zwingt, das dann eine Vergewaltigung ist). Wir beschäftigten uns mit anderen Themen, unterstützt durch unsere treuen Begleiter *Bravo Girl!* und *Mädchen*: Was findet *er* sexy? Was mag *er* im Bett? Wie muss ich mich verhalten, damit *er* mich cool findet? Das waren die Fragen, die uns beschäftigten. Nicht Konsens. Nicht, was *wir* sexy finden oder was *wir* mögen.

Ich war 21, auf Reisen in Indien mit meinem damaligen Freund. Wir checkten in dieses Backpacker Hostel in Udaipur ein, auf der anderen Straßenseite war das Bharti Massage Center. Man sagte uns, der Masseur von dort namens Raju gebe außergewöhnlich gute ayurvedische Massagen. Wir buchten uns sogleich eine Massage für den nächsten Tag, zuerst eine Stunde für meinen Freund, dann eine Stunde für mich. Mein Freund kehrte selig von der Massage zurück und gab mir Bescheid, dass nun ich an der Reihe sei. Vorfreudig ging ich in den Massageraum. Raju forderte mich auf, mich auszuziehen, und zog sich selbst auch bis auf die Unterhosen aus. Ich fand das komisch und dachte, das sei wohl so bei ayurvedischen Massagen. Ich hoffte einfach, dass meine Massage genauso gut werden würde wie die meines Freundes. Ich erinnere mich nicht mehr daran, wie die Massage anfing. Aber ich weiß noch, wie ich auf dem Rücken lag und seine Hände um meine Brüste kreisten und wie er anfing, meine Brustwarzen zu berühren. Für einen kurzen Moment schoss ein schönes Gefühl durch meinen Körper, was mich unheimlich irritierte. Ich dachte zuerst: Das kann nicht sein. Was macht er da? Täusche ich mich? Das würde ein Masseur doch nie machen. Und vor allem: Wieso macht er das und wieso hört er nicht damit auf? Er bemerkte, dass ich unruhig wurde. Er sagte, das gehöre zu einer Ayurveda-Massage dazu, ich solle mich entspannen. Er sehe mir doch an, dass es mir gefalle. Ich sagte ihm, dass mir das nicht gefalle. Aber das war ihm egal. Er fing dann an, meine Vulva zu berühren, und vergewaltigte mich mit den Fingern. Ich lag einfach da. Überlegte fieberhaft, ob ich jetzt einfach aufstehen und gehen sollte oder ob er dann wütend werden würde. Ich war unfähig, irgendwas zu tun. Und ich wagte es nicht aufzustehen. Auf eine extrem komische Art hatte ich sogar das Gefühl, es wäre unanständig, jetzt einfach mitten in der Massage aufzustehen und zu gehen. Er sagte ständig, es gefalle mir doch auch, er sehe es mir an. Und ob ich nicht mit ihm Sex haben wolle. Ich glaube, er sagte noch irgendwas von Chakras, die aktiviert würden. Ich antwortete immer wieder, dass ich das nicht wolle. Irgendwann forderte er mich auf, mich aufzusetzen, damit er mir noch die Schultern massieren könne. Also setzte ich mich auf und er massierte mir die Schultern. Bis er dann irgendwann endlich sagte, die Massage sei vorbei. Ich kann mich erinnern, wie ich ihm zur Verabschiedung noch die Hand gab und lächelte. Verstört ging ich zurück in unser Zimmer, wo mein Freund auf mich wartete. Ich erzählte ihm, was soeben passiert war. Wutentbrannt sprang er auf und verkündete, er werde Raju verprügeln. Er verließ das Zimmer, ich blieb allein zurück. Als er nach einer Weile zurückkam, meinte er, ich solle Raju anzeigen, was ich dann auch tat. Zwei Tage später reisten wir ab.

Über den Vorfall redeten wir später kaum noch, und auch als ich von der Reise zurückgekehrt war, erzählte ich es eine Weile niemandem. Außer meinen Eltern. Sie wurden wütend und fragten mich, wie ich so naiv sein könne, zu einem Mann zur Massage zu gehen. Dann war das Thema erledigt, wir sprachen erst 15 Jahre später wieder darüber. Die Reaktion meiner Eltern war schmerzhaft. Ob ich es ihnen heute noch übel nehme? Nein. Sie wussten es damals schlicht nicht besser, geprägt von einem Leben in einer Rape Culture, in der alle reflexartig die Betroffenen beschuldigen. Einigen wenigen Freund:innen erzählte ich es – niemand nahm dabei das Wort »Vergewaltigung« oder »sexuelle Gewalt« in den Mund. Fast zwanzig Jahre später, 2021, googelte ich das Bharti Massage Center und sah, dass Raju immer noch massierte. Auf Tripadvisor.com hatte sein Center nahezu tausend Bewertungen, im Schnitt gab man ihm fünf von fünf Sternen. Bei näherem Hinsehen sah ich, dass es mehrere Ein-Stern-Bewertungen gab. Frauen, die vor ihm warnten, die sexualisierte Übergriffe beschrieben. Ich schickte auch eine Bewertung und schrieb, dass ich Raju vor 20 Jahren wegen eines sexualisierten Übergriffs angezeigt hatte, erhielt dann aber von Tripadvisor die Nachricht, dass sie zwar verstünden, dass ich diese Information mit den anderen Reisenden teilen wolle, leider sei meine Reise aber zu lange her. Raju ist seit mindestens zwanzig Jahren sexuell übergriffig – weil er kann.

Die sexualisierten Übergriffe in meinem Leben haben seither nicht aufgehört, wurden höchstens seltener. Ich wurde weiterhin auf der Straße und im öffentlichen Verkehr von der Seite angemacht, wurde sexuell belästigt, ob in der Sauna, im Club oder online, ich wurde gar vor einigen Jahren von einem Mann sexualisiert, während ich ein Referat über sexualisierte Gewalt hielt *(oh, the irony)*.

Ich finde, wir Betroffenen sexualisierter Gewalt haben unseren Beitrag geleistet. Indem wir durch unsere Geschichten, und das nicht erst seit #MeToo, aufgezeigt haben, wie groß die weltweite Krise namens Rape Culture ist. Ich will in einer Welt leben, in der die Rape Culture endlich bei den Wurzeln gepackt wird: beim Patriarchat, das dieses System hervorbringt und am Leben erhält. Ich möchte, dass endlich die richtigen Fragen gestellt werden. Nicht mehr »Wieso hat sie sich nicht gewehrt?«, sondern »Was können wir tun, damit er und andere Männer nie mehr vergewaltigen?«. Nicht mehr »Wieso verlässt sie ihn nicht?«, sondern »Wieso demütigt, kontrolliert, schlägt und vergewaltigt er sie?«. Nicht mehr »Hat #MeToo etwas bewirkt?«, sondern verdammt noch mal »Wieso leben wir in einer Welt, in der es nicht ausreicht, dass Millionen von Betroffenen ihre Erfahrungen offenlegen, damit die ganze Welt aufschreit und handelt?«. Und ich will in einer Welt leben, die Rape Culture endlich als vordringliche gesellschaftliche Krise wahrnimmt und ihr konsequent entgegenwirkt.

Unlearn Rape Culture

Ich habe es mir mit diesem Buch zur Aufgabe gemacht aufzuzeigen, was Rape Culture ist, wie sie uns alle umgibt und beeinflusst und wie sie das Leben jeder_ Frau und von sexualisierter Gewalt betroffenen Person einschränkt und viel Leid verursacht. Obwohl in den Medien das Thema sexualisierte Gewalt häufig an großen »Einzelfällen« aufgehängt wird – Weinstein, Lindemann, Rubiales oder Depardieu –, handelt es sich nicht um Einzelfälle oder die Situation einzelner Männer und einzelner Betroffenen. Es sind zwar letztendlich die einzelnen Männer, die sexualisierte Übergriffe verüben und verantwortlich für ihre Taten sind. Sie sind diejenigen, die künftig entscheiden können, nicht mehr übergriffig zu sein. Aber: Dass so viele Männer sexuell übergriffig sein können, wird erst dadurch ermöglicht, dass sehr viele Menschen, vor allem auch andere Männer, wegsehen, normalisieren, verharmlosen, ignorieren und durch ihr Verhalten und ihre Haltung die Rape Culture aufrechterhalten. Ich bin der Überzeugung, dass man die Rape Culture erst dann *ent*lernen beziehungsweise entkräften kann, wenn man sie verstanden hat. Wir müssen verstehen, dass es das patriarchale System ist, das für die starren und schädlichen Geschlechterstereotype und die damit verbundenen Geschlechterhierarchien verantwortlich ist. Das patriarchale System bewirkt Sexismus und die Abwertung von Frauen und queeren Personen, von People of Color, von behinderten und dicken Menschen oder von Menschen, die sozioökonomisch schlechtergestellt sind. In anderen Worten: Wir sind alle sexistisch, misogyn, rassistisch, klassistisch, queerfeindlich und dickenfeindlich sozialisiert. Wir müssen verstehen, dass unsere Skripte über Romantik, Beziehung und Sexualität der Nährboden der Rape Culture sind und diese ebenfalls reproduzieren.

Wir müssen verstehen, dass wir in einer Gesellschaft leben, die sexualisierte Gewalt normalisiert und verharmlost, wohin wir schauen: durch Witze, Darstellungen in den Medien, in Filmen oder Musik – aber auch durch eine Rechtsprechung, die als Resultat eines historisch ungleichen Gewaltverhältnisses nicht objektiv sein kann und die es zulässt, dass Verstöße gegen die sexuelle Selbstbestimmung kaum Konsequenzen haben.

Die Rape Culture ermöglicht, dass grundlegende Menschenrechte verletzt werden und dies soziale, politische, wirtschaftliche Auswirkungen auf die ganze Gesellschaft hat. Und ja, es passiert vieles: Wir reden vermehrt über sexualisierte Gewalt, der längst überfällige Paradigmenwechsel im Sexualstrafrecht ist eingeläutet, die Sensibilität für die Wichtigkeit des Themas wächst in vielen Bereichen: bei den Strafverfolgungsbehörden, bei Unternehmen, bei der Regierung und auch in der breiten Bevölkerung. Ein wachsender Teil der Gesellschaft geht sensibler mit den Inhalten um, die sie konsumiert, und prangert an, wenn sie Rape Culture sieht. Aber es braucht noch mehr, noch viel mehr.

Zum selben Schluss kam auch GREVIO[352], das unabhängige Expert:innengremium des Europarats, das die Umsetzung der Istanbul-Konvention in allen Ländern ungefähr alle vier Jahre überprüft und eine Schlussfolgerung ausspricht. Österreich erhielt 2018 seinen ersten GREVIO-Bericht, Deutschland 2022 und die Schweiz 2023. GREVIO wird Österreich 2024 den zweiten Bericht vorlegen. Die Ergebnisse und Schlussfolgerungen können im Detail in den jeweiligen Berichten nachgelesen werden.[353] In Kürze lässt sich sagen: Alle drei Länder wurden für ihre mangelnde Umsetzung gerügt, es werde zu wenig gegen geschlechtsspezifische Gewalt getan. So werde geschlechtsspezifische Gewalt nicht als solche benannt, die Datenerhebung sei mangelhaft, es fehle an politischem Willen, entsprechende Ressourcen für die Bekämpfung geschlechtsspezifischer Gewalt aufzubringen, es fehle an Schutzplätzen und Beratungsangeboten und die Bedürfnisse besonders vulnerabler Gruppen, wie etwa von Frauen und Mädchen mit Behinderung, lesbischen, bisexuellen sowie intergeschlechtlichen und trans

Frauen und Mädchen, würden zu wenig berücksichtigt. Erhebliche Umsetzungsdefizite gebe es zudem in allen drei Ländern im Bereich der Aus- und Weiterbildung von Fachpersonen, die mit Betroffenen oder Tätern von geschlechtsspezifischer Gewalt zu tun haben. Insbesondere Richter:innen, Staatsanwält:innen und Mitarbeiter:innen der Gesundheits- und Sozialdienste bedürften systematisch verankerter Weiterbildungen, um die in Justiz und bei den Strafverfolgungsbehörden bestehenden und viele Gerichtsverfahren bestimmenden Geschlechterstereotype und Vergewaltigungsmythen abzubauen.

Rape Culture ist ein strukturelles Problem, das nur strukturell gelöst werden kann. Wir können alle unseren Beitrag dazu leisten; je kollektiver wir das tun, desto mächtiger sind wir. Dazu möchte ich dir zum Schluss noch einige Gedanken mit auf den Weg geben.

Reden

Es war ein Gespräch an einer Bar. Ich traf einen Bekannten, und wie so oft landeten wir beim Thema sexualisierte Gewalt. Ich erzählte davon, wie sinnbildlich und frustrierend es sei, dass in meinen öffentlichen Workshops und Referaten kaum Männer anzutreffen seien. Mein Bekannter (verheiratet, drei Töchter) zeigte kein Verständnis für meinen Frust. Kurz zusammengefasst, meinte er: Es sei ja klar, dass sich Männer nicht so für dieses Thema interessierten. Er zum Beispiel habe einfach keine Berührungspunkte mit dem Thema. Zudem sei es unterdessen echt mühsam, dass ständig über sexuelle Belästigung geredet werde und Frauen in jedem »normalen Verhalten« Sexismus sehen würden.

Ich holte tief Luft und bildete mir ein, dass, wenn ich gut genug argumentierte, er es verstehen würde. Tat er aber nicht. Ich redete ihn in Grund und Boden, aber er hörte gar nicht richtig zu. Irgendwann verließ ich wütend die Bar. Das Gespräch verfolgte mich noch tagelang. Als ich ihn das nächste Mal traf und auf unser letztes Treffen ansprach, wusste er nicht einmal mehr, worüber wir gesprochen hatten. Ich war verärgert. Nie wieder wollte ich Gespräche mit Menschen führen, die das Ausmaß und die Folgen von sexualisierter Gewalt einfach ignorieren! Es war kräftezehrend und ermüdend.

Während für meinen Bekannten das Gespräch höchstens mühsam war, waren seine Ignoranz und emotionale Distanziertheit für mich verletzend. Wenn ich über sexualisierte Gewalt rede, kann ich nie nur als Fachperson reden. Im Gegensatz zu meinem Bekannten habe ich als Frau nicht das Privileg, mich nicht interessieren zu dürfen für Sexismus, Misogynie und sexualisierte Gewalt.

Kommen wir zurück zu meinem Bekannten und seinen Argumenten. Als Mann zu behaupten, keine Berührungspunkte mit sexualisierter Gewalt zu haben, ist schlicht ignorant. Jeder Mann hat Berührungspunkte mit sexualisierter Gewalt, mindestens so viele wie alle anderen Menschen. Ich hoffe, dass ich diesen Punkt genügend darlegen konnte in diesem Buch. Ich weiß aber auch, dass es immer noch zu viele Männer gibt, die die Augen verschließen, in ihren männlichen Monokulturen leben und sich womöglich tatsächlich noch nie mit sexualisierter Gewalt auseinandergesetzt haben. Ich glaube, Urs ist so einer.

Urs ist ein Schweizer Amateurfilmer, der seit dreißig Jahren Bären filmt. Eines Tages kontaktiert er die Luzerner Filmschule auf der Suche nach einer Person, die aus seinem Filmmaterial einen Film schneidet. Die Studentin Morgane Frund, die sich schon länger für Tierdokumentarfilme interessiert, meldet sich bei ihm und erklärt sich bereit, aus den Aufnahmen einen Dokumentarfilm zu machen. Doch beim Digitalisieren seines Archivs entdeckt Morgane, dass Urs nicht nur Bären, sondern heimlich auch Frauen gefilmt hat: Mal sind es Nahaufnahmen von Füßen in High Heels, von Beinen oder Busen, mal Aufnahmen von Gesichtern oder auch von Frauen, wie sie sitzen, reden, laufen oder Eis essen. Einige Frauen bemerken nicht, dass sie heimlich gefilmt werden. Einige bemerken es und reagieren sichtlich irritiert und fühlen sich unwohl. Morgane selbst wird beim Sichten von einem beklemmenden Gefühl erfasst. Sie realisiert, dass sie den Film unmöglich machen kann, den Urs gerne hätte, und fragt sich, ob sie das Filmprojekt aufgeben soll.

Sie entscheidet sich dann aber dafür, Urs mit ihrer Entdeckung zu konfrontieren und mit ihm in eine Auseinandersetzung um die Macht des Blicks und seiner voyeuristischen Gewalt zu kommen. Daraus entsteht *Ours* (2022)[354], ein feinfühliger Kurzfilm, der nicht nur aufzeigt, wie schwierig es sein kann, sein Unbehagen über den so normalisierten Male Gaze in Worte zu fassen, sondern vor allem auch, wie ermächtigend es sein kann, wenn man es trotzdem versucht.

Es gibt keine Anleitung dazu, wie man einen Mann mit seinem Verhalten konfrontiert, der 42 Jahre älter ist und seit bald 70 Jahren die Welt mit einer wohl unhinterfragten Selbstverständlichkeit aus seiner cis-männlichen Perspektive betrachtet. Wie konfrontiert man einen Mann, der, wie er später in einem Interview mit der *Luzerner Zeitung*[355] sagen wird, mit dem Bild »Frauen an den Herd« aufgewachsen sei und wenig von der Genderdebatte halte? Er lebt in einer Welt, in der Frauen sexuelle Objekte sind, die einem Mann zur Verfügung stehen. Morgane wirkt sichtlich unsicher, als sie Urs konfrontiert. Sie tut es trotzdem. Weil es ihr wichtig ist. Und das hat mich unheimlich berührt. Weil ich aus eigener Erfahrung weiß, wie schwierig es sein kann, solche Gespräche zu führen. Und das sage ich aus dem Standpunkt einer Person, die seit Jahren feministisch-aktivistische Arbeit macht und sowohl das Vokabular als auch die Selbstsicherheit hat (oder haben sollte, denn ich bin längst nicht immer selbstsicher), solche Gespräche zu führen – trotzdem hätte ich mit Urs nach dem Sichten der Aufnahmen womöglich kein Wort mehr gesprochen. Gut möglich, dass ich ihn wutentbrannt angeschrien hätte. Morgane entschied sich für einen anderen Weg.

Ich erzähle dir von diesem Film, weil er auf eindrückliche Weise zeigt, wie Morgane die Machtverhältnisse umkehrte. Der Film handelt nicht von Hobbyfilmer Urs. Urs könnten viele cis Männer sein, die die Welt nicht wahrnehmen, weil sie denken, sie seien die Welt – um es mit den Worten von Männerforscher Christoph May zu sagen. Männer, die sich keinerlei Schuld oder Verantwortung bewusst sind.

Ja, es ist in der Tat anstrengend, über sexualisierte Gewalt zu reden. Aber bekanntlich verschwindet ein Problem nicht, wenn man nicht mehr darüber spricht, wenn nicht zugehört wird und wenn niemand handelt. Es ist nicht fair, das ganze Engagement gegen Gewalt und Diskriminierung den Betroffenen zu überlassen. Denn es ist für die Diskriminierten um ein Vielfaches anstrengender und herausfordernder, sich zu engagieren und dabei auch noch zu riskieren, erneut abgewertet und lächerlich gemacht zu werden. Konkret: Für einen Mann, der noch nie sexualisierte Gewalt erfahren hat, ist es viel weniger belastend, gegen sexualisierte Gewalt zu argumentieren, als für Frauen und non-binäre Personen. Voraussetzung ist einfach, dass der Mann bereit ist, Verantwortung zu übernehmen, Betroffenen zuzuhören und sich zu engagieren.

Wütend sein

Als Frau wurde ich in einer Gesellschaft sozialisiert, in der weibliche Wut als Zeichen von Hysterie und Wahnsinn gilt. Wut scheint das Privileg von Männern zu sein, mehr noch: das Privileg *weißer* Männer. Eine im Jahr 2015 veröffentlichte Studie kam zu dem Ergebnis, dass Wut bei Männern oft als Stärke und Leidenschaft wahrgenommen wird und den Einfluss von Männern steigert. Wenn Männer Wut einsetzen, um zu beschützen oder zu verteidigen, wird sie gar als Tugend angesehen. Ganz anders waren die Studienergebnisse bei den Frauen: Bei ihnen mindert Wut ihren Einfluss und führt dazu, dass sie nicht ernst genommen werden. Wie so oft, wenn es um Sexismus geht, muss aber auch hier Rassismus mitgedacht werden. So wird die Wut von Schwarzen Männern wie auch die von Schwarzen Frauen viel stärker mit Gewalt und Aggressionen assoziiert, als dies bei *weißen* Menschen der Fall ist.[356]

Aus Sicht einer patriarchalen Gesellschaft, in der Männer mit aller Macht ihre Privilegien verteidigen wollen, ergibt das alles Sinn: Solange wütende Frauen als unkonstruktiv gebrandmarkt sind, müssen ihre (wütenden) Forderungen auch nicht ernst genommen werden. Viel eher werden wütende Frauen pathologisiert und als verrückt, irrational oder gar bösartig dargestellt. Das führt zu dem Paradox, dass Frauen entweder ruhig bleiben und ignoriert werden oder emotional und wütend sind und dann ermahnt werden, dass sie doch bitte ihren Ton mäßigen sollen. Diese Strategie nennt man im Übrigen *tone policing*. Ein Fall von Tone Policing ist mir besonders in Erinnerung: Ich hielt 2019 auf einer Fachtagung für Polizeibeamt:innen und Staatsanwält:innen ein kurzes Referat über Vergewaltigungsmythen. Ich betrat, zitternd vor Wut, die Bühne. Grund für meine Wut war mein Vorredner, ein bekannter forensischer Psychiater, der vor versammeltem Fachpublikum sexistische und opferabwertende Behauptungen in den Raum gestellt hatte. Er erntete bei einem großen Teil des Publikums Kopfnicken, Applaus – und das Schlimmste: immer wieder Gelächter. Ich trat also vors Mikrofon und sagte, dass ich überzeugt sei, dass Opfer von Sexualdelikten deshalb einen so schweren Stand in unserer Gesellschaft und unserem Justizsystem hätten, weil Vergewaltigungsmythen weder vor Psychiatern noch vor Strafverfolgungsbehörden haltmachten. Ich blickte in erzürnte Gesichter. Aber ich ließ mich nicht beirren. Ich redete weiter und erzählte von meinen Erfahrungen in der Begleitung von Betroffenen in Strafverfahren. Mein Referat gab viel zu reden. Ich erntete Kritik. Viele im Saal fühlten sich zu Unrecht beschuldigt. Ich hatte das Gefühl, dass Rape Culture und Vergewaltigungsmythen bis dahin keine offen diskutierten Themen bei den Anwesenden waren. Besonders in Erinnerung geblieben ist mir aber die Kritik einer Staatsanwältin. Sie kontaktierte mich nach der Veranstaltung und sagte: »Agota, rede das nächste Mal doch nicht so emotional. Dann wäre es angenehmer, dir zuzuhören.« Tone Policing vom Feinsten. An diesem Tag schwor ich mir, meine Emotionen und insbesondere meine Wut nie mehr zu verstecken und fortan hemmungslos zuzulassen, auch beim Referieren. Soraya Chemaly schreibt in ihrem Buch *Speak Out! Die Kraft weiblicher Wut:* »Wut will normalerweise Nein sagen in einer Welt, in der Frauen darauf konditioniert sind, alles zu sagen außer Nein.«[357]

Dabei hat jede_ Frau sehr viele Gründe, Nein zu sagen und wütend zu sein, denn wir werden immer noch strukturell diskriminiert, wohin man auch schaut. Wir werden sexualisiert, objektifiziert, belästigt, abgewertet, vergewaltigt und umgebracht – weil wir Frauen sind, weiblich gelesen werden oder weil wir uns außerhalb der binären Logik befinden. Es gibt meines Erachtens keine adäquatere Reaktion auf die fehlende Gleichberechtigung und die Gewalt als Wut.

Und diese Wut muss raus. Es ist hinlänglich bekannt, dass unterdrückte Wut krank macht, Nährboden ist für Selbsthass, Ängste oder Depressionen und dass sie physische Erkrankungen wie Herzkreislaufstörungen begünstigt.[358] Lassen wir uns also nicht mehr einreden, dass wir nicht wütend sein dürfen. Denn damit, so Chemaly, berauben wir uns genau der Emotion, die uns am besten vor Gefahr und Ungerechtigkeit schützt. Wut macht stark und hilft, Grenzverletzungen zu erkennen. Die Kraft, die wir aus der Wut schöpfen, können wir benutzen, um die Rape Culture zu bekämpfen. Wenn wir unsere Wut zulassen, nehmen wir uns ernst, und das ist das Mindeste, was wir uns selbst schulden.

Verantwortung übernehmen

Wenn ich Betroffene von sexualisierter Gewalt frage, was sie sich vom Täter am meisten wünschen würden, dann höre ich viele unterschiedliche Antworten. Allerdings ist meine Erfahrung, dass entgegen den Klischees eine harte Bestrafung von vielen nicht an erster Stelle genannt wird. Vielmehr wünschen sie sich, dass der Täter Verantwortung für seine Tat und für das verursachte Leid übernimmt. Und dass er sein Verhalten ändert und keiner Person mehr (sexualisierte) Gewalt zufügt.

Wie sieht echte Gerechtigkeit für Betroffene aus, auch für diejenigen, die sich gegen eine Strafverfolgung entscheiden? Wie bringen wir Männer dazu, Verantwortung für ihre Taten, von Catcalling bis hin zu Vergewaltigung, zu übernehmen und ihr Verhalten zu ändern?

Ich denke, das gelingt nur, wenn übergriffige Männer freiwillig und aus eigener Überzeugung bereit sind, ihr Verhalten zu ändern. Nicht aus

Angst um die berufliche Karriere oder vor sozialer Stigmatisierung, sondern weil sie nicht mehr Teil einer sexistischen und misogynen Gesellschaft sein wollen. Menschen können sich ändern, Männer können sich ändern. Und wenn so gut wie jede_ Frau sexualisierte Gewalt erfährt, dann waren sehr viele Männer in irgendeiner Form schon mal übergriffig oder haben Übergriffigkeiten toleriert. Männer wissen das, ziehen daraus aber trotzdem keine Konsequenzen. Der Publizist Kim Posster kritisiert in seinem Buch *Männlichkeit verraten!*, dass aktuelle Formen der Männlichkeitskritik oft den Kern des Problems verfehlen, gerade auch das Thema Täterschaft von sexualisierter Gewalt werde oft verdrängt. Posster schreibt, es brauche eine organisierte Männlichkeitskritik, die breit und grundlegend von Männern eingefordert werden müsse und die antipatriarchale Solidarität und Haltung zeigen soll.

Wir müssen sexuell übergriffige Männer endlich in die Verantwortung nehmen, mehr noch: Die Männer müssen sich endlich selbst und einander in die Verantwortung nehmen, indem sie sich das Privileg, nicht für ihre Taten geradestehen zu müssen, absprechen.

Und was machen die Betroffenen, wenn die Täter anfangen, Verantwortung zu übernehmen? Da gibt es kein Richtig oder Falsch. Und schon gar nicht darf es die Erwartung geben, dass eine Betroffene Mitgefühl mit dem Täter entwickelt, geschweige denn ihm vergibt (Vergebung ist ein großes Wort). Vielleicht wird die Betroffene niemals verzeihen können oder wollen. Das ist vollkommen in Ordnung und sollte nicht die Motivation des Täters sein, sich mit seinem Verhalten auseinanderzusetzen. Motivation muss der eigene Lernprozess sein und der Wille zur Wiedergutmachung. Nur dann hören Täter auf, Täter zu sein. Deshalb ist es so wichtig, dass Fachstellen für Täterarbeit genügend Ressourcen erhalten. Denn Täterarbeit und Präventionsarbeit, die die ganze Gesellschaft adressiert und potenzielle Täter in den Fokus nimmt, ist Opferschutz.

Sexualisierte Gewalt ist ein strukturelles Problem. Sie ist nicht nur das Vergehen einzelner Männer, sondern das einer von Männern dominierten Gesellschaft. Die Philosophin Kate Manne sagt, dass das größte

Problem für Frauen nicht nur die Misogynie sei, sondern die Liebe der Männer zueinander. Konsequenterweise muss diese Liebe der Männer zueinander aufgebrochen werden, damit das Patriarchat, das die Rape Culture hervorbringt, aufgebrochen werden kann. Die Feministin Ingrid Strobl schrieb in ihrem Aufsatz bereits 1990: »Frauen, die das Machtverhältnis zwischen Frauen und Männern bekämpfen, Frauen, die der patriarchalen Norm, diesem zähen und erbitterten Feind des Mensch-Seins, den Krieg erklären, Frauen, die die herrschenden Verhältnisse, die Herrschaft im wahren Sinne des Wortes radikal aufheben wollen, bedürfen nicht so sehr der männlichen Genossen, die sich für ihre Freunde halten, als der männlichen Genossen, die bereit sind, zum Feind des Mannes zu werden.«[359]

Das Schweigen sehr vieler Männer ist ohrenbetäubend. Das Schweigen der Übergriffigen wie auch das Schweigen derjenigen, die Bescheid wissen, verhindert nämlich das *Ent*lernen der Rape Culture. Sich als Mann gegen sexualisierte Gewalt zu engagieren, wenn man das Thema bisher erfolgreich von sich gewiesen hat, bedeutet Arbeit. Für heterosexuelle cis Männer heißt das, sich aus ihrem männlich dominierten Alltag herauszubegeben und sich mit den Lebensrealitäten von Frauen und queeren Menschen auseinanderzusetzen.

Diese Arbeit zu leisten, ist von immenser Bedeutung. Wenn Männer so viel Macht haben, dass sie in dem Ausmaß sexualisierte Gewalt ausüben können, dann haben sie auch die Macht, sexualisierte Gewalt zu beseitigen.

Nur Ja heißt Ja

Deutschland und Österreich haben den Paradigmenwechsel im Sexualstrafrecht schon vor einigen Jahren vollzogen und das »Nein heißt Nein«-Prinzip eingeführt. Die Schweiz vollzieht diesen Paradigmenwechsel im Juli 2024. Das sind große Schritte in die richtige Richtung, aber das heißt nicht, dass wir aufhören sollten, für das »Ja heißt Ja«-

Prinzip zu kämpfen. Erst das »Ja heißt Ja«-Prinzip würde unmissverständlich verlangen, dass bei sexuellen Handlungen alle Beteiligten aktiv Konsens herstellen müssen. Es läge also im Gegensatz zur »Nein heißt Nein«-Lösung nicht in der Verantwortung des Opfers zu agieren (Nein zu sagen), sondern an allen Beteiligten, sich um den Konsens zu bemühen. Der Gesetzgeber wäre somit gezwungen, die verschiedenen Möglichkeiten, wie Menschen zu sexuellen Handlungen gezwungen werden können, klarer anzuerkennen und zu benennen. Zudem stünde beim »Ja heißt Ja«-Prinzip die Frage nach der Zustimmung im Zentrum, was für Opfer viel nachvollziehbarer ist als die Frage nach dem geleisteten oder fehlenden Widerstand.

Aber gute Gesetze allein genügen nicht. Es ist unumgänglich, dass eng verfolgt wird, wie das Gesetz in der juristischen Praxis tatsächlich umgesetzt wird. Gleichzeitig müssen Strafverfahren opfergerechter werden. Das Risiko, durch ein Strafverfahren retraumatisiert zu werden, muss so weit wie möglich eingedämmt werden: Vernehmungen müssen traumasensibler werden, beispielsweise mit Fragen, die nicht mehr als Victim Blaming verstanden werden können.

Engagiert euch!

So gut wie alle cis Männer profitieren von der Rape Culture. Dafür können sie auf individueller Ebene erst mal nichts, sie haben sich das Patriarchat schließlich nicht selbst ausgesucht. Sie haben auch nie entschieden, Profiteure unserer Gesellschaft zu sein, aber sie sind es nun mal. Was sie sich allerdings aussuchen können, ist, wie sie mit dieser Position in der Gesellschaft umgehen. Ob sie sich darauf ausruhen, weil es da bequem und schön für sie ist, oder ob sie sich dagegen auflehnen. Das ist anstrengend und unangenehm und geht mit dem Verlust von Privilegien einher. Aber es ist unabdingbar. Denn solange Männer nicht gegen die Rape Culture kämpfen, nehmen sie sie in Kauf und profitieren davon, ob sie das wollen oder nicht. Also, liebe

Männer, engagiert euch! Und habt den Mut, gegen andere Männer aufzustehen.

Wir alle können die Rape Culture *ent*lernen, wenn wir uns nicht mehr in erster Linie fragen, ob sexualisierte Gewalttaten strafrechtlich relevant sind, ob es Beweise gibt, ob die betroffene Person glaubwürdig genug ist oder wieso sie keine Anzeige erstattet. Sondern wenn wir uns fragen, ob wir Teil dieser Ungerechtigkeit sind und ob wir auf allen Ebenen genug tun, um sexualisierte Gewalt (zukünftig) zu verhindern.

Dank

Es ist so: Ich glaube, ich bin eine ziemlich gute Sozialarbeiterin und Referentin, aber ich bin nicht die geborene Autorin. Wenn ich sage, dass dieses Buch mir alles abverlangte, meine ich nicht in erster Linie die Auseinandersetzung mit diesem Thema, denn diese Auseinandersetzung führe ich schon seit Jahren. Sondern vor allem den Schreibprozess an sich. Ich hätte das Buch nicht schreiben können ohne die großzügige Unterstützung von so vielen tollen, lieben und wertschätzenden Menschen. Ihr habt nicht nur das Buch möglich gemacht, sondern es zu dem gemacht, was es ist.

In erster Linie danke ich Pascale Breitenstein und Oliver Kuhn von Yes Publishing. Ihr wart von Beginn an angetan von der Idee, ein Buch über die Rape Culture zu veröffentlichen, und habt nicht daran gezweifelt, dass ich dieses Buch schreiben kann. Vielen Dank dir, Pascale, dass du mich durch einige Unsicherheiten begleitet, Diskussionen mit mir ausgefochten (ich weiß, ich kann sehr stur sein) und mich im Schreibprozess unentwegt unterstützt hast. Ein riesengroßer Dank gilt auch meiner Lektorin Katharina Tolle. Ohne dich, liebe Katharina, hätte ich womöglich aufgegeben. Dank deinen lieben Aufmunterungsmails wurde mir immer wieder bewusst: Doch, mit dir an meiner Seite schaff ich das. Danke auch für all deine wertvollen Inputs zum Text, deine Rants über die Rape Culture und alle wertschätzenden »Toll geschrieben!«-Notizen im Manuskript – sie waren jedes Mal eine Freude zum Lesen!

Es vergeht kaum ein Tag, an dem nicht über einen neuen #MeToo-Fall berichtet wird. Dementsprechend aufwendig gestaltete sich die Recherchearbeit zu diesem Buch. Deshalb gebührt meinem großartigen Rechercheteam ein besonders großer Dank: Ich danke meiner Praktikantin Delia Dällenbach ganz herzlich für den großen Einsatz. Für die monatelange Recherchearbeit, fürs Transkribieren von diversem Material und für die Abend- und Wochenendschichten, die du in den letzten Wochen geleistet hast, damit auch wirklich alle Quellen stimmen. Ebenso bedanke ich mich bei Dina Horowitz. Ich rief: »Hilfe!«, und du warst sofort da. Du hast mit deinem kurzen, aber sehr intensiven Rechercheeinsatz all meine Erwartungen übertroffen und mir ermöglicht, das Buch noch detailreicher zu schreiben. Und last, but not least danke auch dir, Inga Borges, für die Recherchearbeit zu den Statistiken. Wir kannten uns nicht, ich schrieb dich an und du warst sofort bereit, mich kurzfristig zu unterstützen – ich war so berührt!

Allen Personen, die mir ihre Geschichten anvertraut und mir erlaubt haben, dass ich ihre Erfahrungen anonym mit euch in diesem Buch teilen darf: von Herzen danke für euren Mut und euer Vertrauen! Ein besonderer Dank gilt zudem Jolanda Spiess-Hegglin, die mir erlaubt hat, ihre traumatischen Erfahrungen für euch aufzuschreiben und dazu aus den demütigenden Medienberichten zu zitieren. Ebenso bedanke ich mich bei Morena Diaz, dass ich eine Anekdote aus ihrer Gerichtsverhandlung erzählen durfte.

Weiter danke ich Sim Eggler. Als ich letzten Sommer unsicher war, ob ich mir dieses Buchprojekt zutraue oder nicht, hast du mir die Idee in den Kopf gepflanzt, dass dieses Buch mir helfen könnte, all meine tausend Gedanken zur Rape Culture zu sortieren. Die Idee klang so bestechend, dass sie mit dazu beitrug, dass ich den Buchvertrag unterschrieben habe. Danke dir, Sim, für deinen großen fachlichen und emotionalen Support, die vielen wertvollen und auch kritischen Inputs zu meinen Texten und dass du immer daran geglaubt hast, dass ich es schaffe. Ich hab's geschafft – auch dank dir. Zudem danke ich Melanie Dellenbach, Sarah Pfäffli, Nora Scheidegger, Kathy Quast, Hannes Rudolph, Christoph Gosteli, Markus Theunert, Sophie Rieger, Barbara Rohm, Paula Thielecke, Christine Krebs, Sabine Schmutz und Valérie Vuille für die Gespräche und die fachlichen Inputs.

Und dann danke ich noch den lieben Menschen, die für mich da waren und meine strengen Schreibtage mit lieben Gesten, Nachrichten oder ihrer Präsenz versüßten: Danke, Simone Fehr, für die tollen Spaziergänge, die Ermutigungen, die Verköstigungen und deine immerwährende positive Art – sie ist ansteckend! Danke, Leandra Bias, fürs Zuhören, Mitfiebern und Mitfreuen – es hat mir so viel bedeutet (weil ich weiß: Du verstehst). Weiter danke ich Manuschak Karnusian, Felizitas Ambauen, Jrene Rolli, Ben Meyer, Anna-Lina Balke und Ronia Schiftan. Dem Team von *ellexx* danke ich herzlich, dass ihr mir die Möglichkeit geboten habt, für eure Plattform Kolumnen zu schreiben. Es waren diese ersten Texte über Rape Culture, die in mir die Lust weckten, ein ganzes Buch darüber zu schreiben. Danke, *ellexx* und *Annabelle*, dass ich Abschnitte aus bei euch veröffentlichten Texten im Buch benutzen darf. Dem Team von Sollievo danke ich, dass ihr mir unentgeltlich ein Büro zur Verfügung gestellt habt, wo ich in Ruhe an diesem Buch schreiben konnte.

Zu guter Letzt bedanke ich mich bei meiner Familie. Insbesondere bei meinen Kindern Maurice, Zoé, Maël und Sophie – ihr habt in den letzten Monaten oft auf mich verzichten müssen und ihr habt auf das Ende genauso hingefiebert wie ich und mit mir gefeiert, als ich fertig war. Ihr habt diese Zeit so gut gemeistert! Ich freue mich so fest auf alles, was kommt, und liebe euch – zum Mond u de Stärne und widr zrügg. Danke, Adam Hasenfratz und Sandra Viering für den Support und für die beste Nachbarschaft ever. Danke David Hasenfratz und Lea Müller für die Gespräche, den Support und dafür, dass ihr mich trotz gestresster Laune in den Ferien ausgehalten habt.

Und dir, liebster David Amstutz, danke ich von ganzem Herzen. In weiser Voraussicht hast du mich letztes Jahr davon abzuhalten versucht, dieses Buch in so kurzer Zeit zu schreiben. Stur, wie ich bin, habe ich es trotzdem gemacht. Und lieb, wie du bist, hast du mich trotzdem dabei unterstützt, und zwar ohne Wenn und Aber. Ohne deine Unterstützung, die zusätzliche Sorgearbeit, die du übernommen hast, und deine große Liebe hätte ich dieses Buch nicht schreiben können.

Es war anstrengend, aber nun ist es vollbracht.

März 2024

Literatur

Bates, Laura (2023): *Männer, die Frauen hassen. Von Incels bis Pick Up Artists. Die Wahrheit über extreme Misogynie und wie sie uns alle betrifft*, &Töchter.

Burke, Tarana (2021): *Unbound – My Story of Liberation and the Birth of the Me Too Movement*, Flatiron Books.

Chemaly, Soraya (2020): *Speak Out! Die Kraft weiblicher Wut*, Suhrkamp.

Clemm, Christina (2020): *AktenEinsicht. Geschichten von Frauen und Gewalt*, Verlag Antje Kunstmann.

Connell, Noreen; Wilson, Cassandra (1971): *Rape: The First Sourcebook for Women*, New American Library.

Despentes, Virginie (2018): *King Kong Theorie,* Kiepenheuer & Witsch.

Despentes, Virginie (2023): *Liebes Arschloch*, Kiepenheuer & Witsch.

Ditloff, Christian (2023): *Prägung. Nachdenken über Männlichkeit*, Berlin Verlag.

Egan, R. Danielle (2013): *Becoming Sexual – A Critical Appraisal of the Sexualization of Girls*, John Wiley & Sons.

Elsen, Hilke (2020): *Gender – Sprache – Stereotype*, Utb GmbH.

Eltahawy, Mona (2015): *Headscarves and Hymens – Why the Middle East Needs a Sexual Revolution*, Macmillan USA.

Emcke, Carolin (2016): *Gegen den Hass*, S. Fischer Verlag.

Endler, Rebekka (2021): *Das Patriarchat der Dinge. Warum die Welt Frauen nicht passt*, DUMONT Buchverlag.

Engelfried, Constance; Heiliger, Anita (1995): *Sexuelle Gewalt. Männliche Sozialisation und potentielle Täterschaft*, Campus Verlag.

Fricker, Miranda (2023): *Epistemische Ungerechtigkeit. Macht und die Ethik des Wissens*, C. H. Beck.

Gay, Roxane (2018): *Not That Bad – Dispatches from Rape Culture*, Allen & Unwin.

Gümüşay, Kübra (2020): *Sprache und Sein*, Hanser Berlin in Carl Hanser Verlag.

Harding, Kate (2015): *Asking for It – The Alarming Rise of Rape Culture – and What We Can Do about It*, Da Capo Lifelong Books.

Horch, Silvie; Jaspers, Lisa; Ryland, Naomi (Hrsg.) (2022): *Unlearn Patriarchy*, Ullstein.

Horch, Silvie; Roig, Emilia; Zykunov, Alexandra (Hrsg.) (2024): *Unlearn Patriarchy #2*, Ullstein Hardcover.

Katz, Jackson (2006): *The Macho Paradox – Why Some Men Hurt Women and How All Men Can Help*, Sourcebooks.

Kelly, Liz (1991): *Surviving Sexual Violence*, Blackwell Publishers.

Kotthaus, Jochem (Hrsg.) (2015): *Sexuelle Gewalt im Film*, Juventa Verlag.

L'Audace, Luisa (2022): *Behindert und stolz. Warum meine Identität politisch ist und Ableismus uns alle etwas angeht*, Eden Books – ein Verlag der Edel Verlagsgruppe.

Lavoyer, Agota; Balke, Anna-Lina (2023): *Ist das okay? Ein Kinderfachbuch zur Prävention von sexualisierter Gewalt*, Mabuse.

Lechner, Elisabeth (2021): *Riot, don't diet! Aufstand der widerspenstigen Körper*, Kremayr & Scheriau.

Lieber, Marylène (2023): *Nur Ja heisst Ja. Die Zustimmung auf dem Prüfstand der Justiz*, Seismo Verlag.

Manne, Kate (2020): *Down Girl. Die Logik der Misogynie*, Suhrkamp.

Miller, Chanel (2020): *Know My Name*, Penguin LLC US.

Miller, Suzie (2024): *Prima facie*, Kjona Verlag.

Nandi, Jacinta (2022): *50 Ways to Leave Your Ehemann*, Edition Nautilus GmbH.

Oeming, Madita (2023): *Porno. Eine unverschämte Analyse*, Rowohlt Taschenbuch.

Posster, Kim (2023): *Männlichkeit verraten! Über das Elend der ›Kritischen Männlichkeit‹ und eine Alternative zum heutigen Profeminismus*, Neofelis.

Ryan, William (1976): *Blaming the Victim*, Random House N.Y.

Sanyal, Mithu M. (2020): *Vergewaltigung*, Edition Nautilus.

Schick, Sibel (2023): *Weißen Feminismus canceln. Warum unser Feminismus feministischer werden muss*, S. Fischer Verlag.

Schutzbach, Franziska (2021): *Die Erschöpfung der Frauen. Wider die weibliche Verfügbarkeit*, Droemer Knaur.

Schwerdtner, Lilian (2021): *Sprechen und Schweigen über sexualisierte Gewalt. Ein Plädoyer für Kollektivität und Selbstbestimmung*, edition assemblage.

Sontag, Susan (2003): *Das Leiden anderer betrachten*, Carl Hanser Verlag.

Srinivasan, Amia (2022): *Das Recht auf Sex. Feminismus im 21. Jahrhundert*, Klett Cotta.

Suter, Miriam; Widla, Natalia (2023): *Hast du Nein gesagt? Vom Umgang mit sexualisierter Gewalt*, Limmat.

Taylor, Jessica (2020): *Why Women Are Blamed for Everything – Exploring the Victim Blaming of Women Subjected to Violence and Trauma*, Lulu.

Valliere, Veronique N. (2019): *Understanding Victims of Interpersonal Violence – A Guide for Investigators and Prosecutors*, Taylor & Francis.

Zykunov, Alexandra (2023): *»Was wollt ihr denn noch alles!?« Zahlen, Fakten und Absurditäten über unsere ach-so-tolle Gleichberechtigung*, Ullstein Taschenbuch.

Endnoten

Alle Links wurden am 19.4.2024 zuletzt abgerufen.

1 FRA European Union Agency for Fundamental Rights (2014): »Gewalt gegen Frauen: Eine EU-weite Erhebung«, Luxemburg, 2014. https://fra.europa.eu/sites/default/files/fra_uploads/fra-2014-vaw-survey-at-a-glance-oct14_de.pdf.
Müller, Ursula; Schröttle, Monika (2004): »Lebenssituation, Sicherheit und Gesundheit von Frauen in Deutschland. Eine repräsentative Untersuchung zu Gewalt gegen Frauen in Deutschland«, Bundesministerium für Familien, Senioren, Frauen und Jugend. https://www.bmfsfj.de/resource/blob/84328/3bc38377b11cf9ebb2dcac9a8dc37b67/langfassung-studie-frauen-teil-eins-data.pdf.
Enachescu, Janina; Hinsch, Sonja (2022): »Geschlechtsspezifische Gewalt gegen Frauen in Österreich, Prävalenzstudie beauftragt durch Eurostat und das Bundeskanzleramt«, Wien. https://www.statistik.at/fileadmin/publications/Geschlechtsspezifische-Gewalt-gegen-Frauen_2021_barrierefrei.pdf.
Jans, Cloe; Golder, Lukas; Venetz, Aaron (2019): »Sexuelle Belästigung und sexuelle Gewalt in der Schweiz«, *gfs.bern* im Auftrag von Amnesty International Schweiz, 17.5.2019. https://cockpit.gfsbern.ch/de/cockpit/sexuelle-gewalt-in-der-schweiz.

2 Goede, Laura Romina (2022): »Catcalling. Ausmaß und Folgen der verbalen sexuellen Belästigung«, Kriminologisches Forschungsinstitut Niedersachsen e.V., Hannover. https://web.archive.org/web/20221119033137id_/https://www.nomos-elibrary.de/10.5771/9783748930297-194.pdf.

3 Gemmel, Miriam; Immig, Johanna (2022): »Catcalling – Umfrage zur Strafwürdigkeit von verbaler sexueller Belästigung«, Universität Trier. https://kripoz.de/wp-content/uploads/2022/03/gemmel-immig-catcalling-umfrage-zur-strafwuerdigkeit.pdf.

4 https://www.ellexx.com/author/agota/page/2/.

5 »›Zehn-Sekunden-Grapsch-Urteil‹ empört Italien«, in: *ZDFheute*, 13.7.2023. https://www.zdf.de/nachrichten/panorama/zehn-sekunden-grabsch-urteil-italien-100.html.

6 Eichler, Mona (2023): »Wie Cher den sexistischen Aussetzer von Thomas Gottschalk konterte!«, in: *Wunderweib*, 27.11.2023. https://www.wunderweib.de/wie-cher-den-sexistischen-aussetzer-von-thomas-gottschalk-konterte-125312.html.

7 Imwinkelried, Daniel (2023): »Prozess wegen Kinderpornografie: Der geständige Schauspieler Florian Teichtmeister muss nicht ins Gefängnis, sondern die Therapie weiterführen«, in: *NZZ*, 5.9.2023. https://www.nzz.ch/feuilleton/urteil-fall-teichtmeister-kinderpornografie-ld.1754824.

8 Alle *SPIEGEL*-Artikel zu Rammstein: https://www.spiegel.de/thema/rammstein/.

9 Miebach, Alexandra (2023): »›Auf einem ganz düsteren Weg‹. Luke Mockridge spricht bei Auftritt in Köln über Rammstein«, in: *EXPRESS*, 24.6.2023. https://www.express.de/koeln/luke-mockridge-spricht-bei-auftritt-in-koeln-ueber-rammstein-597609.

10 Kensche, Christine (2016): »›Ich habe keine One-Night-Stands mehr‹«, in: *Welt*, 31.3.2016. https://www.welt.de/vermischtes/article153851488/Ich-habe-keine-One-Night-Stands-mehr.html.

11 »Skandal-Boss schlägt um sich«, in: *Sport1*, 25.8.2023. https://www.sport1.de/news/internationaler-fussball/2023/08/nach-kuss-skandal-rubiales-verzichtet-auf-rucktritt.

12 Ayyadi, Kira (2023): »Sechs Vergewaltigungen auf dem Oktoberfest 2023«, in: *belltower news*, 4.10.2023. https://www.belltower.news/deutsches-volksfest-sechs-vergewaltigungen-auf-dem-oktoberfest-2023-152963/.

13 Haase, Katharina; Sonnabend, Lisa (2023): »Plötzlich ist da die fremde Hand am Hintern«, in: *Süddeutsche Zeitung*, 28.9.2023. https://www.sueddeutsche.de/muenchen/oktoberfest-muenchen-2023-sexuelle-uebergriffe-berichte-betroffene-1.6260683?reduced=true.

14 Cushion, Laurenz; Schlünz, Anika (2023): »›Offenes Geheimnis‹: Ein HU-Dozent soll seit 26 Jahren Studentinnen belästigen«, in: *Berliner Zeitung*, 28.7.2023. https://www.berliner-zeitung.de/mensch-metropole/offenes-geheimnis-ein-dozent-der-humboldt-uni-hat-studentinnen-belaestigt-li.373625.

15 Haemmerli, Rachel (2023): »Berner Professor filmte Studentinnen heimlich beim Duschen«, in: *Berner Zeitung*, 11.4.2023. https://www.bernerzeitung.ch/berner-professor-filmte-studentinnen-heimlich-nackt-beim-duschen-478415875013#.

16 »13 Frauen werfen Gérard Depardieu sexuelle Übergriffe vor«, in: *SPIEGEL*, 12.4.2023. https://www.spiegel.de/panorama/justiz/gerard-depardieu-13-frauen-werfen-dem-schauspieler-sexuelle-uebergriffe-vor-a-ddf22cfa-5bfd-47b5-9c8e-89b2039649d7.
Kinck, Lennart (2023): »Frankreich debattiert über Gérard Depardieu«, in: *ZDFheute*, 27.12.2023. https://www.zdf.de/nachrichten/panorama/prominente/gerard-depardieu-75-geburtstag-vorwurf-sexuelle-gewalt-100.html.

17 Brändle, Stefan (2023): »Vom Stolz der Nation zur Schande der Nation«, in: *Stuttgarter Zeitung*, 22.12.2023. https://www.stuttgarter-zeitung.de/inhalt.macron-pro-depardieu-vom-stolz-der-nation-zur-schande-der-nation.8ccbbbf7-ed7c-4577-8b6e-00d3ddc2dcbf.html.

18 »Trotz Vorwurfs der Vergewaltigung – 56 Künstler verteidigen Gérard Depardieu«, in: *SPIEGEL*, 26.12.2023. https://www.spiegel.de/kultur/kino/frankreich-kuenstler-verteidigen-gerard-depardieu-lynchjustiz-am-letzten-superstar-des-kinos-a-673ca847-098c-4eeb-a8b2-f244871af6b1.

19 Moritz, Valentin (2023): »Ein glücklicher Mensch«, in: Blum, Donat; Moritz, Valentin (Hrsg.): *Oh Boy. Männlichkeit*en heute*, kanon verlag, S. 132.

20 Schmid, Birgit (2023): »Ein Mann bekennt sich in einem Text zu einem ›sexualisierten Übergriff‹, den er zutiefst bereut. Nun wehrt sich die Frau, und der Verlag stoppt das Buch«, in: *NZZ*, 23.8.2023. https://www.nzz.ch/feuilleton/valentin-moritz-verlag-stoppt-buch-oh-boy-nach-beschwerde-ld.1752676.

21 *Mädchen*, Ausgabe 03/2023.

22 Steiner, Philip (2023): »Bildungsdirektion und Gewerkschaft üben Kritik«, in: *MeinBezirk.at*, 30.6.2023. https://www.meinbezirk.at/salzburg/c-lokales/bildungsdirektion-und-gewerkschaft-ueben-kritik_a6138530#:~:text=Vor%20kurzem%20schickte%20eine%20Salzburger,»Burschen%20und%20Lehrer%22%20schützen.

23 https://www.tiktok.com/@imperial.order.saar/video/7245230728420642074.

24 https://www.tiktok.com/@masteryclub.official?_t=8kazWQz0208&_r=1.

25 https://www.tiktok.com/@flirtempire?_t=8kazpNrHMZd&_r=1.

26 »Twitch-Streamer MontanaBlack sagt, er kann keiner Frau länger als 10 Minuten zuhören: ›Nicht diskriminierend gemeint‹«, in: *Mein MMO*, 1.7.2023, https://mein-mmo.de/montanablack-frauen-gespraeche/.

27 »Winterthurerin (14) offeriert Sex und zeigt Täter (22) an«, in: *Blick*, 30.5.2023. https://www.blick.ch/schweiz/zuerich/mehrere-aehnliche-faelle-haengig-winterthurerin-14-offeriert-sex-und-zeigt-taeter-22-an-id18622930.html.

28 Edwards, S. R.; Bradshaw, K. A.; Hinsz, V. B. (2014): »Denying Rape but Endorsing Forceful Intercourse: Exploring Differences Among Responders«, In: *Violence and Gender*, 1(4), S. 188–193. https://doi.org/10.1089/vio.2014.0022.

29 Manne, Kate (2020): *Down Girl. Die Logik der Misogynie*, Suhrkamp, S. 46.

30 Wilson, Laura; Miller, Katherine (2016): »Meta-Analysis of the Prevalence of Unacknowledged Rape«, in: *Trauma Violence Abuse* 17(2), S. 149–159. https://pubmed.ncbi.nlm.nih.gov/25784571/.

31 Biermann, Kai, et al (2024): »Der Tag, der nicht enden will«, in: *ZEIT ONLINE*, 1.2.2024. https://www.zeit.de/2024/06/7-oktober-hamas-angriff-israel-supernova-festival-rekonstruktion#.

32 Eine Übersicht bietet: »Secretary-General Annual Reports – United Nations Office of the Special Representative of the Secretary-General on Sexual Violence in Conflict«. https://www.un.org/sexualviolenceinconflict/digital-library/reports/sg-reports/.

33 Scheidegger, Nora; Lavoyer, Agota; Stalder, Tamara (2020): »Reformbedarf im schweizerischen Sexualstrafrecht«, in: *sui-generis2020*. sui-generis.ch.

34 Kelly, Liz (1991): *Surviving Sexual Violence*. Blackwell Publishers.

35 Chemaly, Soraya (2020): *Speak Out! Die Kraft weiblicher Wut*, Suhrkamp, S. 188.

36 Schutzbach, Franziska (2021): *Die Erschöpfung der Frauen. Wider die weibliche Verfügbarkeit*, Droemer Knaur, S. 39.

37 Despentes, Virginie: (2018): *King Kong Theorie*, Kiepenhauer & Witsch, S. 48.

38 Watson, L. B.; Grotewiel, M.; Farrell, M.; Marshik, J.; Schneider, M. (2015): »Experiences of sexual objectification, minority stress, and disordered eating

among sexual minority women«, in: *Psychology of Women Quarterly*, 39(4), S. 458–470. https://doi.org/10.1177/0361684315575024.

39 Schutzbach, Franziska (2021): *Die Erschöpfung der Frauen. Wider die weibliche Verfügbarkeit*, Droemer Knaur, S. 29.

40 Brinkmann, Tjade (2021): »Soziologe über Männlichkeitsforschung: ›Es geht um unbewusste Affekte‹«, in: *taz*, 16.11.2021. https://taz.de/Soziologe-ueber-Maennlichkeitsforschung/!5814715/.

41 Simpson, Connor (2013): »The Steubenville Victim Tells Her Story«, in: *The Atlantic*, 16.3.2013. https://www.theatlantic.com/national/archive/2013/03/steubenville-victim-testimony/317302/.

42 https://metoomvmt.org/.

43 Cantor, Jodie (2017): »Harvey Weinstein Paid Off Sexual Harassment Accusers for Decades«, in: *New York Times*, 5.10.2017. https://www.nytimes.com/2017/10/05/us/harvey-weinstein-harassment-allegations.html.

44 https://x.com/Alyssa_Milano/status/919659438700670976?s=20.

45 Pickert, Nils (2023): »Das System Einzelfall«, in: *PINKSTINKS*, 7.6.2023. https://pinkstinks.de/das-system-einzelfall/.

46 Meltzer, Christine (2021): »Tragische Einzelfälle? Wie Medien über Gewalt gegen Frauen berichten«, in: *OBS-Arbeitspapier* 47. https://www.otto-brenner-stiftung.de/fileadmin/user_data/stiftung/02_Wissenschaftsportal/03_Publikationen/AP47_Tragische_Einzelfaelle.pdf.

47 Aeschlimann, Lisa; Hosmann, Annik (2023): »Früher dachte ich, einem Mann darf so etwas doch nicht passieren«, in: *Tages-Anzeiger*, 18.1.2023. https://www.tagesanzeiger.ch/frueher-dachte-ich-einem-mann-darf-so-etwas-doch-nicht-passieren-567235436334.

48 Puchert, Ralf; Jungnitz, Ludger; Walter, Willi; Lenz, Hans-Joachim; Puhe, Henry (2004): »Gewalt gegen Männer in Deutschland. Pilotstudie des Bundesministeriums für Familien, Senioren, Frauen und Jugend«, Berlin. https://www.bmfsfj.de/resource/blob/84590/a3184b9f324b6ccc05bdfc83ac03951e/studie-gewalt-maenner-langfassung-data.pdf.

49 Féron, Élise (2018): *Wartime Sexual Violence Against Men: Masculinities and Power in Conflict Zones*. Rowman & Littlefield.

50 Hauge, Wenche Iren (2020): »Gender dimensions of DDR – beyond victimization and dehumanization: tracking the thematic«, in: *International Feminist Journal of Politics* 22(2), S. 206–226. https://doi.org/10.1080/14616742.2019.1673669.

51 Dworak, Inken; Maas, Sebastian (2018): »Können Männer Opfer sexueller Gewalt sein? Mit dieser mutigen Rede gibt Terry Crews die Antwort«, in: *SPIEGEL*, 28.6.2018. https://www.spiegel.de/panorama/metoo-action-schauspieler-terry-crews-haelt-emotionale-rede-vor-us-senat-a-00000000-0003-0001-0000-000002554665.

52 https://youtu.be/iS7cMK-AfzY; darauf Crews Reaktion: https://x.com/terrycrews/status/1089487033427361792?s=20.

53 https://www.instagram.com/p/CMSnLfqBekc/?img_index=1.

54 Giese, Linus (2022): »unlearn gender«, in: Jaspers, Lisa; Ryland, Naomi; Horch, Silvie (Hrsg.): *Unlearn Patriarchy,* Ullstein, S. 36.

55 Connell, Raewyn (2015): *Der gemachte Mann. Konstruktion und Krise von Männlichkeiten,* Springer.

56 Von Auer, Katja; Micus-Loos, Christane; Schäfer, Stella; Schrader, Kathrin (Hrsg.) (2023): *Intersektionalität und Gewalt. Verwundbarkeiten von marginalisierten Personen und Gruppen sichtbar machen,* Unrast.

57 Küpper, Beate; Klocke, Ulrich; Hoffmann, Lena-Carlotta (2017): »Einstellungen gegenüber lesbischen, schwulen und bisexuellen Menschen in Deutschland. Ergebnisse einer bevölkerungsrepräsentativen Umfrage«, Antidiskriminierungsstelle des Bundes, Nomos. https://www.antidiskriminierungsstelle.de/SharedDocs/downloads/DE/publikationen/Umfragen/umfrage_einstellungen_geg_lesb_schwulen_und_bisex_menschen_de.pdf?__blob=publicationFile&v=4.

58 Hucke, Verena (2016): *›Corrective Rape‹ in Südafrika. Reflexionen zu den historischen und politischen Bedingungen homophober Gewalt,* Traugotz Bautz.

59 Emcke, Carolin (2016): *Gegen den Hass,* S. Fischer Verlag, S. 97.

60 LGBTIQ Helpline (2023): »Hate Crime Bericht 2023 – Bericht über das Monitoring LGBTQ-feindlicher Diskriminierung & Gewalt in der Schweiz 2022«. https://www.pinkcross.ch/unser-einsatz/politik/hate-crime/hatecrime_bericht_2023_de.pdf.

61 Heier, Anne-Katrin (2023): »›Wie leiden andere Menschen unter mir als Mann, der patriarchal geprägt wurde?‹«, in: *Edition F.* https://editionf.com/wie-leiden-andere-menschen-unter-mir-als-mann-der-patriarchal-gepraegt-wurde/.

62 Riley, Charlotte (2019): »How to play Patriarchy Chicken – Why I refuse to move out of the way for men«, in: *Newstatesmen*, 22.2.2019. https://www.newstatesman.com/politics/2019/02/how-play-patriarchy-chicken-why-i-refuse-move-out-way-men.

63 Dreyer, Patricia; Medick, Veit (2016): »Donald Trump prahlte mit sexuellen Übergriffen«, in: *SPIEGEL*, 8.10.2016. https://www.spiegel.de/politik/ausland/donald-trump-prahlte-mit-sexueller-gewalt-gegen-frauen-a-1115742.html.

64 North, Anna: »Hillary Clinton recalls that famous debate moment: ›Donald Trump was looming behind me‹«, in: *Vox,* 23.8.2017. https://www.vox.com/policy-and-politics/2017/8/23/16189824/hillary-clinton-donald-trump-debate-book.

65 Clinton, Hillary (2018): *What Happened*, Simon & Schuster.

66 Originalzitat: »It was one of those moments where you wish you could hit pause and ask everyone watching: ›Well, what would you do?‹ Do you stay calm, keep smiling and carry on as if he weren't repeatedly invading your space? Or do you turn, look him in the eye, and say loudly and clearly: ›Back up, you creep, get away from me! I know you love to intimidate women, but you can't intimidate me, so back up‹«, in: »›My skin crawled‹: Hillary Clinton recalls dealing with ›creep‹ Trump«, in: *The Guardian*, 23.8.2017. https://www.theguardian.com/us-news/2017/aug/23/hillary-clinton-book-what-happened-trump-creep.

67 Connell, Raewyn (2015): *Der gemachte Mann. Konstruktion und Krise von Männlichkeiten*, Springer.

68 May, Christoph: »Männerbünde, Männerphantasien & Kritische Männlichkeit«, in: *Kritische Männerforschung*. https://www.detoxmasculinity.institute/maennerbuende-maennerphantasien-kritische-maennlichkeit-online-seminare-christoph-may/.

69 Schutzbach, Franziska (2021): *Die Erschöpfung der Frauen. Wider die weibliche Verfügbarkeit*, Droemer, S. 99.

70 »Präsident Macron nimmt Gérard Depardieu gegen Vergewaltigungsvorwürfe in Schutz«, in: *SPIEGEL*, 21.12.2023. https://www.spiegel.de/panorama/leute/gerard-depardieu-emmanuel-macron-nimmt-ihn-gegen-vergewaltigungsvorwuerfe-in-schutz-a-4dca0373-4c6d-453a-8dc4-577ab1040a8c.

71 Scheiner, Andreas (2023): »›Ich habe noch nie meine Macht missbraucht‹, sagt Til Schweiger. Bei ihm am Set ›strahlen alle‹«, in: *NZZ*, 9.12.2023. https://www.nzz.ch/feuilleton/til-schweiger-im-interview-ich-habe-noch-nie-meine-macht-missbraucht-ld.1769448.

72 Die Quelle ist nicht mehr verfügbar. Screenshot vorhanden.

73 Die Quelle ist nicht mehr verfügbar. Screenshot vorhanden.

74 Pirskanen, Christina (2022): »›Der Prozess traumatisierte mich fast mehr als die Tat selbst‹«, in: *20 Minuten*, 26.1.2022. https://www.20min.ch/story/der-prozess-traumatisierte-mich-fast-mehr-als-die-tat-selbst-964048425760.

75 Pöllmann, Rainer (2019): »Eine Festschrift für einen Sexualstraftäter«, in: *Deutschlandfunk Kultur*, 29.10.2019, https://www.deutschlandfunkkultur.de/der-fall-siegfried-mauser-eine-festschrift-fuer-einen-100.html.

76 Neuhoff, Bernd (2019): »›ICH BEKENNE MICH NATÜRLICH DAZU‹«, in: *BR Klassik*, 8.11.2019. https://www.br-klassik.de/aktuell/news-kritik/dieter-borchmeyer-festschrift-siegfried-mauser-akademie-der-schoenen-kuenste-interview-100.html.

77 Haaf, Meredith (2018): »Mit dem freundlichen Gesicht der Brüderlichkeit«, in: *Süddeutsche Zeitung*, 8.10.2018. https://www.sueddeutsche.de/kultur/himpathy-und-me-too-mit-dem-freundlichen-gesicht-der-bruederlichkeit-1.4159637.

78 Hecht, Patrizia (2019): »›Misogynie ist sehr beharrlich‹«, in: *taz*, 21.3.2019. https://taz.de/Sozialphilosophin-ueber-Frauenhass/!5575598/.

79 *Feindbild Frau* (2022), Dokumentarfilm ARTE. https://www.arte.tv/de/videos/101916-000-A/feindbild-frau/.

80 https://socialblade.com/twitch/user/montanablack88.

81 »MontanaBlack: Vermögen & Verdienst des YouTubers«, in: *Vermögen Magazin*, 3.1.2024. https://www.vermoegenmagazin.de/montanablack-vermoegen/.

82 Schulz, Katharina (2019): »YouTube-Star Montana Black kassiert Shitstorm für geschmacklosen Vergleich – zu Recht«, in: *watson*, 12.12.2019. https://www.watson.de/unterhaltung/meinung/689781432-youtube-star-montana-black-kassiert-shitstorm-fuer-geschmacklosen-vergleich.

83 »Sexuelle Belästigung: MontanaBlack macht Neandertal-Rufe gegen Frauen – Fände Twitch-Bann okay«, in: *Mein-MMO*, 24.09.2020. https://mein-mmo.de/montanablack-neanderthal-rufe-twitch-bann/.
Hunde-Vergleich: »›Frauen sind wie Hunde‹«, in: *Bild*, 10.12.2019. https://www.bild.de/unterhaltung/leute/leute/montanablack-dieser-spruch-loeste-einen-gewaltigen-twitter-zoff-aus-66596388.bild.html.

84 Decker, Oliver; Kiess, Johannes; Heller, Ayline; Brähler, Elmar (Hrsg.) (2022): »Autoritäre Dynamiken in unsicheren Zeiten. Neue Herausforderungen – alte Reaktionen?«, in: *Leipziger Autoritarismus Studie 2022*, Psychosozial-Verlag. https://www.theol.uni-leipzig.de/fileadmin/ul/Dokumente/221109_Leipziger-Autoritarismus-Studie.pdf.

85 Wippermann, Carsten (2023): *Männerperspektiven – Einstellungen von Männern zu Gleichstellung und Gleichstellungspolitik*, DELTA-Institut für Sozial- und Ökologieforschung GmbH, Penzberg. https://männerperspektiven.de/.

86 »Einkommen und Lebensbedingungen, Armutsgefährdung«, in: *Deutsches Statistisches Bundesamt*, 2022: https://www.destatis.de/DE/Themen/Gesellschaft-Umwelt/Einkommen-Konsum-Lebensbedingungen/Lebensbedingungen-Armutsgefaehrdung/_inhalt.html.

87 Manne, Kate (2019): *Down Girl. Die Logik der Misogynie*, Suhrkamp, S.107.

88 Rosenwasser, Anna (2021): »Die Frauenfeindlichkeit in uns drin«, in: *Goethe-Institut e. V.*, https://www.goethe.de/prj/zei/de/art/22556586.html.

89 Ebenda.

90 Vgl. u. a. Pohl, Rolf (2019): *Feindbild Frau. Männliche Sexualität, Gewalt und die Abwehr des Weiblichen*, Offizin, sowie Jordan-Young, Rebecca; Karkazis, Katrina (2020): *Testosteron. Warum ein Hormon nicht als Ausrede taugt*, Hanser, S. 83–130.

91 *Mädchen* 2/2017, S. 22–23.

92 Scheub, Ute (2021): »Was Gefechts- und Geschlechtskampf gemeinsam haben«, 21.2.2011, in: *Böll-Stiftung*. https://www.boell.de/de/2011/02/21/was-gefechts-und-geschlechtskampf-gemeinsam-haben.

93 https://www.mannebuero.ch.

94 Engelfried, Constance; Heiliger, Anita (1995): *Sexuelle Gewalt. Männliche Sozialisation und potentielle Täterschaft*, Campus Verlag.

95 *Bravo Girl* 7 / 2016.

96 https://www.instagram.com/p/Clw_dSjrVRF/?igsh=MTIycmc4Nm02azJ2Ng==.

97 Posani, Johannes (2019): »Warum der Mann das Sagen hatte«, in: *Salzburg 24*, 25.11.2019. https://www.salzburg24.at/news/oesterreich/die-geschichte-des-patriachats-in-oesterreich-79748755.

98 Schutzbach, Franziska (2021): *Die Erschöpfung der Frauen. Wider die weibliche Verfügbarkeit*, Droemer Knaur.

99 Schröder, Alena (2018): »#MeToo«, *Brigitte* 20/2018. https://beschreiber.de/wp-content/uploads/metoo.pdf.

100 Jiménez, Fanny (2013): »Warum netten Männern die Frauen weglaufen«, in: *Welt*, 10.1.2013. https://www.welt.de/gesundheit/psychologie/article112682278/Warum-netten-Maennern-die-Frauen-weglaufen.html.

101 Müller, Antonia (2019): »Unnahbare Frau: Geheimnisvoll und anziehend – aber auch gut?«, in: *Parship*, 12.8.2019. https://www.parship.de/ratgeber/verabreden/unnahbare-frau/.

102 Schutzbach, Franziska (2023): »›Viele Männer denken auch heute, dass ihnen Sex zusteht‹«, in: *DIREKT*, 30.11.23, https://direkt-magazin.ch/meinung/glstlng/franziska-schutzbach-viele-maenner-denken-auch-heute-dass-ihnen-sex-zusteht/.

103 »Die ›Bravo‹ will Mädchen das Flirten beibringen – und kassiert einen Shitstorm«, in: *Brigitte*, 15.7.2015. https://www.brigitte.de/aktuell/gesellschaft/missglueckte-flirt-tipps--die--bravo--will-maedchen-das-flirten-beibringen---und-kassiert-einen-shitstorm-10217390.html.

104 Murphy, Megan (2016): »Frauenkörper sind keine Konsumtionsgegenstände. Interview zu den Begriffen Objektivierung und Selbstobjektivierung mit Lindsay Kite«, in: *Kritische Perspektive*, 6.5.2016. https://kritischeperspektive.com/kp/2016-19-frauenkorper-sind-keine-konsumtionsgegenstande-interview-zu-den-begriffen-objektivierung-und-selbstobjektivierung-mit-lindsay-kite/.

105 Ebenda.

106 https://mailorderbridesagency.com/de/hungary-women/.

107 »Schüler protestieren gegen ›sexistische‹ Kleidervorschriften«, in: *Tagesanzeiger*, 30.9.2020. https://www.tagesanzeiger.ch/genfer-schueler-protestieren-gegen-sexistische-kleidervorschriften-289298880233.

108 »Trainerhose und Hotpants. Baselbieter Schulen diskutieren Regeln«, in: *SRF*, 2.11.2021. https://www.srf.ch/news/schweiz/kleidervorschriften-an-schulen-trainerhose-und-hotpants-baselbieter-schulen-diskutieren-regeln.

109 Ebenda.

110 Börner, Moritz (2023): »Elternrat will Kleiderordnung an Schulen: Ablehnung und Skepsis in NRW«, in: *WDR*, 7.9.2023. https://https://www1.wdr.de/nachrichten/schulkleidung-kleiderordnung-schulen-bundeselternrat-nrw-100.html.

111 »Sexy-Verbot an Schule: Direktorin untersagt Mädchen freizügige Kleidung«, in: *OE24.de*, 29.6.2023. https://www.oe24.at/oesterreich/chronik/salzburg/sexy-verbot-an-salzburger-schule-direktorin-untersagt-maedchen-freizuegige-kleidung/561057919.

112 Brief der Lehrerin, veröffentlicht als Screenshot auf dem Facebook-Profil von Antenne Salzburg am 29.7.2023: https://www.facebook.com/photo.php?fbid=739778614821206&set=a.378430027622735&type=3&ref=embed_post.

113 »Attitudes towards women and girls in educational settings«, in: *House of Commons Fifth Report of Session 2022-23*. https://committees.parliament.uk/publications/40740/documents/199263/default/.

114 Tran, Minh Thu (2021): »Unterwürfig, verfügbar, willig«, in: *SZ Magazin*, 24.3.2021. https://sz-magazin.sueddeutsche.de/abschiedskolumne/sexismus-rassismus-vietdeutsch-90025.

115 Torjuul, Lisa (2022): »Ich bin nicht dein Fetisch«, in: *Stimmen gegen Rassismus und Populismus*, 16.12.2022. https://stimmengegenrassismus.blog/2022/12/16/ich-bin-nicht-dein-fetisch/. Originalzitat: »No matter what I do in my life, because of my racial identity, I am going to be tied to a sexual identity. And it fucking sucks. You know, every time I go on a date with someone, every time I meet someone, every time someone is nice to me, I have to like at least think about or weigh in, how much of it is due to my race, how much of it is due to the fact that they think that they might have a chance to fuck me.« Deutsche Übersetzung durch die Autorin.

116 Lechner, Elisabeth (2021): *Riot, don't diet! Aufstand der widerspenstigen Körper*, Kremayr & Scheriau, S. 70.

117 Batthyany, Sacha (2019): »›Ich hasse es, wie die Welt auf meinen Körper reagiert‹«, in: *NZZ*, 10.8.2019. https://www.nzz.ch/gesellschaft/roxane-gay-ich-hasse-wie-die-welt-auf-meinen-koerper-reagiert-ld.1794907.

118 *Body Respect Schweiz*, https://www.bodyrespect.ch/.

119 Prohaska, Ariane; Gailey, Jeannine (2010): »Achieving masculinity through sexual predation: The case of hogging«, in: *Journal of Gender Studies* 19(1), S. 13–25. https://doi.org/10.1080/09589230903525411.

120 Hirsch, Annabelle (2023): *Der Teller*, Residenz Verlag, S. 41.

121 Contrera, Laura (2018): »Incogibles«, in: *Las12*, 29.4.2018. https://www.pagina12.com.ar/110905-incogibles.

122 Roti, Jessi (2018): »›Take it as a compliment‹«, in: *Chicago Tribune*, 11.5.2018. https://digitaledition.chicagotribune.com/tribune/article_popover.aspx?guid=8dd164cf-a6db-4826-b515-9329fe4949d8.

123 Zidenberg, A. M.; Sparks, B.; Harkins, L.; Lidstone, S. K. (2021): »Tipping the Scales: Effects of Gender, Rape Myth Acceptance, and Anti-Fat Attitudes on Judgments of Sexual Coercion Scenarios«, in: *Journal of Interpersonal Violence* 36, S. 19–20. https://doi.org/10.1177/0886260519872978.

124 Hausbichler, Beate (2021): »Gina-Lisa Lohfink: Fifty Shades of ›Nein‹?«, in: *Der Standard*, 15.10.2021. https://www.derstandard.de/story/2000130346436/gina-lisa-lohfinkfifty-shades-of-.

125 »›An den Rollstuhl gefesselt‹: Thomas Gottschalk in der Kritik«, in: *Der Standard*, 27.11.2023. https://www.derstandard.de/story/3000000197052/an-den-rollstuhl-gefesselt-thomas-gottschalk-in-der-kritik.

126 Krauthausen, Raul (2017): »Lieber losbinden«, in: *Leidmedien*, 6.8.2017. https://leidmedien.de/lieber-losbinden/.

127 Schröttle, Monika; Müller, Ursula, Glammeier, Sandra (2013): *Lebenssituation, Sicherheit und Gesundheit von Frauen mit Behinderungen und chronischen Erkrankungen*, Berlin.

128 L'Audace, Luisa (2022): *Behindert und stolz*, Eden Books, S. 176.

129 Heim, Manuela (2022): »Ein Recht auf Rechtsschutz«, in: *taz*, 26.9.2022. https://taz.de/Gewalt-gegen-Menschen-mit-Behinderung/!5883610/.

130 https://x.com/luisalaudace/status/1575109452755509248?s=20.

131 Schick, Sibel (2023): *Weißen Feminismus canceln. Warum unser Feminismus feministischer werden muss*, S. Fischer Verlag, S. 14.

132 »So reagiert Till Lindemann auf den Einbruch«, in: *Bild am Sonntag*, 5.8.2023. https://www.bild.de/bild-plus/unterhaltung/leute/berlin-aktuell/einbruch-bei-rammstein-frontmann-so-reagiert-till-lindemann-84942702.bild.html.

133 »Einbruch bei Rammstein-Sänger Till Lindemann«, in: *Bild*, 5.8.2023. https://m.bild.de/regional/berlin/berlin-aktuell/einbruch-bei-rammstein-saenger-till-lindemann-in-berlin-84938228.bildMobile.html.

134 https://www.instagram.com/p/CvmeYNaI8fx/?utm_source=ig_web_copy_link.

135 Manne, Kate (2019): *Down Girl. Die Logik der Misogynie*, Suhrkamp, S. 318.

136 Instagram @survivorsofcolor.

137 Brenneisen. Nadja (2016): »Mit Mythen die Rape Culture aufrechterhalten«, in: *Die Wochenzeitung*, 20.10.2016. https://www.woz.ch/1642/schweizeraufschrei/mit-mythen-die-rape-culture-aufrechterhalten.

138 Despentes, Virginie (2023): *Liebes Arschloch*, Kiepenheuer & Witsch, S. 321.

139 *Bravo Girl!* 4/2016, S. 32.

140 Suter, Miriam; Widla, Natalia (2023): *Hast du Nein gesagt?*, Limmat, S. 122.

141 Lorenz, Laurin (2021): »Wiener Medienmanager klagt gegen Vorwürfe der sexuellen Belästigung«, in: *Der Standard*, 2.3.2021. https://www.derstandard.at/story/2000124571497/wiener-medienmanager-klagt-gegen-vorwuerfe-der-sexuellen-belaestigung?ref=article.

142 Wilhelmer, Philipp (2023): »Belästigungsvorwürfe gegen Fellner vor Gleichbehandlungskommission«, in: *KURIER*, 3.7.2023. https://kurier.at/kultur/medien/belaestigungsvorwuerfe-gegen-fellner-vor-gleichbehandlungskommission/402509010.

143 Ebenda.

144 Fiedler, Harald (2023): »Wolfgang Fellner: Döblinger Villa steht nicht mehr zum Verkauf«, in: *Der Standard*, 31.12.2023. https://www.derstandard.at/story/3000000201384/wolfgang-fellner-doeblinger-villa-steht-nicht-mehr-zum-verkauf.

145 »Die Nacht, als meine beste Freundin vergewaltigt wurde«, in: *Tagesanzeiger*, 28.8.2021. https://www.tagesanzeiger.ch/die-nacht-als-meine-beste-freundin-vergewaltigt-wurde-340639623761.

146 Burke, Tarana (2021): *Unbound – My Story of Liberation and the Birth of the Me Too Movement*, Flatiron Books, S. 212, Originalzitat: »I believe that our legacy of living under the oppressive reach of white supremacy has trained us to take on shame that is not ours to carry. It's a training that tells us we must have done something wrong or played a role in causing this harm in some way, however small.«

147 Burt, Martha R. (1980): »Cultural myths and supports for rape«, in: *Journal of Personality and Social Psychology* 38(2), https://pubmed.ncbi.nlm.nih.gov/7373511/.

148 Drepper, Daniel; Kuch, Elena; Mitzkat, Nadja; Pittelkow, Sebastian; Schneider, Isabel (2023): »Neue Vorwürfe gegen Rammstein«, in: *Tagesschau*, 15.8.2023. https://www.tagesschau.de/investigativ/ndr/investigativ-rammstein-till-lindemann-flake-vorwuerfe-100.html.

149 https://x.com/aruetzel/status/1665842244664827905?s=20.

150 Freud, Sigmund (1912): *Die Psychopathologie des Alltagslebens*, S. Karger, S. 127, auf Englisch bereits 1901 erschienen unter dem Titel *Psychopathology of Everyday Life*.

151 Kratzer, Isabel (2010): »Unwiderstehliche Gewalt«, in: Temme, Gaby (Hrsg.), Künzel, Christine (Hrsg.): *Hat Strafrecht ein Geschlecht?*, transcript, S. 123.

152 *Mädchen*, Ausgabe 02/2017.

153 »Aargau Tourismus geht mit Wellness-Werbekampagne baden«, in: *Blick*, 8.1.2024. https://www.blick.ch/wirtschaft/sexistische-klischees-aargau-tourismus-geht-mit-wellness-werbekampagne-baden-id19309669.html.

154 https://x.com/KoeppelRoger/status/1534468883884781568?s=20.

155 Möller, Anna; Söndergaard, Hans Peter; Helström, Lotti (2017): »Tonic immobility during sexual assault – a common reaction predicting post-traumatic stress disorder and severe depression«, in: *Acta Obstetricia et Gynecologica Scandinavica* 96(8), S. 932 ff. https://pubmed.ncbi.nlm.nih.gov/28589545/.

156 Dhawan, Ebani; Haggard, Patrick (2023): »Neuroscience evidence counters a rape myth«, in: *Nature Human Behaviour* 7(6), S. 835–838. https://doi.org/10.1038/s41562-023-01598-6.

157 https://x.com/terrycrews/status/1089551790410936320?s=20. Originalzitate: »That's different than slapping the shit outa him«, worauf Crews antwortete: »So sir … If you truly feel that is a correct way to deal with toxic behavior … Should I slap the shit out of you?«. Übersetzung durch die Autorin.

158 Manne, Kate (2019): *Down Girl. Die Logik der Misogynie*, Suhrkamp, S. 298.

159 Srinivasan, Amia (2022): *Das Recht auf Sex. Feminismus im 21. Jahrhundert*, Klett Cotta. S. 31.

160 Schwarz, Susanne, et al. (2020): »(Sex) Crime and Punishment in the #MeToo Era: How the Public Views Rape«, in: *Political Behavior* 44, S. 75–104. https://link.springer.com/article/10.1007/s11109-020-09610-9.

161 Becker, Howard S. (1967): »Whose Side Are We On?«, in: *Social Problems*, Vol. 14, No. 3, S. 239–247. https://www.jstor.org/stable/799147.

162 Manne, Kate (2019): *Down Girl. Die Logik der Misogynie*, Suhrkamp, S. 308.

163 Hummel, Lena (2021): »›Text me when you get home‹ – warum eine Whatsapp-Nachricht Millionen bewegt«, in: *Stuttgarter Nachrichten*, 13.3.2021. https://www.stuttgarter-nachrichten.de/inhalt.lucy-mountain-auf-instagram-text-me-when-you-get-home-warum-eine-whatsapp-nachricht-millionen-bewegt.05a27c31-99ee-484f-bd95-c5195f0b3a05.html.

164 https://www.instagram.com/p/CMR7GmRlO4L/?utm_source=ig_web_copy_link.

165 Christie, Nils (1986): »The Ideal Victim«, in: Fattah, E.A. (Hrsg.): *From Crime Policy to Victim Policy,* Palgrave Macmillan. https://doi.org/10.1007/978-1-349-08305-3_2.

166 *Dorsch. Lexikon der Psychologie.* https://dorsch.hogrefe.com/stichwort/dampfkesselmodell.

167 Florin, Christiane (2016): »Über die Kulturgeschichte der Vergewaltigung«, in: *Deutschlandfunk*, 21.11.2016. https://www.deutschlandfunk.de/narrative-der-gewalt-ueber-die-kulturgeschichte-der-100.html.

168 Pohl, Rolf (2019): *Feindbild Frau. Männliche Sexualität, Gewalt und die Abwehr des Weiblichen*, Offizin.

169 Atwater, Leanne E.; Tringale, Allison M.; Sturm, Rachel E.; Taylor, Scott N.; Braddy, Phillip W. (2019): »Looking Ahead: How What We Know About Sexual Harassment Now Informs Us of the Future«, in: *Organizational Dynamics* 48(4), 100677. https://www.sciencedirect.com/science/article/pii/S0090261618301529.

170 Schuler, Edgar (2023): »Ich dachte, ich würde ›männlicher‹, wenn ich mit vielen Frauen Sex habe«, in: *Tagesanzeiger*, 21.9.2023, https://www.tagesanzeiger.ch/markus-theunert-im-interview-maennlichkeit-ist-keine-krankheit-sondern-ein-korsett-792655205868.

171 »Neuer München-›Tatort‹: Die Weißwurstkönigin und die Metoo-Debatte«, in: *Main-Echo*, 26.10.2023. https://www.main-echo.de/ressorts/vermischtes/neuer-muenchen-tatort-die-weisswurstkoenigin-und-die-metoo-debatte-art-8071001.

172 FRA European Union Agency for Fundamental Rights (2014): »Gewalt gegen Frauen: Eine EU-weite Erhebung«, Luxemburg, 2014. https://fra.europa.eu/sites/default/files/fra_uploads/fra-2014-vaw-survey-at-a-glance-oct14_de.pdf.

173 Markwalder, Nora; Biberstein, Lorenz; Baier, Dirk (2023): *Opfererfahrungen und sicherheitsbezogene Einschätzungen der Schweizer Bevölkerung: Ergebnisse des Crime Survey 2022.* ZHAW Zürcher Hochschule für Angewandte Wissenschaften. https://doi.org/10.21256/zhaw-28494.

174 Werthschulte, Christian (2017): »›Nach‹ Köln ist wie ›vor‹ Köln. Die Silvesternacht und ihre Folgen«, in: *ApuZ*, 6.1.2017. https://www.bpb.de/shop/zeitschriften/apuz/239696/nach-koeln-ist-wie-vor-koeln-die-silvesternacht-und-ihre-folgen/.

175 Harf, Rainer; Witte, Sebastian: »Vergewaltiger sind keine starken Männer«, *GEO*, 11.2.2023. https://www.geo.de/wissen/gesundheit/23211-rtkl-sexuelle-gewalt-vergewaltiger-sind-keine-starken-maenner.

176 Straßenburg, Romy (2023): »Gérard Depardieu gibt Verdienstorden ab: Das Monster ist erlegt«, in: *Der Freitag*, 20.12.2023. https://www.freitag.de/autoren/linkerhand/gerard-depardieu-gibt-orden-der-ehrenlegion-ab-das-monster-ist-erlegt.

177 Scheiner, Andreas (2023): »›Ich habe noch nie meine Macht missbraucht‹, sagt Til Schweiger. Bei ihm am Set ›strahlen alle‹, in: *NZZ*, 9.12.2023. https://www.nzz.ch/feuilleton/til-schweiger-im-interview-ich-habe-noch-nie-meine-macht-missbraucht-ld.1769448.

178 Urteil SB210347-O1 vom 16.12.2022, Obergericht des Kantons Zürich, https://www.gerichte-zh.ch/fileadmin/user_upload/entscheide/oeffentlich/SB210347-O1.pdf.

179 Urteil SB210046-O/U/cs vom 12.5.2022, Obergericht des Kantons Zürich, https://www.gerichte-zh.ch/fileadmin/user_upload/entscheide/oeffentlich/SB210046-O1.pdf.

180 Fröhlich, Cedric (2023): »Das Schweigen nach dem Übergriff«, in: *Berner Zeitung*, 16.5.2023. https://www.bernerzeitung.ch/das-schweigen-nach-dem-uebergriff-680613486692.

181 Bullens, Ruud (1999): »Der Täter ist ein netter Mensch. Therapeutische Arbeit mit Männern, die Kinder sexuell missbraucht haben. Täterbehandlung im Rahmen des Rotterdam-Projekts«, in: Evangelisches Jugend- und Fürsorgewerk: *Wege aus dem Labyrinth*. Eigenverlag, Berlin, S. 152–161.

182 Brenneisen, Nadja (2016). »Mit Mythen die Rape Culture aufrechterhalten«, in: *Die Wochenzeitung*, 20.10.2016. https://www.woz.ch/1642/schweizeraufschrei/mit-mythen-die-rape-culture-aufrechterhalten.

183 Bohner, Gerd (1998): *Vergewaltigungsmythen*, Empirische Pädagogik.

184 Lonsway, Kimberly A.; Fitzgerald, Louise F. (1994): »Rape myths: In review«, in: *Psychology of Women Quarterly* 18(2), S. 133–164, https://doi.org/10.1111/j.1471-6402.1994.tb00448.x.

185 Christman, Jill: »Slaughterhouse Island«, in: Gay, Roxane (2018): *Not That Bad – Dispatches from Rape Culture*, Allen & Unwin, S. 28–29.

186 Reichelt, Jutta (2023): »Über ›Opfergeschichten‹«, 20.6.2023. https://juttareichelt.com/2023/06/20/uber-opfergeschichten/.

187 Bütikofer, Sarah (2021): »Gewalt in Paarbeziehungen in der Schweiz«, in: *Sotomo*. https://sotomo.ch/site/projekte/gewalt-in-paarbeziehungen-in-der-schweiz/.

188 Dörr, Julian (2018): »Der Mythos der falschen Beschuldigung«, in: *Süddeutsche Zeitung*, 2.10.2018. https://www.sueddeutsche.de/kultur/sexualisierte-gewalt-der-mythos-der-falschen-beschuldigung-1.4166540.

189 Rabe, Heike (2017): »Sexualisierte Gewalt im reformierten Strafrecht. Ein Wertewandel – zumindest im Gesetz«, in: *APuZ*, 20.1.2017. https://www.bpb.de/shop/zeitschriften/apuz/240913/sexualisierte-gewalt-im-reformierten-strafrecht-ein-wertewandel-zumindest-im-gesetz/#footnote-target-34.

190 »Wie geht's, Schweiz?« In: *gfs.bern*, 24.8.2023. https://www.gfsbern.ch/de/news/bevoelkerungsbefragung-wie-gehts-schweiz/.

191 FRA European Union Agency for Fundamental Rights (2014): »Gewalt gegen Frauen: Eine EU-weite Erhebung«, Luxemburg, 2014. https://fra.europa.eu/sites/default/files/fra_uploads/fra-2014-vaw-survey-at-a-glance-oct14_de.pdf.

192 Birkel, Christoph; Church, Daniel; Erdmann, Anke; Hager, Alisa; Leitgöb-Guzy, Nathalie (2020): *Sicherheit und Kriminalität in Deutschland – SKiD 2020*, Bundeskriminalamt, Wiesbaden. https://www.bka.de/DE/UnsereAufgaben/Forschung/ForschungsprojekteUndErgebnisse/Dunkelfeldforschung/SKiD/Ergebnisse/Ergebnisse_node.html.

193 Jans, Cloe; Golder, Lukas; Venetz, Aaron (2019): »Sexuelle Belästigung und sexuelle Gewalt an Frauen sind in der Schweiz verbreitet«, in: *gfs.bern*, 17.5.2019. https://cockpit.gfsbern.ch/de/cockpit/sexuelle-gewalt-in-der-schweiz.

194 Wippermann, Carsten (2022): »Sexismus im Alltag. Wahrnehmungen und Haltungen der deutschen Bevölkerung«, Bundesministerium für Familie, Senioren, Frauen und Jugend, Berlin. https://www.bmfsfj.de/resource/blob/141246/b24dff04fcbf73ebf5e794a062e271ef/sexismus-im-alltag-pilotstudie-data.pdf.

195 Schutzbach, Franziska (2021): *Die Erschöpfung der Frauen. Wider die weibliche Verfügbarkeit*, Droemer Knaur, S. 39.

196 Gimes, Miklós; Gisler, Monika (2023): *Unser Vater* (Film).

197 Fricker, Miranda (2007): *Epistemic Injustice. Power and the Ethics of Knowing*, Oxford University Press.

198 Gümüşay, Kübra (2020): *Sprache und Sein*, Hanser, S. 52.

199 Eul, Alexandra (2018): »#Mosquemetoo: Der Donnerhall«, in: *Emma*, 19.2.2018. https://www.emma.de/artikel/mosquemetoo-der-donnerhall-335409.

200 Burke, Tarana (2021): *Unbound – My Story of Liberation and the Birth of the Me Too Movement*, Flatiron Books.

201 Ribeaud, Denis; Averdijk, Margit (2015): »Gewalt in jugendlichen Paarbeziehungen: Risikofaktoren & Präventionsansätze. Ergebnisse der Langzeitstudie z-proso«, in: *Jacobs Center for Productive Youth Development*, Universität Zürich, Zürich.

202 »Brené Brown on The Difference Between Guilt and Shame«, in: *Farnam Street*, 2012. https://fs.blog/brene-brown-guilt-shame/.

203 Kalbe, Wolfgang (2003): *Scham. Komponenten, Determinanten, Dimensionen*, Peter Lang, S. 32.

204 Sulner, Martina: »Das mächtige Gefühl der Scham. Wofür schämen wir uns am meisten?«, in: *rnd*, 7.6.2020. https://www.rnd.de/lifestyle/das-machtige-gefuhl-der-scham-wofur-schamen-wir-uns-am-meisten-2VQG2XKH25HONFRC25JAGNKQTU.html.

205 Leusch, Peter: »Vom Pranger auf dem Marktplatz zu dem im Netz«, in: *Deutschlandfunk*, 14.12.2017, https://www.deutschlandfunk.de/die-rolle-der-scham-vom-pranger-auf-dem-marktplatz-zu-dem-100.html.

206 Kreienbrink, Matthias: »Schäm dich!«, in: *ZEIT*, 11.03.2023. https://www.zeit.de/2023/04/schamgefuehl-kindheitserfahrungen-emotionen-psychologie.

207 Schwerdtner, Lilian (2021): *Sprechen und Schweigen über sexualisierte Gewalt. Ein Plädoyer für Kollektivität und Selbstbestimmung*, edition assemblage, S. 62.

208 Ebenda, S. 63.

209 Ebenda, S. 64.

210 Manne, Kate (2020): *Down Girl. Die Logik der Misogynie*, Suhrkamp.

211 Fröhlich, Cedric (2023): »Das Schweigen nach dem Übergriff«, in: *Berner Zeitung*, 16.5.2023. https://www.bernerzeitung.ch/das-schweigen-nach-dem-uebergriff-680613486692.

212 Jans, Cloe; Golder, Lukas; Venetz, Aaron (2019): »Sexuelle Belästigung und sexuelle Gewalt an Frauen sind in der Schweiz verbreitet«, in: *gfs.bern*, 17.5.2019. https://cockpit.gfsbern.ch/de/cockpit/sexuelle-gewalt-in-der-schweiz.

213 Neuroth, Oliver (2022): »Viele haben dieses mulmige Gefühl«, in: *Tagesschau*, 8.11.2022, https://www.tagesschau.de/inland/gesellschaft/korri-dunkelfeldstudie-101.htm.

214 https://ichhabnichtangezeigt.wordpress.com/.

215 Vgl. Institut für Kriminologie der Universität Heidelberg, *Determinanten des Anzeigeverhaltens nach Straftaten gegen die sexuelle Selbstbestimmung (DASsS-Studie)*. Zusammenfassung ausgewählter Ergebnisse, Heidelberg 2015.

216 Scheidegger, Nora; Lavoyer, Agota; Stalder, Tamara (2020): »Reformbedarf im schweizerischen Sexualstrafrecht«, in: *sui-generis2020*. sui-generis.ch.

217 Grieger, Katja; Clemm, Christina; Eckhardt, Anita; Hartmann, Anna (2014): »›Was Ihnen widerfahren ist, ist in Deutschland nicht strafbar‹«, in: Bundesverband Frauenberatungsstellen und Frauennotrufe bff, Berlin. https://www.frauen-gegen-gewalt.de/de/aktionen-themen/kampagnen/vergewaltigung-verurteilen/fallanalyse-zu-schutzluecken-im-sexualstrafrecht.html.

218 Krater Isabel (2010): »›Unwiderstehlich Gewalt‹, ›ernsthafter Widerstand‹ und ›minder schwerer Fall‹ als Schlüsselwörter der Geschichte des Vergewaltigungstatbestands«, in: *Hat Strafrecht ein Geschlecht?*, transcript, S. 123.

219 Helberg, Cristina (2018): »Diese Abgeordneten stimmten 1997 gegen die Strafbarkeit von Vergewaltigung in der Ehe«, in: *Correctiv*, 14.11.2018. https://correctiv.org/faktencheck/politik/2018/11/14/diese-abgeordneten-stimmten-1997-gegen-die-strafbarkeit-von-vergewaltigung-in-der-ehe/.

220 Amtl. Bull. Nationalrat, Sommersession 2003, Zweite Sitzung, Bern 2003. https://www.parlament.ch/de/ratsbetrieb/amtliches-bulletin/amtliches-bulletin-die-verhandlungen?SubjectId=5911&fbclid=PAAabqbr6H24z-7LuFtkrmsmmnHv7AeHauoIXAiIraNQhooZYpvYZbff8oVho.

221 Ebenda.

222 Alder, Kathrin; Rhyn, Larissa (2021): »Sex nur mit expliziter Zustimmung? Viele Kantone wollen beim Sexualstrafrecht einen Paradigmenwechsel«, *NZZ*, 10.5.2021. https://www.nzz.ch/schweiz/sexualstrafrecht-der-schweiz-was-soll-als-vergewaltigung-gelten-ld.1624126.

223 Entscheid 460 14 90 vom 16.9.2014, Kantonsgericht Basel-Landschaft, https://www.baselland.ch/politik-und-behorden/gerichte/rechtsprechung/kantonsgericht_rs/chronologischc-anordnung/2014/downloads-1/2014_09_16_sr_1.pdf/%40%40download/file/2014_09_16_sr_1.pdf.

224 Eidgenössisches Büro für Gleichstellung von Frau und Mann (2023): »Istanbul-Konvention«, 15.8.2023. https://www.ebg.admin.ch/de/istanbul-konvention.

225 Kelly, Liz; Lovett, Jo (2009): »Different systems, similar outcomes? Tracking attrition in reported rape cases in eleven countries«, in: *Child and Woman Abuse Studes Unit*. https://www.researchgate.net/publication/228847968_Different_systems_similar_outcomes_Tracking_attrition_in_reported_rape_cases_in_eleven_countries.

226 Baier, Dirk (2021): »Entwicklung von Gewaltstraftaten in der Schweiz unter besonderer Berücksichtigung der Verurteilungsstatistik«. Kriminalstatistik.

227 Ebenda.

228 Debionne Philippe (2020): »Sexualstraftaten: Mehr als jedes zweite Verfahren wird eingestellt«, in: *Berliner Zeitung*, 29.10.2020. https://www.berliner-zeitung.de/news/sexualstraftaten-mehr-als-jedes-zweite-verfahren-wird-eingestellt-li.114773.

229 Kemnitzer, Sebastian; Shewafera, Lisabell (2019): »Straftat Vergewaltigung, Warum werden so wenige Täter verurteilt?«, in: *Tagesschau*, 1.11.2019. https://www.tagesschau.de/investigativ/report-muenchen/verurteilungen-vergewaltigung-101.html.

230 Hagen, Lara (2022): »Warum viele Verfahren zu sexuellen Übergriffen eingestellt werden«, in: *Der Standard*, 7.9.2022. https://www.derstandard.at/story/2000137372375/warum-viele-verfahren-wegen-sexueller-uebergriffe-eingestellt-werden.

231 Ebenda.

232 Lieber, Marylène (2023): *Nur Ja heisst Ja. Die Zustimmung auf dem Prüfstand der Justiz*. Seismo Verlag.

233 Ebenda, S. 41.

234 Ebenda, S. 30.

235 Serafini, Sarah (2022): »Wie diese Juristin das Sexualstrafrecht verbesserte«, in: *Beobachter*, 3.12.2022. https://www.beobachter.ch/gesetze-recht/nora-scheidegger-zu-ja-heisst-ja-im-sexualstrafrecht-551935.

236 Elz, Jutta (2021): »Verfahrenseinstellungen nach § 170 II StPO in Fällen sexueller Gewalt«, in: *Berichte und Materialien (BM-Online)*. Elektronische Schriftenreihe der Kriminologischen Zentralstelle (KrimZ), Wiesbaden. https://www.krimz.de/filcadmin/datciablagc/E-Publikationcn/BM-Onlinc/bm-onlinc26.pdf.

237 Siemens, Ansgar (2016): »Angebliche Vergewaltiger zeigen Gina-Lisa Lohfink an«, in: *SPIEGEL*, 6.8.2016. https://www.spiegel.de/panorama/justiz/gina-lisa-lohfink-angebliche-vergewaltiger-zeigen-model-an-a-1106423.html.

238 Lakotta, Beate (2016): »›Alles Schweine‹«, in: *SPIEGEL*, 21.8.2016. https://www.spiegel.de/spiegel/gina-lisa-lohfink-ihre-persoenliche-gerichtsshow-a-1108605.html.

239 Hausbichler, Beate (2021): »Gina-Lisa Lohfink: Fifty Shades of ›Nein‹?« in: *Der Standard*, 15.10.2021. https://www.derstandard.de/story/2000130346436/gina-lisa-lohfinkfifty-shades-of-.

240 »Schuldig! Anwalt hält das Urteil für einen ›Skandal‹«, in: *Stern*, 22.8.2016. https://www.stern.de/lifestyle/leute/gina-lisa-lohfink-stuermt-nach-schuldspruch-aus-dem-gerichtssaal-7020204.html.

241 Siemens, Ansgar (2021): »Mann aus Lohfink-Verfahren wegen Vergewaltigung vor Gericht«, in: *SPIEGEL*, 10.2.2021. https://www.spiegel.de/panorama/justiz/berlin-mann-aus-verfahren-gegen-gina-lisa-lohfink-wegen-vergewaltigung-vor-gericht-a-5f840512-0084-4281-ac38-860744b9fb52.

242 Krimmer, Laura; Waitschekauski, Ann-Christin (2022): »Ich wurde an meinem Geburtstag vergewaltigt«, in: *Bild*, 20.11.2022. https://www.bild.de/bild-plus/ratgeber/2022/ratgeber/sexuelle-gewal-ich-wurde-an-meinem-geburtstag-vergewaltigt-81993656.bild.html?.

243 Debionne, Philippe (2020): »Sexualstraftaten: Mehr als jedes zweite Verfahren wird eingestellt«, in: *Berliner Zeitung*, 29.10.2020. https://www.berliner-zeitung.de/news/sexualstraftaten-mehr-als-jedes-zweite-verfahren-wird-eingestellt-li.114773.

244 Ebenda.

245 »Gericht spricht Ehemann trotz Geständnis frei«, in: *Kölnische Rundschau*, 21.8.2018. https://www.rundschau-online.de/region/oberberg/gummersbach/vergewaltigung-in-der-ehe-gericht-spricht-ehemann-trotz-gestaendnis-frei-337397.

246 Melcher, Hannah; Amann, Gabriele (2015): »Beurteilung der Glaubhaftigkeit einer Aussage. Verbessern psychologische Kompetenzen die Beurteilungsgüte?«, in: *Österreichische Richterzeitung* 11, S. 231. https://www.researchgate.net/publication/289996761_Beurteilung_der_Glaubhaftigkeit_einer_Aussage_Verbessern_psychologische_Kompetenzen_die_Beurteilungsgute.

247 Valliere, Veronique N. (2019): *Understanding Victims of Interpersonal Violence – A Guide for Investigators and Prosecutors*, Taylor & Francis Ltd.

248 Entscheid 4601490 vom 16.9.2014, Kantonsgericht Basel-Landschaft, https://www.baselland.ch/politik-und-behorden/gerichte/rechtsprechung/kantonsgericht_rs/chronologische-anordnung/2014/downloads-1/2014_09_16_sr_1.pdf/@@download/file/2014_09_16_sr_1.pdf.

249 Urteil SB150361-O/U/jv vom 8.2.2016, Obergericht des Kantons Zürich, https://www.gerichte-zh.ch/fileadmin/user_upload/entscheide/oeffentlich/SB150361-O1.pdf.

250 Entscheid 4601490 vom 16.9.2014, Kantonsgericht Basel-Landschaft, https://www.baselland.ch/politik-und-behorden/gerichte/rechtsprechung/kantonsgericht_rs/chronologische-anordnung/2014/downloads-1/2014_09_16_sr_1.pdf/@@download/file/2014_09_16_sr_1.pdf.

251 Alder, Kathrin (2021): »Sexualdelikte: Bundesgericht räumt mit Vergewaltigungsmythen auf«, in: *NZZ*, 15.7.2021. https://www.nzz.ch/schweiz/sexualdelikte-bundesgericht-raeumt-mit-vergewaltigungsmythen-auf-ld.1635544.

252 Entscheid 4601490 vom 16.09.2014, Kantonsgericht Basel-Landschaft, https://www.baselland.ch/politik-und-behorden/gerichte/rechtsprechung/kantonsgericht_rs/chronologische-anordnung/2014/downloads-1/2014_09_16_sr_1.pdf/@@download/file/2014_09_16_sr_1.pdf.

253 Gerny, Daniel (2021): »Eine Staatsanwältin erzählt, was sie vor Gericht erlebt: ›Bei Sexualdelikten sind es häufig die Opfer, die sich rechtfertigen müssen‹«, in: *NZZ*, 25.8.2021. https://www.nzz.ch/schweiz/sexualstrafrecht-staatsanwaeltin-patrizia-krug-im-interview-ld.1641303.

254 Aeschlimann, Lisa (2021): »Beschuldigten Vergewaltigern drohen in Zürich kaum Konsequenzen«, in: *Tages-Anzeiger*, 17.4.2021. https://www.tagesanzeiger.ch/beschuldigten-vergewaltigern-drohen-in-zuerich-kaum-konsequenzen-539945354487.

255 Urteil SB190178-O/U/cs vom 3.3.2020, Obergericht des Kantons Zürich, https://www.gerichte-zh.ch/fileadmin/user_upload/entscheide/oeffentlich/SB190178-O1.pdf.

256 Übereinkommen des Europarats zur Verhütung und Bekämpfung von Gewalt gegen Frauen und häuslicher Gewalt und erläuternder Bericht, Council of Europe, 11.5.2011. https://rm.coe.int/1680462535.

257 Lutz, Christiane (2023): »Wie war Ihre Vergewaltigung?«, in: *Süddeutsche Zeitung*, 8.12.2023. https://www.sueddeutsche.de/kultur/theater-prima-facie-suzie-miller-metoo-1.6316265?reduced=true.

258 Maurer, Andreas (2021): »›Ich wurde vergewaltigt‹ – der Fall von Morena Diaz kommt vor Gericht: Dem Angeklagten droht die Ausschaffung«, in: *Aargauer Zeitung*, 22.3.2021. https://www.aargauerzeitung.ch/schweiz/der-fall-von-morena-diaz-kommt-vor-gericht-dem-angeklagten-droht-die-ausschaffung-ld.2116891?reduced=true.

259 Protokoll der Hauptverhandlung vom 9.4.2021, Dokument privat zur Verfügung gestellt von Morena Diaz.

260 Clemm, Christina (2020): *AktenEinsicht. Geschichten von Frauen und Gewalt.* Kunstmann, S. 21.

261 Hedayati, Asha (2024): »unlearn recht«, in: Roig, Emilia; Zykunov, Alexandra; Horch, Silvie: *Unlearn Patriarchy #2.* Ullstein Hardcover, S. 122.

262 Debionne, Philippe (2020): »Sexualstraftaten: Mehr als jedes zweite Verfahren wird eingestellt«, in: *Berliner Zeitung*, 29.10.2020. https://www.berliner-zeitung.de/news/sexualstraftaten-mehr-als-jedes-zweite-verfahren-wird-eingestellt-li.114773.

263 Bourke, Joanna (2007): *Rape: A History from 1860 to the Present*, Hachette, S. 283.

264 Scheidegger, Nora (2018): *Das Sexualstrafrecht der Schweiz. Grundlagen und Reformbedarf.* Diss., Universität Bern, S. 349.

265 Ebenda, S. 349.

266 Suter, Miriam; Widla, Natalia (2023): *Hast du Nein gesagt? Vom Umgang mit sexualisierter Gewalt.* Limmat, S. 79.

267 Scheidegger, Nora (2018): *Das Sexualstrafrecht der Schweiz. Grundlagen und Reformbedarf.* Diss., Universität Bern, S. 349.

268 Srinivasan, Amia (2022): *Das Recht auf Sex. Feminismus im 21. Jahrhundert.* Klett Cotta, S. 21–24.

269 Lindemann, Anna (2023): »Der Prozess«, in: *an.schläge.* https://anschlaege.at/der-prozess/.

270 Katz, Jackson (2006): *The Macho Paradox – Why Some Men Hurt Women and How All Men Can Help*, Sourcebooks.

271 Pickert, Nils (2023): »Frauenverunsicherung«, in: *Pinkstinks*, 22.8.2023. https://pinkstinks.de/frauenverunsicherung/.

272 Chemaly, Soraya (2020): *Speak Out! Die Kraft weiblicher Wut*, Suhrkamp, S. 183.

273 »Sicherheit und Kriminalität in Deutschland 2020«, Deutsches Bundeskriminalamt. https://www.tagesschau.de/inland/gesellschaft/korri-dunkelfeldstudie-101.html.

274 »Übergriffe in Köln: Henriette Reker gibt Pressekonferenz am 05.01.2016«, in: *YouTube.* https://www.youtube.com/watch?v=KRzfSx-I-3o&t=968s, Minute 16:00 bis 16:57.

275 »Vielleicht habe ich den Frauen zu wenig Trost gespendet«, in: *Zeit Online*, 22.6.2016. https://www.zeit.de/zeit-magazin/2016-06/henriette-reker-armlaenge-aeusserung-fehler.

276 *Bravo Girl* 2/2017, S. 61.

277 Zemp, Silvan (2021): »Kapo St. Gallen entschuldigt sich wegen Frauenratgeber«, in: *SRF*, 15.3.2021. https://www.srf.ch/news/schweiz/fall-sarah-everard-kapo-st-gallen-entschuldigt-sich-wegen-frauenratgeber.

278 Ebenda.

279 Riemer, Abigail R. et al. (2019): »She Looks like She'd Be an Animal in Bed: Dehumanization of Drinking Women in Social Contexts«, in: *Sex Roles* 80, S. 617–629. https://doi.org/10.1007/s11199-018-0958-9.

280 Eine Zusammenstellung von einigen Alkoholwerbungen aus den 1980er-Jahren findet sich hier: https://www.youtube.com/watch?v=KLq_QUEvuoA.

281 Urteil des Appellationsgerichts des Kantons Basel-Stadt vom 19.9.2016, SB.2015.28.

282 Valliere, Veronique N. (2019): *Understanding Victims of Interpersonal Violence. A Guide for Investigators and Prosecutors.* Taylor & Francis Ltd. S. 35.

283 Miller, Chanel (2020): »Chanel Miller reads her entire victim impact statement«, in: *CBS news*, 9.8.2020. https://www.cbsnews.com/news/chanel-miller-reads-her-entire-victim-impact-statement-she-wrote-to-address-brock-turner-60-minutes-2020-08-09/. Originalzitat: »Alcohol is not an excuse. Is it a factor? Yes. But alcohol was not the one who stripped me, fingered me, had my head dragging against the ground, with me almost fully naked. Having too much to drink was an amateur mistake that I admit to, but it is not criminal. [...] We were both drunk, the difference is I did not take off your pants and underwear, touch

you inappropriately, and run away. That's the difference.« Übersetzung durch die Autorin.

284 Haarkötter, Hektor (2024): *Küssen. Eine berührende Kommunikationsart*, S. Fischer.

285 Herscovici, Charly (2023): »Küss mich! Und erkläre mir bitte, warum«, in: *Die Presse*, 2.2.2024. https://www.diepresse.com/18055539/kuess-mich-und-erklaere-mir-bitte-warum.

286 »›Ich habe mich als Opfer einer sexistischen Handlung gefühlt‹«, in: *Tagesanzeiger*, 26.8.2023. https://www.tagesanzeiger.ch/statement-von-jennifer-hermoso-opfer-impulsiver-sexistischer-und-unangebrachter-handlung-388088079664.

287 https://www.reporter-ohne-grenzen.de/.

288 »92 Prozent der gezählten Artikel verharmlosen Gewalt gegen Frauen«, in: *gender equality media*, 25.11.2020. https://genderequalitymedia.org/femizid-karte/.

289 Geiger, Brigitte; Wolf, Birgit (2014): »Verantwortungsvolle Berichterstattung für ein gewaltfreies Leben«, Verein Autonome Österreichische Frauenhäuser. https://www.stark-machen.de/images/dokumente/Service/Interaktives_PDF_Verantwortungsvolle_Berichterstattung_2014.pdf.

290 »Gewalt gegen Frauen. Leitfaden für bessere Bilder«, in: *Genderleicht & Bildermächtig*, 6.12.2023. https://www.genderleicht.de/leitfaden-gewalt-gegen-frauen-wir-brauchen-bessere-bilder/.

291 Strobl, Natscha (2020): »›Die extreme Rechte fantasiert einen Kriegszustand herbei‹. Die Rechten und die Sprache«, in: *Frankfurter Rundschau*, 31.7.2020. https://www.fr.de/politik/extremismus-forscherin-analysiert-sprache-rechtsextremen-13553622.html.

292 Ebenda.

293 »Die Nacht der Schande«, in: *Focus online*, 8.1.2016. https://www.focus.de/politik/focus-titel-die-nacht-der-schande_id_5198275.html.

294 Rondinella, Guiseppe (2016): »›Süddeutsche‹ entschuldigt sich, ›Focus‹ verteidigt Titelbild«, in: *Horizont*, 11.1.2016. https://www.horizont.net/medien/nachrichten/Rassismus-Vorwuerfe-Sueddeutsche-entschulduigt-sich-Focus-verteidigt-Titelbild-138200.

295 Teichgräber, M. L.; Mußlick, L (2021): *Rezeption medialer Frames in der Berichterstattung über Gewalt gegen Frauen. Zusammenfassung der Ergebnisse einer Online-Befragung*, Landesverband Frauenberatung Schleswig-Holstein e.V. https://lfsh.de/files/Materialien/Rezeption%20medialer%20Frames.pdf?ref=ellexx.com.

296 Eidgenössisches Büro für Gleichstellung von Frau und Mann (2023): »Istanbul-Konvention«, 15.8.2023. https://www.ebg.admin.ch/de/istanbul-konvention.

297 Meltzer, Christine (2021): »Tragische Einzelfälle? Wie Medien über Gewalt gegen Frauen berichten«, in: *OBS-Arbeitspapier* 47. https://www.otto-brenner-stiftung.de/fileadmin/user_data/stiftung/02_Wissenschaftsportal/03_Publikationen/AP47_Tragische_Einzelfaelle.pdf.

298 Ebenda, S. 64.

299 Elsen, Hilke (2020): *Gender – Sprache – Stereotype*, Utb, S. 68.

300 Katz, Jackson (2012): »Violence against women – it's a men's issue«, in: *TED*, https://www.ted.com/talks/jackson_katz_violence_against_women_it_s_a_men_s_issue?language=ug.

301 Elsen, Hilke (2020): *Gender – Sprache – Stereotype*, Utb, S. 67.

302 Pfaff, Isabel (2019): »Nachspiel einer ›Klickorgie‹«, in: *Süddeutsche Zeitung*, 10.4.2019. https://www.sueddeutsche.de/medien/prozess-schweiz-jolanda-spiess-hegglin-markus-huerlimann-blick-1.4404601.

303 Voigt, Hansi (2017): »Reto Spiess: ›Meine Liebe zu Jolanda ist eher noch stärker geworden‹«, in: *watson*, 7.7.2017. https://www.watson.ch/schweiz/interview/197300910-reto-spiess-meine-liebe-zu-jolanda-ist-eher-noch-staerker-geworden.

304 Walder, Marc (2020): »Entschuldigung, Jolanda Spiess-Hegglin«, in: *Blick*, 24.8.2020. https://www.blick.ch/news/ringier-ceo-marc-walder-entschuldigung-jolanda-spiess-hegglin-id16057527.html.

305 »›Weltwoche‹-Vize hat sich der üblen Nachrede schuldig gemacht«, in: *zentralplus*, 15.10.2019. https://www.zentralplus.ch/gesellschaft/weltwoche-vize-hat-sich-der-ueblen-nachrede-schuldig-gemacht-1633435/.

306 »Michèle Binswanger wird schuldig gesprochen«, in: *persoenlich.com*, 24.5.2023. https://www.persoenlich.com/medien/michele-binswanger-wird-schuldig-gesprochen.

307 Hollenstein, Pascal (2019): »›Krasser Eingriff in die Intimsphäre‹. Spiess-Hegglin gewinnt gegen den ›Blick‹«, in: *Aargauer Zeitung*, 10.5.2019. https://www.aargauerzeitung.ch/schweiz/krasser-eingriff-in-die-intimsphare-spiess-hegglin-gewinnt-gegen-den-blick-ld.1362646.

308 Aschwanden, Erich (2022): »Spektakuläres Urteil: »Blick« muss wegen sensationslüsterner Artikel Gewinn an Jolanda Spiess-Hegglin herausgeben«, *NZZ*, 30.6.2022. https://www.nzz.ch/schweiz/spektakulaeres-urteil-blick-muss-wegen-sensationsluesterner-artikel-gewinn-an-jolanda-spiess-hegglin-herausgeben-ld.1691220.

309 Löffler, Juliane; Hof, Elisa von; Skrobala, Jurek; Friedmann, Jan; Oehmke, Philipp; Rapp, Tobias; Diehl, Jörg; Müller, Ann-Katrin; Christoph, Maria; Höfner, Roman; Obermayer, Bastian; Naber, Nicola; Röbel, Sven (2023): »Sex, Macht und Alkohol. Was die jungen Frauen aus der ›Row Zero‹ berichten«, in: *SPIEGEL*, 9.6.2023. https://www.spiegel.de/kultur/vorwuerfe-gegen-rammstein-sex-schnaps-gewalt-was-junge-frauen-aus-der-row-zero-berichten-a-07f31fb8-42c2-4891-9e0e-bf26b06557c0.

310 Gasteiger, Carolin (2022): »Entscheidung im Fall Mockridge«, in: *Süddeutsche Zeitung*, 22.2.2022. https://www.sueddeutsche.de/medien/fall-mockridge-der-spiegel-landgericht-hamburg-1.5534418.

311 »Über unsere Rammstein-Berichterstattung«, in: *SPIEGEL*, 25.7.2023. https://www.spiegel.de/backstage/till-lindemann-ueber-die-rammstein-berichterstattung-des-spiegel-a-3eae2956-2826-4651-9ed8-65c216dfe29f.

312 Jana Gebhard; Sophie Charlotte Rieger (2014): *Filmlöwin, das feministische Filmmagazin.* https://filmloewin.de.

313 Golder, Lukas; Jans, Cloé; Pepe, Adriana; Bartlome, Ronja (2022): »Wahrnehmung sexuelle Beziehungen und Gewalt«, in: *gfs.bern.* https://cockpit.gfsbern.ch/de/cockpit/wahrnehmung-sexuelle-beziehungen-und-gewalt/.

314 Paulson, Patricia (2018): »Rape Culture in Disney Animated Princess Movies«, in: *Minnesota State University Press.* https://core.ac.uk/download/pdf/214128093.pdf.

315 Vetter, Marc (2024): »Frauen im Film. Wie funktioniert eigentlich der Bechdel-Test?«, in: *Rolling Stone*, 7.3.2024. https://www.rollingstone.de/bechdel-test-film-frauen-erklaerung-1604147/.

316 Ravishly (2015): »Films That Totally Fail The Sexy Lamp Test«, in: *HuffPost*, 10.7.2015. https://www.huffpost.com/entry/films-that-totally-fail-t_b_7764262.

317 Kotthaus, Jochem (Hrsg.) (2015): *Sexuelle Gewalt im Film.* Juventa Verlag, S. 9.

318 Wan, Angie; Yu, Joyce: https://www.classifyconsent.com.au/#about.

319 Linke, Christine; Kasdorf, Ruth (2021): »Darstellung Geschlechtsspezifischer Gewalt im Deutschen TV«, in: *MaLisa Stiftung.* https://malisastiftung.org/studie_geschlechtsspezifische-gewalt-im-deutschen-fernsehen/.

320 Rieger, Sophie (2022): »Vergewaltigung im Film. Rape Culture erzählen statt reproduzieren«, in: *SagWas*, 14.9.2022. https://sagwas.net/vergewaltigung-im-film-rape-culture-erzaehlen-statt-reproduzieren/.

321 »Nachholbedarf: Frauenanteil bei TV-Filmen und Serien in Europa niedrig«, in: *Film.at*, 10.3.2023. https://www.film.at/news/frauenanteil-tv-filmen-serien/402358938.

322 Barbara Rohm: *Culture change hub, the gamechanger machine.* https://culture-change-hub.de.

323 Sontag, Susan (2003): *Das Leiden anderer betrachten.* Carl Hanser Verlag.

324 Silman, Anna (2018): »The Tale and the Truth About 13-Year-Old Girls«, in: *the Cut*, 25.5.2018. https://www.thecut.com/2018/05/the-tale-hbo-review-laura-dern-jennifer-fox.html.

325 Kotthaus, Jochem: (Hrsg.) (2015): *Sexuelle Gewalt im Film.* Juventa Verlag, S. 9.

326 Rohm, Barbara (2022): »Erfahrungen von Schauspieler*innen mit Nacktheit und simuliertem Sex. Teil 1 der Umfrage zur Darstellung von Intimität, Nacktheit und sexualisierter Gewalt unter Schauspieler*innen des Bundesverband Schauspiel e.V. (BFFS)«, in: *culture change hub.* https://www.bffs.de/files/2022/06/Teil-1-der-Umfrage-zur-Darstellung-von-Intimitaet-Nacktheit-und-sexualisierter-Gewalt-unter-SchauspielerInnen-des-Bundesverband-Schauspiel-e.V.-BFFS.pdf.

327 *DEUTSCHER KAMERAPREIS 2024. Die Nominierungen*, https://www.deutscher-kamerapreis.de/wp-content/uploads/2024/02/Nominierungen_2024_online-1.pdf.

328 De Souza, Dame Rachel (2023): »›A lot of it is actually just abuse.‹ Young people and pornography«, in: *Children's Commissioner Statements.* https://assets.childrenscommissioner.gov.uk/wpuploads/2023/02/cc-a-lot-of-it-is-actually-just-abuse-young-people-and-pornography-updated.pdf.

329 https://www.maditaoeming.de/.

330 Oeming, Madita (2023): *Porno. Eine unverschämte Analyse*. Rowohlt Taschenbuch, S. 60.

331 Eckhart, Lisa (2023): »Lisa Eckart. Für Frieden und Sexismus«, in: *Nuhr im Ersten*, 2023, https://www.youtube.com/watch?v=vYdYtZFymCk.

332 https://www.tiktok.com/@imperial.order.saar/video/7245230728420642074.

333 »Komikerin Joyce Ilg macht Vergewaltigungswitz«, in: *Blick*, 18.4.2022. https://www.blick.ch/people-tv/shitstorm-nach-kuschelfoto-mit-luke-mockridge-komikerin-joyce-ilg-macht-vergewaltigungswitz-id17415951.html.

334 Hofer, Lara (2021): Luke Mockridge bricht nach Vergewaltigungsvorwurf sein Schweigen, in: *20min*, 22.8.2021. https://www.20min.ch/story/luke-mockridge-bricht-in-neuem-instagram-video-sein-schweigen-823845812391.

335 Salentin, Steven: »Faisal Kawusi zu K.o.-Tropfen-Beitrag von Joyce Ilg: ›Nächste Mal werde ich Dosis verstärken‹«, in: *tonightNEWS*, 20.4.2022. https://www.tonight.de/unterhaltung/promis/faisal-kawusi-kommentiert-ko-tropfen-beitrag-von-joyce-ilg-naechste-mal-werde-ich-die-dosis-verstaerken_182246.html.

336 Ebenda.

337 https://www.instagram.com/p/CJGTSIIny_6/?igsh=eDJ2d2czZjBlajFv.

338 »Ärger für die ›Bild‹-Zeitung wegen Vergewaltigungswitz«, in: *SPIEGEL*, 20.3.2014. https://www.spiegel.de/kultur/gesellschaft/bild-zeitung-druckt-vergewaltigungswitz-a-959804.html.

339 Romero-Sánchez, M.; Carretero-Dios, H.; Megías, J. L.; Moya, M.; Ford, T. E. (2017): »Sexist Humor and Rape Proclivity: The Moderating Role of Joke Teller Gender and Severity of Sexual Assault«, in: *Violence against Women* 23(8), S. 951–972. https://doi.org/10.1177/1077801216654017.

340 Viki, G. T.; Thomae, M.; Cullen, A.; Fernandez, H. (2007): »The effect of sexist humor and type of rape on men's self-reported rape proclivity and victim blame«, in: *Current Research in Social Psychology* 13(10), S. 122–132. https://psycnet.apa.org/record/2015-02391-001.

341 https://www.youtube.com/watch?v=B1ytMmshnio.

342 Ebenda.

343 https://www.netflix.com/title/80233611.

344 https://www.cameronesposito.com/rape-jokes/.

345 Lindemann, Till (2020): »Wenn du schläfst«, in: *100 Gedichte*, Kiepenheuer & Witsch.

346 Malchow, Helge (2020): »Stellungnahme des Verlags zur Kritik an Till Lindemanns Gedicht ›Wenn du schläfst‹ aus dem Gedichtband ›100 Gedichte‹«, in: *Kiepenheuer & Witsch*, 3.4.2020. https://www.kiwi-verlag.de/magazin/news/stellungnahme-des-verlags-zur-kritik-till-lindemanns-gedicht-wenn-du-schlaefst-aus-dem.

347 Gleba, Kerstin (2020): »Zur Debatte um das Gedicht ›Wenn du schläfst‹ von Till Lindemann. Stellungnahme des Verlages«, in: *Kiepenheuer & Witsch*, 9.4.2020. https://www.kiwi-verlag.de/magazin/news/stellungnahme-des-verlags-zur-kritik-till-lindemanns-gedicht-wenn-du-schlaefst-aus-dem.

348 https://www.dailymotion.com/video/x8qcqgl.

349 »Westschweizer Fernsehen zeigt vorerst keine Depardieu-Filme mehr«, in: *watson*, 31.12.2023. https://www.watson.ch/schweiz/medien/689537783-westschweizer-fernsehen-zeigt-vorerst-keine-depardieu-filme-mehr.

350 https://decadree.com.

351 Schwerdtner, Lilian (2021): *Sprechen und Schweigen über sexualisierte Gewalt. Ein Plädoyer für Kollektivität und Selbstbestimmung*, edition assemblage, S. 9.

352 »About GREVIO – Group of Experts on Action against Violence against Women and Domestic Violence«, in: *Council of Europe*. https://www.coe.int/en/web/istanbul-convention/grevio.

353 »Country-monitoring work«, in: *Council of Europe*. https://www.coe.int/en/web/istanbul-convention/country-monitoring-work.

354 Frund, Morgane: *Ours*, in: Morgane Frund. https://morganefrund.ch/ours.html.

355 Grüter, Regina (2024): »HSLU-Abschlussfilm auf Oscar-Shortlist. Wir haben mit dem Protagonisten aus Ruswil gesprochen«, in: *Luzerner Zeitung*, 9.1.2024. https://www.luzernerzeitung.ch/kultur/zentralschweiz/film-frauen-statt-baeren-urs-amrein-aus-ruswil-aeussert-sich-zum-film-ours-ld.2563191?reduced=true.

356 Salerno, J. M.; Peter-Hagene, L. C. (2015): »One angry woman: Anger expression increases influence for men, but decreases influence for women, during group deliberation«, in: *Law and Human Behavior* 39(6), S. 581–592, https://doi.org/10.1037/lhb0000147.

357 Chemaly, Soraya (2020): *Speak Out! Die Kraft weiblicher Wut*, Suhrkamp, S. 17.

358 Ebenda, S. 70 f.

359 Strobl, Ingrid (1990): *Die Angst vor den Frösten der Freiheit*, ID-Verlag. https://www.idverlag.com/BuchTexte/DreiZuEins/DreiZuEinsStrobl.html.